Brenne/ Gaedtke-Eckardt/ Mohr/ Siebner (Hrsg.)

Raumskizzen

Andreas Brenne/ Dagmar-Beatrice Gaedtke-Eckardt/ Anja Mohr/
Blanka Sophie Siebner (Hrsg.)

Raumskizzen

Eine interdisziplinäre Annäherung

kopaed (muenchen)
www.kopaed.de

Bibliografische Information Der Deutschen Nationalbibliothek
Die Deutsche Nationalbibliothek verzeichnet diese Publikation in
der Deutschen Nationalbibliografie; detaillierte bibliografische
Daten sind im Internet über http://dnb.ddb.de abrufbar.

Titelfoto: Stephan Eckardt

Lektorat: Dr. Adelheid Ehrlich

ISBN 978-3-86736-242-9
Druck: Majuskel Medienproduktion, Wetzlar

© kopaed 2011
Pfälzer-Wald-Str. 64, 81539 München
Fon: 089. 688 900 98 Fax: 089. 689 19 12
e-mail: info@kopaed.de Internet: www.kopaed.de

Inhalt

Räume vorstellen

Räume erfahren

Räume erfinden

1. Raum

> *„Die ausgerichtete Nähe des Zeugs bedeutet, dass dieses nicht lediglich, irgendwo vorhanden, seine Stelle im Raum hat, oder aber es „liegt herum", was von einem puren Vorkommen an einer beliebigen Raumstelle grundsätzlich zu unterschieden ist. Der jeweilige Platz bestimmt sich als Platz dieses Zeugs zu ... aus einem Ganzen der aufeinander ausgerichteten Plätze des umweltlich zuhandenen Zeugzusammenhangs."* (Heidegger 2006, S. 102)

Mit dieser Überlegung analysiert Martin Heidegger die Bedeutung des Raumes im Kontext der Genese lebensweltlicher Zusammenhänge. Welt – im Unterschied zum Planeten Erde – ist nicht einfach gegeben, sondern entsteht durch sinnhafte Ver- und Bearbeitung der vorgefundenen Phänomene. Den Dingen werden spezifische Bedeutungen zugesprochen, Zusammenhänge werden hergestellt und so entsteht ein fundamentaler Grund des menschlichen Daseins. Dieser Grund ist aber nicht präexistent, sondern konstituiert sich durch fundamentale Erfahrungsprozesse. Die „Ordnung der Dinge" hängt somit nicht allein von sprachlichen Kennzeichnungen ab, sondern trägt holistische Züge – hat also Raumcharakter.

Doch wie verhält es sich mit der genauen Beschaffenheit dieser Ordnung? Nach Heidegger befinden sich die Dinge nicht einfach irgendwo im Raum; ihr Platz ist bestimmt durch ein relationales Beziehungsgefüge von Bedeutung und Gebrauch. Dabei ist der Mensch niemals außerhalb der Welt, sondern aktiver Bestandteil des von ihm generierten Bedeutungszusammenhangs. Raum ist somit kein objektiv vorhandenes Gebilde, sondern ein durch Praxis und Erfahrung geprägtes Gefüge, dessen Bedeutung für die Entwicklung des menschlichen Selbstbewusstseins zentral ist. Es geht um das „Dort" und „Da" der Gegenstände, wobei der Mensch der zentrale Bezugspunkt ist.

„ *>In der Gegend von< besagt nicht nur >in der Richtung nach<, sondern zugleich im Umkreis von etwas, was in der Richtung liegt."* (Heidegger 2006, S. 103) Durch Bedeutungszuweisung entstehen gleichsam Atmosphären, die sich räumlich als „Gegend" ausprägen, wobei diese über eine spezifische Ausstrahlung verfügt. *„So etwas wie Gegend muss zuvor entdeckt sein, soll das Anweisen und vorfinden von Plätzen einer umsichtig verfügbaren Zeugganzheit* möglich werden." Orientierung in Raumkonstellationen setzt voraus, dass man sich mit den Gegenständen verbunden hat; es entsteht eine Beziehung. Raumerfahrung als Ordnungssystem ist also nicht nur konstituierend für das menschliche Dasein, sondern Ausdruck einer gerichteten Aufmerksamkeit für die Welt und die Dinge.

2. Skizze

Unter einer Skizze versteht man eine unmittelbare zeichenhafte Untersuchung beobachtbarer Phänomene auf der Basis aktiver Auseinandersetzung. Dabei kann es um impulsive Festlegungen und Feststellungen gehen, aber auch um den explorativen Entwurf gedanklicher Überlegungen. Unterschiedliche Zeichensysteme werden genutzt und prägen den besonderen Charakter der Skizze: Zeichnung (mit unterschiedlichen graphischen Werkzeugen auf unterschiedlichen Untergründen), Sprache (Text), Musik (Notation), Mathematik (Zahlen und Operatoren)... Das Spezifische der Skizze ist nicht, wie oft angenommen, sein geringer Wahrheitsgehalt im Sinne einer groben und unzulänglichen Annäherung, sondern die unmittelbare und experimentelle Verbindung mit einem Gegenstand bzw. einer Idee. Experimentell meint hier nicht beliebig, sondern beschreibt ein Herantasten an das noch nicht Gewusste. Die Skizze basiert auf einer authentischen Interaktion mit dem erklärten Ziel etwas über das Verhältnis zwischen auf dem Beobachter über dem Gegenstand zu erfahren. Sie ist gleichsam Ausdruck einer innigen und ausdrucksstarken Verbindung mit dem Gegenstand, wobei Beobachter und Beobachtendes in eine wechselseitig Verbindung eintreten. Die Skizze lässt naturgemäß vieles offen, und ist darum gefeit vor doktrinären Engführungen und Verkürzungen.

Die in diesem Sammelband vereinigten Beiträge haben sich der Form der Skizze verschrieben. Es handelt sich um Beiträge zu einer „zarten Empirie, die sich innigst mit dem Gegenstand identisch zu machen sucht und dadurch zur eigentlichen Theorie wird." (Goethe 2002) Die Autorinnen und Autoren versuchen dem komplexen Phänomen Raum auf existenzielle und experimentelle Art und Weise nahe zu kommen ohne den Anspruch auf universelle Erkenntnis anzumelden. Das bedeutet, dass es um ein nahes Ausloten jeweils bedeutsamer Phänomene geht.

Was wird skizziert? Skizziert werden Beiträge zur Raumforschung aus unterschiedlichsten Bereichen, wissenschaftlichen Disziplinen und Forschungsfeldern, die scheinbar Unverbundenes in ein holistisches Beziehungsgefüge stellen. Die Dinge stehen dann nicht mehr unverbunden nebeneinander sondern es ergeben sich Konstellationen und Atmosphären; es entsteht ein konjunktiver Erfahrungsraum. Dieser ist Ausdruck einer gerichtet-ungerichteten Aufmerksamkeit für die Welt und die Dinge, die sich performativ ausrichten muss, um Verständigung zu unterstützen. Es geht also um ein subtiles Ausloten des „Zeugzusammenhangs" der sich nur durch die assoziationsreiche Lektüre aller Beiträge ergeben kann.

Literatur

Heidegger, Martin (2006): Sein und Zeit. Tübingen 19. Aufl.
Von Goethe, Johann Wolfgang (2002): Über Naturwissenschaften im Allgemeinen, einzelne Betrachtungen und Aphorismen. Band 13: Naturwissenschaftliche Schriften I. Hamburg 13. Aufl.

Mehrperspektivische Räume. Foto Stephan Eckardt

Wie bereits ausgeführt ist Raum kein gegebenes Faktum sondern konstituiert sich aus spezifischen Standpunkten und Attitüden. Es handelt sich gleichsam um eine Verkettung von manifesten Kontenpunkten und den dadurch abgegrenzten Feldern, die wiederum in einem Verhältnis zu einander stehen. Im ersten Abschnitt dieses Bandes geht es um eine Ausarbeitung dieser Zusammenhänge en Detail. Exemplarisch nehmen die Autorinnen und Autoren Bezug auf unterschiedliche Felder und Fachkulturen und gewähren Einblick in den Prozess der Genese spezifischer Räumlichkeiten, die jeweils höchst unterschiedlich „möbliert" sind. Es entsteht gleichsam ein Panoptikum divergenter Weltentwürfe, die zwar solitär sind aber dennoch atmosphärisch ausstrahlen. Es wird deutlich, dass Raum zwar viel mit etablierten Routinen zu tun hat, diese aber erst durch gedankliche Arbeit relevant werden.

Dagmar-Beatrice Gaedtke-Eckardt erläutert anhand des Topos „Veränderte Kindheit" eine Methode, mit der Klischees entlarvt, liebgewonnene Denkgewohnheiten aufgebrochen und neue Perspektiven eröffnet werden können. Denkbücher rütteln an vermeintlichen Fakten und helfen, belastbare Vorstellungen zu entwickeln.

Zeitgemäßer, kompetenzorientierter Geographieunterricht ermöglicht, wie Christiane Meyer darlegt, nicht nur ein Raumbewusstsein, sondern letztendlich auch ein Selbst-Bewusstsein, wenn sich Schüler bewusstwerden, dass Räume von Individuen oder Gruppen bzw. Institutionen konstruiert, gemacht werden.

Die veränderten Realitäten einer Kunstpädagogik unter Migrationsbedingungen machen es notwendig, kontrastierende kulturelle Formen der Welterschließung einzubeziehen, nur auf diese Weise gelingt es, die Begrenztheit des eigenen Standpunktes zu sehen, so Ansgar Schnurr in seinem Beitrag.

Wie würden Sie mit wenigen Worten und möglichst einfach die Polizei erklären? Versuchen Sie, bevor Sie weiterlesen, zu formulieren, was ein Kind im Alter von etwa 8 oder 9 Jahren über die Polizei wissen sollte; um genau zu sein: Welches Wissen über die Polizei sollte ein Schüler aus dem Unterricht mitnehmen? Berücksichtigen Sie dabei, dass es sich nicht um einen Musterschüler handelt und schließlich viele Themen wichtig sind, also wirklich nur die Essenz vermittelt werden kann.

Uniform, Dienstmarke, Pistole, Kelle, Handschellen, Funkgerät und Gürtel. Wären dies die Dinge, die ein Kind wissen sollte?

Sie werden vermutlich andere Aspekte überlegt haben und die Frage mit ‚nein' oder ‚nicht ausschließlich diese Information' beantworten. Doch gerade auf diese Aspekte wird reduziert, was Schüler der Förderschule lernen sollen.

Im Arbeitsheft der 3. Klasse (Meine bunte Welt 3, Übungsheft A 2005, S. 38) wird auf die genannten Begriffe reduziert. Sie sollen einer einfachen Strichzeichnung eines uniformierten Polizisten zugeordnet werden.

Die Polizei wird reduziert auf wenige „Requisiten". Nicht anders verhält es sich bei anderen Themen, wie z.B. Burg und Ritter (vgl. Gaedtke-Eckardt 2011, S. 243).

Es stellt sich die Frage, welchen Stellenwert diese Begriffe besitzen. Viele Begriffe sind wichtig und mit Sicherheit muss der Wortschatz in der Schule erweitert werden, doch es fragt sich, welche Bedeutung die im Einzelnen aufgeführten Begriffe für die Gegenwart und Zukunft der Schüler haben, um einmal die Messlatte für Unterrichtsinhalte nach der didaktischen Analyse des renommierten Pädagogen Wolfgang Klafki anzulegen.

Viele Arbeitsblätter setzen auf Begrifflichkeiten, denn sie lassen sich gut vermitteln und vor allem exakt abfragen, z.B. auch in Lückentexten:

„Der Legionär trägt Waffen bei sich.
In der einen Hand hält er zwei _____.
Am Gürtel trägt er ein _____.
Zu seinem Schutz dienen der _____ und
als Kopfbedeckung der _____.
Die Legionäre mussten sich unterwegs selbst versorgen.
Dazu hatten sie _____ in einem Sack dabei."
(Klick! 1 Geschichte Arbeitsheft 2008, S. 55).

Die Begriffe „Getreidevorrat Wurflanzen Helm Schild Schwert" werden angegeben, auf der vorangehenden Seite ist allerdings auch die Zeichnung eines römischen Legionärs zu sehen, die bereits mit den Begriffen beschriftet ist (Klick! 1 Geschichte Arbeitsheft 2008, S. 54). Die Seitenzahlen deuten es an: Es handelt sich um eine Doppelseite, beim Ausfüllen des Lückentextes kann die Darstellung des Legionärs weiterhelfen.

Schüler werden auf bestimmte Lösungs- und Verhaltensmuster gelenkt und, wie es Ludwig Duncker und Walter Popp (1998, S. 26) so treffend formuliert haben, „zu einem bewußtlosen Nachvollzug" eingeladen.

Die Rede ist von Arbeitsblättern; wer kennt sie nicht? Arbeitsblätter, so ließe sich etwas überspitzt formulieren, sind ein konstituierendes Element des Unterrichts. Tatsächlich ist der Anteil der Arbeitsblätter schwer zu messen, denn er variiert nicht nur von Fach zu Fach, sondern auch von Lehrendem zu Lehrendem. Auf jeden Fall darf man den Arbeitsblättern prägenden Charakter zusprechen und nicht nur deshalb, weil auch die Klassenarbeiten der ‚Arbeitsblattkultur' angehören.

Arbeitsblätter sind zwar zu kritisieren, aber im Unterricht offenbar nicht entbehrlich. Gerade die sogenannte Binnendifferenzierung, der ernsthafte Versuch, jeden einzelnen Schüler in einem Klassenverband nach seinen jeweiligen Möglichkeiten zu fördern, macht den Einsatz von Arbeitsblättern notwendig. Im Folgenden soll daher eine Alternative zum herkömmlichen Arbeitsblatt vorgestellt werden. Begonnen wird mit einem Beispiel, das viel leichter als ‚1000 Worte' verdeutlicht, was gemeint ist – vorausgesetzt, es wird auch ernsthaft durchgearbeitet.

Veränderte Kindheit

Das „Denkbuch" gibt Denkanstöße und wartet, bis Antworten gegeben worden sind und sich Fragen entwickelt haben. Aber schreiben Sie auf, was Ihnen spontan einfällt.
Sie sollten erst dann weiterblättern, wenn Sie Ihre Aufgabe auf der jeweiligen Seite erfüllt haben.

Kindheit im Wandel
Veränderte Kindheit

Ist der Begriff „veränderte Kindheit" für Sie eine Formulierung, die Sie verwenden (würden), um damit bestimmte Sachverhalte pointiert darzustellen?
□ Ja
□ Nein

Was verbinden Sie mit dem Begriff „veränderte Kindheit" oder was stellen Sie sich darunter vor?

_____

_____

_____

Ordnen Sie die folgenden Zitate zeitlich ein:

1. ..."Derjenige, der keine Kinder hat,
    der nimmt für gewöhnlich ein fremdes Waisenkind bei sich auf,
    das er aufzieht..."

    _____

2. „Überhebe Dich nicht über einen Kinderlosen,
    schmähe nicht und prahle nicht damit!"

    _____

3. „Das mittlere Kind [bezogen auf das Alter des Kindes]
    geht die Straße hinunter
    und muss vor Pferd und Wagen geschützt werden."

    _____

4. „Es ist selten, dass so lange Ehen durch den Tod beendet
    und nicht durch Scheidung gelöst werden.
    Wir freilich hatten das Glück,
    unsere Ehe bis zum 41. Jahr ohne Zerwürfnis zu führen."

    _____

Kennen Sie das Märchen vom Aschenputtel?
Was wissen Sie über seine Familie?

_____

_____

Geirmund heiratete Geirlaug, als sie ein Mädchen war,
sie hatten einen Sohn, bevor Geirmund ertrank und der Sohn starb.
Dann heiratete sie Gudrik, und sie hatten Kinder,
aber nur ein Mädchen überlebte, sie hieß Inga.
Die heiratete Ragnfast von Snottsta, dann starb dieser
und ihr Sohn starb und Inga beerbte ihren Sohn.
Dann heiratete sie Eirik [der dürfte auch gestorben sein].
Sie starb da, und Geirlaug beerbte da ihre Tochter Inga.
Der Skalde Thorbjörn ritzte die Runen.
(Simek 1998, S. 100)

Es handelt sich bei der Runeninschrift auf der Felsplatte von Hillersjö in Uppland, Schweden, aus dem 11. Jahrhundert, um einen Rechtstext.

Fallen Ihnen weitere Beispiele ‚komplizierter' Familienverhältnisse aus der Geschichte ein?

_____

_____

Die Zitate

1. Auszug aus einem Brief aus dem alten Ägypten. Er stammt aus dem 12. vorchristlichen Jahrhundert (vgl. Fischer-Elfert 2001, S. 24).
2. Ebenfalls aus dem alten Ägypten: Aus der Lehre des Ptahhotep, um 2300 v.Chr. (vgl. Fischer-Elfert 2001, S. 22).
3. So hat es ein Satiriker des 15. (nachchristlichen) Jahrhunderts gesehen (vgl. Meier 2006, S. 41).
4. Lateinische Inschrift aus römischer Zeit (vgl. Blank-Sangmeister 2001, S. 93).

Aschenputtel

„Es war einmal ein reicher Mann. Als seine Frau starb, blieb ihm nur noch sein einziges Töchterchen. Eines Tages nahm er sich jedoch eine neue Frau. Diese brachte zwei Töchter mit in die Ehe. Nun hatte die Kleine zwar eine neue Mutter und sogar zwei Geschwister…"

Welches Licht werfen Zitate und Märchen auf den Aspekt einer veränderten Kindheit?

Als Lückentext könnte das Thema „Veränderte Kindheit" folgendermaßen aussehen:

Viele Kinder wachsen heute bei einem _____ auf und sind _____.
Wegen des Verkehrs können sie nicht mehr auf der _____ spielen.
Ihre Freizeit verbringen sie mit _____ und _____.

Einzufügen sind: Elternteil, Einzelkinder, Straße, Fernsehen und Computerspielen.
(Um es nicht so leicht zu machen, müsste die Reihenfolge selbstverständlich vertauscht werden).

Das Denkbuch „Veränderte Kindheit" macht auf einige ‚liebgewonnene' Alltagsvorstellungen aufmerksam: Immer wieder liest man, dass Kinder heute als Einzelkinder aufwüchsen; dass sie eine Scheidungskindheit verbringen würden. Sie säßen zudem nur vor dem Fernseher und Computer anstatt die Zeit im Wald mit Freunden zu verbringen. Der Verkehr mache es Kindern heute unmöglich, auf der Straße zu spielen. All diese Entwicklungen würden es rechtfertigen, von „veränderter Kindheit" zu sprechen. Jeder Leser kennt sicherlich ‚Fälle', die die genannten Punkte bestätigen: Man kennt alleinerziehende Mütter, vielleicht sogar Väter; hat Freunde, die geschieden sind, wohnt vielleicht selbst in einer Straße mit viel Verkehr und hat in der Zeitung gerade wieder einen Artikel gelesen, in dem die einseitige Freizeitbeschäftigung von Kindern angeprangert wird.

Aber es bleibt zu fragen, wie entscheidend die eigene Vorstellung ist. Ist es gerechtfertigt, vom Einzelfall auszugehen und davon auf die Masse zu schließen? Ist die Tatsache, dass etwas öffentlich diskutiert wird, automatisch ein Argument für Richtigkeit? Wenn man die Fakten studiert (vgl. Gaedtke-Eckardt 2011, S. 207ff.), die z.B. von der Bundeszentrale für politische Bildung herausgegeben werden, so wird man feststellen, dass die Zahl der Scheidungen steigt, dass aber sehr viele kinderlose Paare geschieden werden oder die Scheidungen zu einer Zeit erfolgen, in der die Kinder bereits volljährig sind. Wenn man die Statistiken überprüft, so zeigt sich, dass die meisten Kinder bei ihren leiblichen Eltern aufwachsen, die auch verheiratet sind. Die Statistiken machen auch zweifelsfrei deutlich, dass Einzelkinder zwar bei Alleinerziehenden – vor allem handelt es sich um Frauen – besonders häufig sind, dass aber die meisten Kinder auch Geschwister haben. Andere Untersuchungen geben Aufschluss über das Freizeitverhalten der Kinder (z.B. Andresen/ Hurrelmann 2010). Natürlich gibt es (zu) viele Kinder, die vor dem Fernseher herumhängen oder ihre Zeit mit Computerspielen verbringen, aber es gibt ebenso viele Kinder, deren Freizeit durch vielfältige Aktivitäten gekennzeichnet ist: Sie haben Ballettunterricht oder Fußballtraining, erhalten Musikunterricht oder sind mit Freunden zusammen, für das Fernsehen bleibt ihnen wenig Zeit. Die Hälfte der Kinder sieht ein bisschen fern, treibt Sport und ist vor allem mit Freunden unterwegs.

Kindheit hat sich schon verändert, doch sicherlich nicht für die Kinder selbst. Sie werden in eine Zeit hineingeboren, in der es die Möglichkeit gibt, durch Knopfdruck unterhalten zu werden (hätte man sich das nicht auch früher gewünscht?), in der viele Eltern ein Auto haben und dieses dazu benutzen, ihr Kind zur Schule zu fahren. Veränderung kann man nur über den Vergleich feststellen, doch Kinder kennen andere Zeiten nicht. „Früher" gab es entweder weniger Autos oder keine Autos, je nachdem, was mit dem beliebten Begriff „früher" gemeint ist, aber auch „früher" gelangten die Kinder zur Schule und hatten keine schlechte Kindheit, nur weil sie nicht mit dem Auto gefahren wurden, sondern mit dem Fahrrad, dem Zug, Bus oder gar zu Fuß zur Schule gelangten. Zu jeder Zeit werden die jeweils gegebenen Möglichkeiten genutzt, für die Kinder ist das Normalität.

Was sollte beim Thema „Kindheit" angesprochen werden? Der Lückentext prangert den Verkehr an, der es Kindern unmöglich macht, auf der Straße zu spielen. Hier wird eine Wertung vorgenommen und es wird vergessen, dass z.B. gerade die Eltern, die ihre Kinder zum Sport oder in die Musikschule bringen oder aus der Schule abholen, zum Anwachsen des Verkehrs beitragen.

Wie ist das mit den neuen Medien? Wer hat Lust, seinem Sprössling jeden Abend vor dem Schlafengehen die Fälle der TKKG (mehr ein Klassiker, aber dafür wenigstens einer breiteren Leserschaft bekannt) vorzulesen? Wird man nicht gerne zur Hörspielkassette greifen, damit die Technik das Einschlafritual übernimmt?

Häufig begegnet uns sogar das Argument, dass es zum Besten der Kinder sei, wenn sie mit der modernen Technik aufwüchsen. Eltern dokumentieren ihren gesellschaftlichen Status gerade dadurch, dass sie es sich leisten können, ihren Kindern einen Fernseher zu schenken (vgl. Leven/ Schneekloth 2010, S. 120).

Wer möchte seinem Kind zumuten, als Erwachsener später nicht mit dem Computer umgehen zu können, weil er ihm damals als Kind vorenthalten wurde?

Das Thema Kindheit muss aus verschiedenen Blickwinkeln betrachtet werden. Man muss versuchen, zur eigenen Position die gegenteilige zu finden, und für beide Seiten Vor- und Nachteile abwägen. Die Sicherheit oder Bequemlichkeit beim Schulweg führt zur Belastung der Umwelt. Einen Computer zu besitzen, bedeutet nicht automatisch, dass man damit auch sinnvolle Sachen macht usw.

Bevor diese verschiedenen Blickwinkel gegeneinander abgewogen werden können, muss ein Problembewusstsein entwickelt werden. Beim Ausfüllen des Lückentextes werden wir nicht zu einer kritischen Auseinandersetzung angeregt, nur zum Abarbeiten eindimensionaler Aufgabenstellungen. Dadurch wird aber kein Wissen erweitert, denn das Neue wird nicht mit dem Vorwissen verbunden. Es wird zur einseitigen Beurteilung, in diesem Fall sogar zur Verurteilung aufgefordert. Mit Pauschalurteilen ist nichts gewonnen. Es ist wichtig, auf die Gefahren hinzuweisen, doch ein erhobener Zeigefinger hilft bekanntermaßen nicht weiter. Es muss also nach geeigneteren Mitteln gesucht werden.

Das Denkbuch soll zu dieser Auseinandersetzung beitragen.

Das Denkbuch

Mit Denkbuch bezeichne ich Arbeitsblätter in Broschürenform, in denen auf vier, acht oder zwölf Seiten Fragen und Arbeitsaufträge, Informationen und Abbildungen in einer solchen Weise angeordnet sind, dass Alltagsvorstellungen schrittweise aufgebrochen und Anstöße zum Umdenken gegeben werden.

Denkbücher sollen neue Denkräume öffnen, sie sollen Vorstellungen ansprechen, die man unhinterfragt übernommen hat, und Argumente liefern, die lieb gewonnenen Vorstellungen einfach mal zu hinterfragen, Sachen nicht nur von einer Seite zu betrachten, sondern eben auch mal von der anderen Seite oder ggf. sogar von vielen Seiten. Ohne Mehrperspektivität ist es nicht möglich, fremde Positionen zu akzeptieren. Ohne Mehrperspektivität kommt auch die Wissenschaft nicht weiter voran. Ein Perspektivenwechsel ist also wesentlich.

Das Denkbuch soll irritieren.

Es beginnt mit scheinbaren Gewissheiten, die den Leser in Sicherheit wiegen. So hat er sich den jeweils angesprochenen Sachverhalt eigentlich immer vorgestellt, selbst wenn er vielleicht noch gar nicht explizit darüber nachgedacht hat. Mit der skizzierten Sichtweise kann sich der Leser des Denkbuchs einverstanden erklären und blättert um.

Doch auf der nächsten Seite wird der vermeintlichen Sachlage der Boden entzogen. Die Gedanken auf der Rückseite passen nicht zu dem, was die Vorderseite verheißen hat. Es wird das genaue Gegenteil durch unumstößliche Fakten oder Sachverhalte bewiesen. Und die sind wirklich überzeugend.

Der Leser gerät in einen Konflikt: Was ist denn nun die richtige Antwort? Wenn das stimmt, was auf der Rückseite steht – und daran gibt es eigentlich keine Zweifel – was ist dann mit den „Fakten" von der Vorderseite?

Langsam dämmert es: Wenn das Andere wahr ist, dann kann das vermeintlich Richtige nicht länger richtig sein. Die bisherigen Vorstellungen stürzen wie ein Kartenhaus zusammen und der Horizont wird erweitert.

Ein Denkbuch soll nicht Wissenspakete aufschichten, sondern es soll verunsichern, bisherige Gewissheiten in Frage stellen, Klischees entlarven und gleichzeitig Informationen geben, anhand derer belastbarere Vorstellungen entwickelt werden können.

Einige Anmerkungen zur Herstellung von Denkbüchern sind sinnvoll, wobei viele der im Folgenden aufgeführten Aspekte sich nicht nur auf Denkbücher beziehen lassen, sondern auf Arbeitsblätter allgemein übertragbar sind.

Die Herstellung der Denkbücher ist aufwändig, wenn man sich nicht mit irgendetwas zufrieden gibt, sondern höhere Ansprüche stellt. Doch gute Entwürfe von Denkbüchern lassen sich mehrfach einsetzen und verschiedene Bestandteile eines Bogens, z.B. das Layout, können gleich bleiben, ergänzt durch die jeweiligen Inhalte. Aktualität ist nicht nur im Hinblick auf Inhalte eine gute Wahl, Aktualität erleichtert auch die Erstellung von Arbeitsblättern, denn das Aktuelle ist leicht greifbar; sowohl die Fakten als auch die nötigen Abbildungen sind im Internet schnell zu finden, sie drängen sich förmlich auf, man muss also nur noch ‚zugreifen', allerdings unter Beachtung möglicher Urheberrechtsprobleme.

Bei dem angedeuteten Aufwand stellt sich die Frage, ob nicht Abstriche ‚erlaubt' wären, also auch eine einfachere Ausführung ausreicht. Schüler oder besser gesagt Kinder sind eine wichtige Gruppe für die Werbung, sie sind empfänglich für die Werbebotschaften. Das heißt: Kinder reagieren signifikant auf Werbung. Was bunt und ansprechend aufgemacht ist, wird eher angenommen. Ist es wahrscheinlich, dass Schüler sich mit einfallslosen Arbeitsblättern in Schwarzweiß zufriedengeben?

Die Technik ist Segen und Fluch zugleich.

Die älteren Leser werden sich noch an die Schreibmaschine erinnern, vielleicht sogar an eine mechanische. Es stellte schon für manchen, der Maschineschreiben nicht gelernt hatte, eine Herausforderung dar, mit derartigen Geräten eine perfekt gestaltete Seite zu erzeugen. Natürlich konnte man Platz für eine Abbildung lassen, doch eingeklebte Bilder bedingten quasi natürliche Wellen, die jedoch nicht immer geschätzt wurden.

Heute ist es technisch leicht möglich, ein Bild aus dem Internet herunterzuladen und in eine Textdatei einzufügen. Es kann vergrößert, wie verkleinert und zentriert, links oder rechts angebracht werden, die Möglichkeiten von speziellen Programmen wie Photoshop noch gar nicht einbezogen. Die Schrift ist fast beliebig zu vergrößern oder zu verkleinern und ohnehin, die Zeiten von Courier sind lange vorbei. Eine stattliche Reihe von Schriften wartet auf ihren Einsatz.

Die technischen Möglichkeiten sind aber nicht nur gegeben, es wird auch erwartet, dass sie eingesetzt werden. Mit den heutigen Mitteln muss auch gearbeitet werden. Vieles geht schneller als vorher, aber die eingesparte Zeit muss an anderer Stelle investiert werden. Früher waren Bilder auf den wenigsten Arbeitsblättern üblich, heute würde das schon die Akzeptanz des Bogens beeinflussen.

Durch den Einsatz von Abbildungen können Schwierigkeiten beim Lesen verringert und Anschaulichkeit erreicht werden. Allerdings stellt sich die Frage, um welche Art von Abbildung es sich handeln sollte. Ist hier eine auf das Wesentliche reduzierte Form sinnvoll oder ist ein Foto geeigneter, das die Realität sehr viel genauer wiedergibt? Fotos wird man bei dieser Formulierung sicherlich vorziehen, doch einfache Strichzeichnungen sind leichter zu vervielfältigen, und selbst wenn es sich bei dem Denkbuch um einen Dialog mit dem einzelnen Schüler handelt, so muss doch die ganze Lerngruppe mit derartigen Denkbüchern versorgt werden.

Farbabbildungen sind nach wie vor teuer, aber sollten in einigen Fällen wirklich eingesetzt werden. Farbabbildungen sprechen Schüler deutlich stärker an als Schwarzweißabbildungen, auch farblich hinterlegte Felder ziehen nach wie vor die

Aufmerksamkeit stärker auf sich. Dies sind zwar gute Argumente für den Einsatz von Farbabbildungen, doch gibt es auch gute Gründe dagegen. Farbabbildungen sollten jedoch eingesetzt werden, wenn die Farbe zur Klärung einer Sache dient. Auch ein reproduziertes Gemälde sollte, wenn es schon auf Seitengröße gebracht werden muss und seiner Oberflächenspannung, die das Original prägt, beraubt wird, doch wenigstens einen ungefähren Eindruck vermitteln können.

Es müssen jedoch nicht immer Abbildungen eingebracht werden, man kann auch Weißraum und eine entsprechende Aufgabe vorgeben, die den Leser veranlasst, selbst eine Zeichnung anzufertigen. Zeichnungen sind eine gute Möglichkeit, das Nachdenken anzuregen, die Gedanken zu sammeln.

Ein Beispiel gewünscht?

Malen Sie einen Neandertaler.

Wie haben Sie ihn gemalt?
Einen kräftig gebauten Kleinwüchsigen, die Haltung ein bisschen nach vorne gebeugt und der massige Körper stark behaart, mit tumbem Blick und nicht zu vergessen – die obligatorische Keule schwingend?
Haben Sie eine passende Kleidung für das Leben in der Eiszeit gewählt oder sind die Brüste der Frau unbedeckt geblieben?
Ach, Sie haben einen Mann gezeichnet?

Denkbücher eignen sich also auch für Erwachsene!

Literatur

Andresen, S./ Hurrelmann, K.: Bachelor/ Master: Kindheit. Beltz. Weinheim und Basel 2010.

Blank-Sangmeister, U.: Römische Frauen: Ausgewählte Texte. Lateinisch/ Deutsch. Reclam. Stuttgart 2001.

Bundeszentrale für politische Bildung: Die soziale Situation in Deutschland. Familie und Kinder. Verfügbar: http://www.bpb.de/wissen/32UOZK,0,0,Familie_und_Kinder.html [29.06.2010]

Duncker, L./ Popp, W.: Der schultheoretische Ort des Sachunterrichts. In: Duncker, L./ Popp, W. (Hrsg.): Kind und Sache. 3. Aufl. Juventa. Weinheim und München 1998, S. 15–27.

Fischer-Elfert, H.-W.: Kindheit im Alten Ägypten. In: Forster, J./ Krebs, U. (Hrsg.): Kindheit zwischen Pharao und Internet. Klinkhardt. Bad Heilbrunn 2001, S. 21–39.

Gaedtke-Eckardt, D.-B.: Fördern durch Sachunterricht. Kohlhammer. Stuttgart 2011.

Klick! 1. Geschichte. Arbeitsheft. Cornelsen. Berlin 2008.

Leven, I./ Schneekloth, U.: Die Freizeit: Sozial getrennte Kinderwelten. In: World Vision Deutschland e.V. (Hrsg.): Kinder in Deutschland 2010. Fischer. Frankfurt 2010, S. 95–159.

Meier, F.: Mit Kind und Kegel. Kindheit und Familie im Wandel der Geschichte. Thorbecke. Ostfildern 2006.

Meine bunte Welt 3, Übungsheft A. Dürr und Kessler. Troisdorf 2005.

Simek, R.: Die Wikinger. Beck 1998.

Christiane Meyer

**Raumskizze zu Raumperspektiven im Geographieunterricht –
Brücke zum kompetenzorientierten Geographieunterricht?**

„Der" Raum in der Geographie

Die Geographie beansprucht für sich, eine Raumwissenschaft zu sein. Dies hat
schon Alfred Hettner in der ersten Hälfte des 20. Jahrhundert vertreten, indem er
die Geographie in die Allgemeine Geographie, in der die Geofaktoren in nomothe-
tischer Betrachtungsweise gegliedert wurden, und darauf aufbauend Länderkunde,
die die Geofaktoren in ihren kausalen Wechselverhältnissen für ein Land in einer
idiographischen Betrachtungsweise ganzheitlich zusammenbrachte, gliederte (vgl.
Brogiato 2005, S. 67). Im Zuge der wissenschaftstheoretischen Fundierung der
Geographie Ende der 1960er Jahre wurde dieser Anspruch, Raumwissenschaft
zu sein, u. a. von Dietrich Bartels mit der Aufdeckung von Gesetzmäßigkeiten in
räumlichen Verteilungs- und Verbreitungsmustern als Hauptinteresse raumwissen-
schaftlicher Forschung (vgl. Werlen 2008, S. 184) untermauert. Auch in aktuellen
Lehrbüchern zum wissenschaftlichen Arbeiten in der Geographie wird der Raum als
„Erfahrungsobjekt" verstanden, an das das traditionelle Erkenntnisinteresse: „Was ist
wo, wie, wann und warum im Raum?" (vgl. Bordsdorf 2007, S. 10) gerichtet wird.

Im Hinblick auf die Fachentwicklung im 20. Jh. und als Orientierung für den Geographieunterricht hat U. Wardenga (2002) vier Raumperspektiven herausgestellt, die mit
anderen Formulierungen und damit letztlich auch etwas anderer inhaltlicher Fokussierung
Eingang in die Bildungsstandards im Fach Geographie für den Mittleren Schulabschluss
(vgl. DGfG 2010, S. 6) gefunden haben. Räume wurden bzw. werden demnach als
Behälter („Container") bzw. konkret-dingliche Räume, als Systeme von Lagebeziehungen materieller Objekte bzw. als thematisch geordnete/systematisierte Räume, als
Kategorie der Sinneswahrnehmung bzw. als individuell wahrgenommene Räume sowie
in der Perspektive ihrer sozialen, technischen und gesellschaftlichen Konstruiertheit als
Elemente von Kommunikation und Handlung bzw. als sozial konstruierte Räume aufge-
fasst (s. Abb. 1). In Abbildung 1 werden diesen Raumperspektiven noch die jeweiligen
Lebensbeziehungen und „Welten" hinzugefügt, die die geographische Bildung über das
Raumbewusstsein durch Erd- bzw. Weltkunde und das Werte-Bewusstsein durch die
anzustrebenden Menschenbilder des „Homo humanus" (nach Winkel 2005, 498) bzw.
„Homo oecologicus" (nach Pieper 2007, S. 71)[1] begründen.

---

1   Bei ersterem wird etwas mehr die Totalität und Universalität von Bildung, bei letzterem mehr die Bildung
    für eine nachhaltige Entwicklung betont. Die dazu erforderlichen Haltungen stimmen m. E. überein.

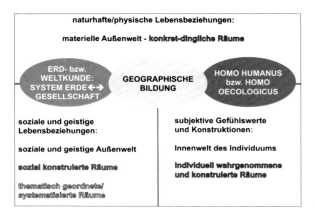

Abb. 1

Raumperspektive 1: Konkret-dingliche Räume

Vor allem der Begriff der Landschaft ist mit dem ersten Raumbegriff verbunden. Landschaft wird als „komplexe" Gesamtheit der sichtbaren Gegenstände einer Erdstelle betrachtet und die Sachverhalte der physisch-materiellen Welt werden als Wirkungsgefüge physischer und anthropogener Faktoren (Prozesse der Landschaftsbildung; Prozessfeld menschlicher Tätigkeiten) erklärt. Aber auch das sogenannte länderkundliche bzw. Hettnersche Schema (vgl. Gebhardt u. a. 2007, S. 68) ist diesem Raumbegriff zuzuordnen.

Für den Geographieunterricht ist die erste Raumperspektive nach wie im Hinblick auf das didaktische Prinzip der unmittelbaren oder mittelbaren Anschauung von grundlegender Bedeutung, um den Schülern Vorstellungen über ein anderes Land (regionalgeographische Themen) oder über (Stadt-)Landschaftsformen (allgemeingeographische Themen) sowie über die geographische und topographische Lage von Orten zu vermitteln. Durch das Internet und die damit verbundenen Möglichkeiten (u. a. google earth) kann der Schüler sich selbst vielfältige Eindrücke verschaffen. Thematisch stellt sich im Hinblick auf die materielle Außenwelt die Frage, welche endogenen und exogenen Kräfte diese Formen hervorgebracht haben. Dies gilt für naturhafte Landschaften ebenso wie für Stadtlandschaften und berührt Raumfragen nach physischen und anthropogenen/humanen Prozessen bzw. nach der Morphogenese, aber auch Zeitfragen im Hinblick auf die Dauer der Prozesse zur Formgestaltung. Dabei kann u. a. bewusst gemacht werden, dass die historische Zeit in Relation zur geologischen Zeit, die mit der Geomorphologie verbunden ist, verschwindend klein ist und dass beispielsweise ein Stein am Wegesrand oder als Fassadengestein in der City der Stadt im Laufe von vielen Millionen Jahren geformt wurde. Im weitesten Sinne sind hier auch Themen aus der Klimageographie einzuordnen wie z. B. die Allgemeine Zirkulation der Erde und der Klimawandel. Die konkret-dinglichen Räume sind auf Exkursionen sehr bedeutungsvoll, damit Schüler eine Beziehung zur Natur bzw. zur baulichen Umwelt aufbauen können und diese mit anderen Augen zu sehen lernen. Über eine Spurensuche in einer Stadt beispielsweise können Schüler zu Entdeckern der Stadtentwicklung und von Besonderheiten werden.

Raumperspektive 2: Thematisch-geordnete/systematisierte Räume

Im Zuge der theoriegeleiteten Forschung in der Geographie Ende der 1960er Jahre, die grundlegend schon 1933 im Werdegang der Theorie der zentralen Orte von W. Christaller zum Ausdruck kam (vgl. Werlen 2008, S. 184), wurde der wissenschaftliche Fokus auf die Bedeutung von Standorten, Lage-Relationen und Distanzen gerichtet und der Raum als System von Lagebeziehungen materieller Objekte sowie konkurrierender Flächennutzungsansprüche untersucht (sogenannter *spatial approach*). Hier stellt sich die Frage, welche Vorannahmen in die Modell-bildung bzw. Theoriebildung eingegangen sind und wie gut diese Ergebnisse der wissenschaftlichen Forschung im Hinblick auf bestimmte Fragestellungen die Realität widerspiegeln.

Im Geographieunterricht finden diese abstrakten Räume vor allem in Bezug auf humangeographische Themen Eingang. Wirtschaftsgeographische Fragestellungen zur Standortwahl von Unternehmen und harter und weicher Standortfaktoren gehören hier ebenso dazu wie auch Stadtstrukturmodelle der kulturgenetischen Stadtgeographie. Letztlich sind alle thematischen Karten, die als Ergebnis wissen-schaftlichen Arbeitens mit fachrelevanten Arbeitsmethoden (Kartierung, systema-tische Quellenanalyse, statistische Berechnungen,...) hervorgebracht wurden, zu dieser Raumperspektive als abstrakte Darstellungen von Räumen hier einzuordnen.

Raumperspektive 3: Individuell wahrgenommene Räume

Die Sozialgeographie fokussiert das Verhalten von Menschen im Raum (soge-nannter *behavioral approach*), wobei diese in der sogenannten Münchener Schule die Daseinsgrundfunktionen mit Blick auf soziale Gruppen in den Vordergrund stellte. Im damit verbundenen sozialgeographischen Raumsystem (Maier et. al. 1977 in Werlen 2008, S. 164) wird deutlich, dass die verorteten Muster im Raum auf die Wahrnehmung und Bewertung des Informationsspektrums der Außenwelt bzw. Wirklichkeit durch Individuen oder soziale Gruppen zurückzuführen sind. Die Karten in den Köpfen, mental maps, gerieten in den geographisch-wissenschaftlichen Blick (sogenannter *environmental perception approach*). Unter dieser Raumperspektive geht es darum, wie Individuen, Gruppen oder Institutionen ihre Wahrnehmungen in räumliche Begriffe einordnen und somit ihre Weltbilder räumlich differenzieren. Insgesamt wird „die" Wirklichkeit durch diese Raumperspektive pluralisiert.

Im Geographieunterricht spielen die individuell wahrgenommenen Räume eine Rolle, wenn die Schüler im Rahmen von Kartenarbeit aufgefordert werden, ihre Karten im Kopf zu zeichnen oder in einer Gruppenarbeit gemeinsam zu erstellen (z. B. Vankan 2007, S. 33ff.). Auch Raumvorstellungen bzw. Schülervorstellungen über ihren Heimatraum, über Deutschland oder andere Länder (z. B. Nachbarländer Deutschlands) bzw. Kontinente und Charakteristika oder Lebenswelten der dortigen Bevölkerung (z. B. Vorstellungen über Afrika bzw. das Afrikabild von Schülern wie bei Tröger 1993; Selbst- und Fremdbilder wie bei Haubrich 2004) und somit regional- bzw. kulturgeographische Themen sind hierunter zu fassen. Die Reflexion von Raumwahrnehmung ist unabdingbar für das angestrebte Raumbewusstsein.

Im Hinblick auf die derzeit aktuelle Forschung zu Schülervorstellungen über geographische bzw. geowissenschaftliche Sachverhalte (z. B. Schülervorstellungen über Gletscher, Treibhauseffekt, Böden u. ä. wie in Reinfried 2008, 2010) ist anzumerken, dass es sich dabei um Alltagstheorien bzw. subjektive Theorien handelt, die sich zumeist nicht auf konkrete Räume beziehen. Es wäre wünschenswert, die räumliche Perspektive hier mehr zu berücksichtigen (z. B. Gletscher und Eiszeiten in Norddeutschland wie bei Felzmann 2010).

Raumperspektive 4: Sozial konstruierte Räume

Die Umweltwahrnehmung oder Wahrnehmungsgeographie war noch sehr dem *stimulus-response*-Modell verhaftet und stellte demnach den Begriff des Verhaltens, das auf Umwelteinflüsse reagierende Individuen oder Gruppen suggeriert, in den Vordergrund. Da Menschen jedoch in ihren Lebenswelten ihren Handlungen Bedeutung und Sinn zuweisen und somit intentional und nicht reaktiv agieren, stellte sich die Frage, wie Räume „gemacht" werden, d. h. wer unter welchen Bedingungen und aus welchen Interessen wie über bestimmte Räume kommuniziert. B. Werlen hat dies in seiner handlungstheoretischen Sozialgeographie auf den Punkt gebracht: „Die Bedeutungen materieller Gegebenheiten sind nicht Eigenschaften der Objekte per se, sondern werden von den Subjekten zugeschrieben" (Werlen 2008, S. 319). Die Bedeutungen räumlicher „Tatsachen" erfordern die Analyse von Bedeutungszuweisungen – eine selbstgenügsame Raumanalyse kann diese nicht hervorbringen. „Die handlungstheoretische Sozialgeographie ist nicht als eine handlungsorientierte Raumwissenschaft konzipiert, sondern als eine raumorientierte Handlungswissenschaft" (Werlen 2008, S. 319). Das Verstehen dieser Bedeutungszuweisungen erfordert demnach ein hermeneutisches Vorgehen, bei dem der Forscher seine eigene Subjektivität mit bedenken muss.

Im Hinblick auf den Geographieunterricht wurde vorgeschlagen, den Schülern beispielsweise zu verdeutlichen, auf welche Art und Weise und mit welchem Zweck in Reiseprospekten, in Internetdarstellungen und in anderen Medien Tourismusdestinationen mit einer raumbezogenen Sprache konstruiert werden (vgl. Wardenga 2002). Im Geographieunterricht könnte hierzu z. B. der Blick auf Deutschland über ausländische Reiseführer hinterfragt werden (wie in Meyer 2010) und damit auch die Konstruiertheit des eigenen Deutschlandbildes bzw. des nationalen Selbstverständnisses bewusst gemacht werden. Eine kritische Analyse von Mediendarstellungen (z. B. Dokumentationen, Nachrichtendarstellungen, Spielfilme, Zeitschriften usw.) gehört hier ebenso dazu wie das kritische Hinterfragen von Darstellungen von Ländern bzw. Kulturräumen in Schulbüchern, Schulfilmen usw. Da Handlungen mit Entscheidungen verbunden sind, bietet es sich an, die soziale Konstruiertheit von Räumen den Schülern durch Aufgaben mit Aufforderungen zum Entscheiden, Bewerten bzw. ethischen Urteilen zu verknüpfen, bei denen in einer metareflexiven Phase diese im Hinblick auf die Bedeutungszuweisungen durch Norm- und Wertvorstellungen analysiert werden.

Die letzte Raumperspektive ist die für die Lehrkraft im Hinblick auf die Gestaltung von situierten Lernumgebungen herausforderndste, aber auch die fruchtbarste, um an das Interesse und die Lebenswelt der Schüler anzuknüpfen und sie als Akteure im Weltgeschehen mit Raumbezügen auf unterschiedlichen Maßstabsebenen einzubinden.

Raumperspektiven und Welten nach Popper

Bei einem Vergleich der Raumperspektiven mit der Drei-Welten-Lehre von Popper[2] (z. B. in Kunzmann et al. 2009, S. 235) ließe sich die erste Raumperspektive leicht der ersten Welt zuordnen. Die dritte Welt wäre demnach die zweite Raumperspektive. Welt 2 ließe sich den individuell konstruierten Räumen zuordnen. Und wo bleibt die vierte Raumperspektive? Letztlich sind alle fachwissenschaftlichen Raumperspektiven und die dazugehörigen Darstellungen in geographischen Fachbüchern Konstruktionen, wobei sich die ersten drei vor allem auf die materielle Welt beziehen, die vierte hingegen die Erschließung „einer" unsichtbaren Welt erfordert. Diese sozialen Konstruktionen werden durch bestimmte Sprachen (de- und re)konstruiert und weitervermittelt. Denken, Fühlen und Erleben erfolgt

---

2 Welt 1: physikalische Gegenstände; Welt 2: psychische Welt: Denken, Fühlen, Erleben; Welt 3: objektive Theorien.

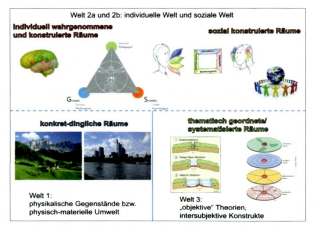

Abb. 2

nicht nur individuell, sondern auch im sozialen Umfeld bzw. in sozialen Kontexten. Daher könnte die zweite Welt nach Popper differenziert werden (vgl. Abb. 2). Hieran ließe sich verdeutlichen, wie geographische Erkenntnisse gewonnen werden. Aus wissenschaftlicher Perspektive wird im physisch-materiellen Raum von einer aufmerksamen, geographisch gebildeten Person etwas wahrgenommen und hinterfragt. Dabei spielt das Gehirn eine wesentliche Rolle bei der erkenntnistheoretischen Konstruktion über die Wahrnehmung, die kognitive Erschließung und schemagebundene Interpretation (hierzu genauer Lenk 2007). Einfluss darauf haben auch der Austausch mit anderen Personen sowie das Hinzuziehen von Informationen aus der dritten Welt, die schon objektive Theorien, aber auch weitere soziale Konstruktionen bzw. intersubjektive Konstrukte zur Verfügung stellt.

Für den Geographieunterricht bedeutet es einen herausfordernden Perspektivenwechsel im Hinblick auf die Gestaltung von Lernumgebungen, den Schülern die Bedeutung der zweiten Welt mit guten Unterrichtsmaterialien bewusst zu machen, damit sie neben dem Raumbewusstsein, das der Geographieunterricht von Anbeginn zum Ziel hatte, auch ein Werte-Bewusstsein als einem Teil von Selbst-Bewusstsein, also einem bewussten Selbst, entwickeln können. Gute Ansätze sind über D. Leat und sein Konzept „*Thinking Through Geography*" in einige geographiedidaktische Publikationen aufgenommen worden (z. B. Vankan u. a. 2007).

Abb. 3

Kompetenzorientierung durch die Berücksichtigung der Raumbegriffe?

Die von der DGfG (2010) publizierten Bildungsstandards weisen sechs Kompetenzbereiche aus, die gewissermaßen das „Schulhaus" der geographischen Bildung ergeben (s. Abb. 3). Diese sechs Kompetenzbereiche spielen auch im Hinblick auf die vier Raumperspektiven, die in den Bildungsstandards in der Einleitung über den Beitrag des Faches Geographie zur Bildung lediglich in einem Satz genannt werden (DGfG 2010, S. 6) eine große Rolle. K. Hoffmann hat mit Blick auf die Planung von Geographieunterricht die Kurzformel „1-4-6" propagiert: ein Thema, vier Raumperspektiven und sechs Kompetenzbereiche (2009 a und b). Er bezieht sich dabei auf T. Rhode-Jüchtern, der die Anwendung der Raumperspektiven anhand des Elbehochwassers 2002 und von „Müll"-Umweltrisiken durch die Deponierung zivilisatorischer Abfälle exemplifiziert hat (Rhode-Jüchtern 2009, S. 136ff.).

Hoffmann (2009 a und b) differenziert zwischen der Ordnung der Dinge mit den ersten beiden Raumperspektiven und der Ordnung der Blicke mit den anderen beiden, wodurch schon Vielperspektivität erreicht würde. Im Hinblick auf die Kompetenzbereiche wäre noch deutlicher zu betonen, dass vor allem Kommunikation und Beurteilung/Bewertung die entscheidende Brücke zum raumverantwortlichen Handeln bilden. Insofern sollten die Aufgabenstellungen lernprozessanregend sein (vgl. Hoffmann 2009, S. 107 mit Bezug auf Tulodziecki u. a. 2004).

An einem konkreten Unterrichtsvorschlag zur Vergabe von Mikrokrediten (vgl. den Beitrag von Coen/ Hoffmann 2010) lässt sich nachvollziehen, dass die 1-4-6-Regel einen qualitativ anspruchsvollen Geographieunterricht ermöglichen kann und den Lehrkräften eine hilfreiche Orientierung für die Planung und Gestaltung von Unterricht bieten kann (zur Metareflexion mit den Schülern könnte

z. B. die Vorlage unter http://www.klett.de/sixcms/media.php/229/104006_KV.pdf
eingesetzt wurden).

Es ist selbstverständlich nicht jedes Thema geeignet, um alle Raumperspektiven abzudecken, aber jedes Thema sollte vorab dahingehend reflektiert werden,
inwieweit es eine umfassende raumperspektivische Betrachtung für eine tiefer
gehende Verarbeitung ermöglichen könnte. Somit soll die Orientierung an den
Raumperspektiven keine dogmatische Handhabung sein, sondern eine Orientierung
bieten, um auch bei der Unterrichtsplanung und -gestaltung mehrperspektivisch
und möglichst kreativ vorzugehen.

Fazit

Im Hinblick auf die vierte Raumperspektive in der schulgeographischen Bildung
ist zu berücksichtigen, dass es einerseits möglich ist, den Schülern anhand von
Materialien zu verdeutlichen, dass Räume von Individuen, Gruppen und Institutionen „gemacht" werden, andererseits dieses auch bedeutet , dass im Rahmen
von Rollenspielen und durch das Fällen von Entscheidungen bzw. Urteilen (also
durch Kommunikation und Handlung im Rahmen des Schulunterrichts) die Schüler
selbst die Räume auf Basis der zur Verfügung stehenden Informationen und vor
dem Hintergrund ihres bis dato Gewordenseins „machen". Das Bewusstmachen
dieser Konstruktionen, und somit auch von subjektiven und gesellschaftlichen
Norm- und Wertvorstellungen, die diesen unterliegen, erfordert somit eine gut
angeleitete Metareflexion (durch fachkompetente Lehrkräfte), die unabdingbar
ist, um das eigentliche Ziel von Schulbildung zu erreichen: die Entwicklung
autonomer Individuen, die sich der Innerlichkeit ihrer eigenen Subjektivität (im
Sinne W. v. Humboldts, vgl. Gudjons 2008, S. 91) bewusst sind und durch Bildung
zu sich selbst finden.

Die durch die vier Raumperspektiven sowie die sechs Kompetenzbereiche
ermöglichten Orientierungen für die Unterrichtsplanung und die geforderte
Gestaltung situierter Lernumgebungen sind ein geeigneter Weg, um Raum- und
Werte-Bewusstsein und damit letztendlich auch Selbst-Bewusstsein durch Geographieunterricht zu ermöglichen. Dieser Weg ist erst im Zuge der jüngeren bil-
dungs- und fachpolitischen Entwicklung eingeschlagen worden und es bleibt zu
hoffen, dass möglichst viele Lehrkräfte sich dieser Richtung anschließen mögen.

Literatur

Borsdorf, A.: Geographisch denken und wissenschaftlich arbeiten. 2. Auflage. Spektrum Akademischer Verlag. Berlin/ Heidelberg 2007.

Brogiato, H.-P.: Geschichte der deutschen Geographie im 19. und 20. Jahrhundert – ein Abriss. – In: Schenk, W./ Schliephake, K. (Hrsg.): Allgemeine Anthropogeographie. Klett-Perthes. Gotha 2005, S. 41-81.

Coen, A./ Hoffmann, K.W.: Würden Sie dieser Frau € 20,- leihen? Armutsbekämpfung per Mausklick: Über die Vergabe eines Mikrokredits entscheiden. In: Geographie heute 31(281/282), 2010, S. 26-35.

DGfG – Deutsche Gesellschaft für Geographie (Hrsg.): Bildungsstandards im Fach Geographie für den Mittleren Schulabschluss. Mit Aufgabenbeispielen. 6. Aufl. Selbstverlag DGfG, Bonn 2010.

Felzmann, D.: Wenn Gletscher und Schülervorstellungen in Bewegung geraten - Analyse der Vorstellungsentwicklung zum Thema ‚Gletscherbewegung' in einem Vermittlungsexperiment. In: Reinfried, S. (Hrsg.): Schülervorstellungen und geographisches Lernen. Aktuelle Conceptual-Change-Forschung und Stand der theoretischen Diskussion. Logos. Berlin 2010, S. 87-122.

Gebhardt, H./ Glaser, R./ Radtke, U./ Reuber, P. (Hrsg.): Geographie: Physische Geographie und Humangeographie. Spektrum Akademischer Verlag, Heidelberg 2007.

Gudjons, H.: Pädagogisches Grundwissen. 10. Auflage. Klinkhardt. Bad Heilbrunn 2008.

Haubrich, H. (Hrsg.): Selbst- und Fremdbilder. Themenheft Geographie heute, 25(223), 2004.

Hoffmann, K.: Mit den Nationalen Bildungsstandards Geographieunterricht planen und auswerten. In: Geographie und ihre Didaktik, 37(3), 2009a, S. 105-119.

Hoffmann, K. W. : Mit Bildungsstandards Geographie-Unterricht planen – aber wie? In: KlettMagazin Terrasse, 1. Hj., 2009b, S. 2-6. http://www.klett.de/sixcms/media.php/229/geo_bildungsstandards.pdf

Kunzmann, P., F.-P. Burkard & F. Wiedmann: dtv-Atlas zur Philosophie. 14., durchgesehene und korrigierte Aufl. dtv. München 2009.

Lenk, H.: Erkenntnistheoretischer Konstruktivismus als Schemainterpretation. – In: Geographie und Schule, 168 (2007), S. 4-11.

Meyer, C. (2010): „That's Germany!" – Überlegungen zum Deutschlandbild ausländischer Touristen. In: Diercke 360°, H. 2, 2010, S.10-13.

Pieper, A.: Einführung in die Ethik. 6., überarbeitete und aktualisierte Aufl. Francke. Tübingen/ Basel 2007.

Reinfried, S. (Hrsg.): Schülervorstellungen. Themenheft Geographie heute, 29(265), 2008.

Reinfried, S. (Hrsg.): Schülervorstellungen und geographisches Lernen. Aktuelle Conceptual-Change-Forschung und Stand der theoretischen Diskussion. Logos Verlag, Berlin 2010.

Rhode-Jüchtern, T.: Eckpunkte einer modernen Geographiedidaktik. Hintergrundbegriffe und Denkfiguren. Kallmeyer/ Klett. Seelze-Velber 2009.

Tröger, S.: Das Afrikabild bei deutschen Schülerinnen und Schülern. breitenbach publishers. Saarbrücken/ Fort Lauderdale 1993 (=Sozialwissenschaftliche Studien zu internationalen Problemen 186).

Vankan, L., Rohwer, G. & S. Schuler: Diercke Methoden – Denken lernen mit Geographie. Westermann, Braunschweig 2007.

Wardenga, U.: Räume der Geographie – zu Raumbegriffen im Geographieunterricht. (2002) http://homepage.univie.ac.at/Christian.Sitte/FD/artikel/ute_wardenga_raeume.htm (Stand: 11.08.10).

Werlen, B.: Sozialgeographie. Eine Einführung. UTB. Stuttgart 2004.

Winkel, R.: Am Anfang war die Hure. Theorie und Praxis der Bildung. Schneider. Baltmannsweiler 2005.

Raum ohne Begrenzung?
Zur Kulturspezifik „ästhetischer Erfahrung"

> „In dieser bloßen Wahrnehmung, in der die ästhetische Erfahrung entsteht,
> ˋlassen wir ein gegenüberstehendes Anderes, eine Welt ganz auf uns wirken,
> nehmen wir sie neugierig ganz in uns auf, schmiegen wir uns dem anderen
> ganz an, öffnen wir uns für Neues, für bis dahin Undenkbares, Unvorstell-
> bares, selbst dann, wenn es sich um ganz vertraute Gegenstände handeltˊ."[1]

Die „ästhetische Erfahrung" ist nach wie vor eine zentrale, wenn auch nicht
unumstrittene Fachtheorie. Sie gilt als wesentlicher Ausgangspunkt künstlerischen Handelns und als eine Motivation kunstpädagogischer Prozesse, die jene
besondere Form der Erkenntnisstrukturierung als ein Bildungsziel anstreben.
Dieses Bildungsziel, folgt man fachtheoretischen Abhandlungen zur ästhetischen
Erfahrung, scheint zwar anspruchsvoll, im Hinblick auf die Subjekte kunstpädagogischen Lernens im Grunde aber unproblematisch zu sein: Die ästhetische
Erfahrung wird in didaktischen Diskursen als prinzipiell für alle zugänglich
beschrieben und implizit als universelle, allgemeinmenschliche, vielleicht sogar
als anthropologisch konstante Form des Umgangs mit der Welt dargestellt. Stets
ist „der Mensch", „die Schülerin", im Sinne von „jeder" bezeichnet, wenn es um
ästhetisches Erfahren geht. Es wird dem Eindruck nicht entgegen gewirkt, dass
diese besondere Art der Weltzuwendung etwas prinzipiell Selbstverständliches
sei, welches für alle Menschen gleichermaßen gilt. Dahingehende Überlegungen
jedoch, für wen diese besondere Form der Erfahrung Gültigkeit hat und für wen
nicht, wo also der scheinbar für alle zugängliche Raum ästhetischer Erfahrung an
seine Begrenzung stößt, fehlen bislang weitgehend.

Wer ist „Wir"?

Eine solche behauptete universelle Gültigkeit dieser zentralen Fachtheorie lässt
hinsichtlich der veränderten Realitäten im Gesellschafts- und Bildungssystem
aufmerken. Migrationsbewegungen, die regional bis über 40 % der Schülerschaft
prägen (Statistisches Bundesamt 2006), führen nicht nur zu einer Vermischung

---

1 Oevermann, U.: Krise und Muße. Struktureigenschaften ästhetischer Erfahrung aus soziologischer
   Sicht, Vortrag am 19.06.1996 in der Städel-Schule, Frankfurt a.M.; zitiert nach: Peez, Georg:
   Evaluation ästhetischer Erfahrungs- und Bildungsprozesse, München, 2005, S. 14.

von Nationalitäten und Ethnien, sondern bringen auch eine Heterogenität unterschiedlicher Bildkulturen, Subjektverständnisse und Strukturen des Denkens und Erfahrens mit sich und führen zu neuen Formen. Die zunehmend interkulturelle und transkulturelle Wirklichkeit macht es notwendig, die grundlegenden Fachtheorien, welche pädagogisches Handeln prägen, auf ihre impliziten Kulturspezifika zu untersuchen. Eng verbunden mit den Kulturspezifika gilt es, nach deren „impliziter Subjekthypothese" zu fragen, die W. Marotzki als eine den Theorien unterliegende Annahme über das zugrunde liegende Menschenbild beschreibt, die etwas „über die prinzipielle Stellung bzw. Haltung des Menschen zur Welt (Weltbezug) aussagt" (Marotzki 1984, S. 331). Es ist längst überfällig zu sondieren, inwiefern einerseits deutlich milieuspezifische und andererseits rein europäische Normen und Denkweisen, die sich nur aus der eigenen Geschichte heraus erklären, ungeprüft auf „alle Menschen" übertragen werden. Dies wäre zweifelsohne nicht nur pädagogisch unangemessen, sondern anmaßend und übergriffig. Solche Ansätze bestehen durchaus in unserem Diskurs über ästhetische Erfahrung, in dem in fragloser Verallgemeinerung oft von einem ungeklärten „Wir" gesprochen wird, für das der Modus ästhetischen Erfahrens als selbstverständlich beschrieben wird: Wir Menschen erfahren die Welt auch ästhetisch! Dieses „Wir" gilt es vor dem Hintergrund wachsender Heterogenität im Bildungssystem abzustecken. In Anlehnung an einen Buchtitel von Navid Kermani ist zu fragen: „Wer ist Wir?", wenn wir über „unseren" ästhetisch erfahrenden Umgang mit der Welt sprechen. Schließt jenes „Wir" - welches von einem Autorenkreis konstituiert wird, der keineswegs gesellschaftlich repräsentativ ist - alle Mitglieder und Milieus der Gesellschaft ein? Sind Menschen mit einem milieubedingt geringem kulturellen Bildungsniveau angesprochen? Muss, davon unabhängig, nach Migrationshintergründen differenziert werden, die möglicherweise auch von kontrastierenden ästhetischen Weltumgangsweisen geprägt sind? Es ist eine offene Frage, ob die geläufigen Beschreibungen ästhetischer Erfahrung gleichermaßen für die Frankfurter Pensionärin auf Studienreise wie für den Dortmunder Schüler mit türkischem Migrationshintergrund gelten.

Es soll also im Folgenden nach den kulturellen Bedingtheiten und Begrenztheiten der scheinbaren Allgemeinmenschlichkeit ästhetischen Erfahrens gesucht werden. Die Begrenztheit der eigenen Sichtweise zu erkennen, ist durchaus keine leichte Übung. Es bedeutet, den eigenen „blinden Fleck" sehen zu wollen, der seiner Natur nach nicht ohne Weiteres sichtbar ist. Obwohl oder gerade weil er im Zentrum des Sehbereiches liegt, in dem sich alles bündelt, kann man ihn nicht erkennen. Um die punktuelle Blindheit sehen zu können, bedarf es einer experimentellen Situation, die unsere Fähigkeit überlistet, das Nichtsehen unbemerkt auszublenden. Auch das Vorhaben, im Diskurs über ästhetische Erfahrung den besonderen blinden Fleck zu lokalisieren, der auf der kulturellen Bedingtheit des eigenen Denkens liegt, bedarf eines Hilfsmittels. Hier kommt erschwerend hinzu, dass der Diskurs in seiner seit Jahrzehnten gewachsenen Form und bedingt durch sein Thema von einem erheblichen Grauschleier geprägt ist, der in durchaus dekorativer Weise manche Grundannahme umhüllt und eine den Nebel lichtende Kontrastierung sinnvoll erscheinen lässt. (vgl. Schnurr 2008a; 2008b; 2009). Das notwendige Kontrastmittel, welches helfen soll, die Kulturspezifik der verbreiteten Auffassungen zur ästhetischen Erfahrung auf theoretischer Ebene zu überprüfen, kann nicht im eigenen Feld gesucht werden, sondern muss aus kontrastierenden kulturellen Formen der Welterschließung bestehen. Erkenntnisreich ist beispielsweise eine Auseinandersetzung mit den Sehtraditionen und Weltbildern der islamisch-arabischen Kulturen. Deren kontrastierende Gegenüberstellung mit einer abendländischen Tradition läuft jedoch methodisch bedingt Gefahr, beide Seiten zu vereinfachen und das kulturell „Andere" in einer fernen und orientalisierenden Exotik unangemessen darzustellen. Beides kann kein Endpunkt der Überlegungen sein. Ziel ist vielmehr, durch das Kontrastmittel die Begrenztheit und Bedingtheit des eigenen Standpunktes zu sehen. Die notwendigen und zunächst fehlenden Grauwerte, die schließlich in der Übertragung auf pädagogische Fragestellungen notwendig sind, sollen daher abschließend diskutiert werden.

Grundzüge ästhetischer Erfahrung im Fachdiskurs

Um wirkungsvoll kontrastieren zu können, muss zunächst das Ausgangsfeld abgesteckt werden, um davon ausgehend nach den dort unterliegenden Kulturspezifika suchen zu können. Sicherlich nicht kulturspezifisch sind jene Momente, die im Diskurs zwar als Aspekte ästhetischer Erfahrung beschrieben werden, im Grunde aber als Phasen allgemeiner Bildungsprozesse gelten müssen, wie eine anfängliche Offenheit und Neugierde für den Gegenstand, ein Staunen über das Erkannte oder die leiblich-ästhetische Grundierung jedes Lernprozesses (Otto, 1998a, S. 82). Diese gerade bei jungen Kindern zu beobachtenden Prozesse sind wohl nur in geringerem Maße erlernt und vor jeder kulturellen Prägung dem Lernen inhärent. Über diese allgemeinen Aspekte hinaus wird im Fachdiskurs jedoch das unmittelbare Erleben als Ausgangspunkt ästhetischer Erfahrung beschrieben. Unmittelbarkeit meint hier einen emotionalen, nicht sprachlich-kontrollierten Modus (vgl. Selle 1994). Diesem unmittelbaren Erleben wird eine spezifische Erkenntnisdimension zugesprochen. Adorno spricht hier in Hegelscher Tradition vom eigentlichen „Gehalt" der Dinge, dessen man „durch die volle Erfahrung des Kunstwerks hindurch (…) innewerde" (Adorno 1998, S. 515).
   Als weiterer Aspekt wird der bildlich-visuellen Wahrnehmung eine zentrale Rolle zugesprochen: Die Welt wird demnach im Bewusstsein der eigenen Sinne

als Bild wahrgenommen (vgl. Ehmer 1993; ähnlich: Peez 2005, S. 15). Diese Bildlichkeit dient nur der reinen, kontemplativen Anschauung und zunächst nicht zweckgerichteten Handlungen. Durch diese Bildlichkeit rückt im ästhetischen Erfahren also die Welt in eine reflexive Distanz, durch die besondere Betrachtungen möglich werden.

Darüber hinaus wird die ästhetische Erfahrung durch einen starken Subjektivismus beschrieben. Es gilt als unbestritten, dass man das ästhetisch Erfahrene nicht hinreichend intersubjektiv kommunizieren kann. Jener erkannte „Gehalt" erschließt sich vielmehr nur vor der Folie der eigenen Biografie in individuellen Sinndeutungsprozessen (Dewey 1995, S. 12).

Schließlich wird der Prozess des ästhetischen Erfahrens durch ein Moment des „umkippenden Blicks" erfasst (Schnurr 2008b, S. 298ff.). An jener Stelle schlägt der bekannte und sattsam vertraute Alltagsblick um in eine unvertraute, neuartige Sichtweise. Diese „Entkonventionalisierung des Blicks" stellt das innovierende Moment dar, welches für ästhetische Erfahrung, wie sie im Diskurs beschrieben wird, unverzichtbar ist.

Die genannten Aspekte der Unmittelbarkeit, Bildlichkeit, des Subjektivismus und der Entkonventionalisierung prägen im Fachdiskurs das Theorem ästhetische Erfahrung. Inwiefern diese ein Sondergut westeuropäisch-abendländischen Denkens sind, kann sich durch die Kontrastierung mit drei theoretischen Ansätzen zur islamisch-arabischen Bildkultur erweisen.

Kontrastmittel: Bildbegriff im Islam

Der Bezug zu islamischen Kontexten ist nicht nur im Sinne eines Kontrastmittels zur Klärung des eigenen blindes Flecks hilfreich, er ist auch im Hinblick auf die Situation schulischer Kunstpädagogik relevant, da gerade muslimisch-türkischstämmige Schülerinnen und Schüler im deutschen Bildungswesen die größte Migrationsgruppe darstellen. Es kann zwar sicherlich davon ausgegangen werden, dass diese Kinder und Jugendlichen maßgeblich von der dominanten westeuropäischen Medienkultur geprägt werden. Dennoch ist nicht auszuschließen, dass in unterschiedlichem Maße Spuren der Herkunftskulturen die Weisen des Sehens und Erfahrens im ästhetischen Bereich beeinflussen. Daher lohnt es sich, auf theoretischer Ebene die speziellen Bildbegriffe und disparaten Erfahrungsformen des Islam in ausgewählten Facetten nachzuzeichnen.
Ernst Wagner hat in einem Vortrag auf den Kontrast zwischen dem islamischen und mitteleuropäischen Bildbegriff hingewiesen und dies mit der Benachteiligung von Muslimen im Kunstunterricht zusammengedacht: „Alle fachdidaktischen Positionen unserer Kunstpädagogik stehen im deutlichen Kontrast zur islamisch geprägten

Bild- und Kunstauffassung." (Wagner 2008, o.P.) Während in der Kunstpädagogik „mit hoher Identifikation" aufgeladene Bilder goutiert würden, sei die islamische Kunst ausschließlich profan, habe keine symbolische Bedeutung und könne nur nonmimetische Darstellungen enthalten, was sich aus dem religiösen Bilderverbot ergäbe (Wagner 2008). Das Bilderverbot ist nicht im Koran manifestiert. Das Wort „sûra" für „Bild" findet sich dort nur einmal in Sure 82,8 im Zusammenhang mit der Erschaffung des Menschen (Naef 2007, S. 13). In den „Hadithe" jedoch, die als ursprünglich mündliche Überlieferung von Worten und Taten des Propheten große Bedeutung für Sunniten und Schiiten haben, zeichnen sich die folgenden, kurz skizzierten vier Aspekte des islamischen Bildumgangs ab (vgl. Belting 2008, S. 75-80; Naef 2007, S. 15-22; Paret 1960, S. 36-48):

- Bilder von Wesen mit „Lebensodem", also Menschen und Tieren, nicht jedoch Pflanzen, gelten als kultisch unrein, und ihre Anwesenheit ist unvereinbar mit der Ausübung des Gebets.
- Auf dem Boden liegende Teppiche oder Kissen mit bildlichen Motiven hingegen, die nicht verehrungsfähig sind, da man mit den Füßen auf sie tritt, gelten hingegen meist als herabgemindert, und damit als unproblematisch.
- Alle, die Bilder herstellen, also Künstler im weiteren Sinne, werden im Jenseits verdammt sein. Da nur Gott allein Schöpfungsmacht besitzt, gilt jeder menschliche Versuch, ein körperhaftes Bild zu erschaffen, als anmaßende Sünde, ähnlich der griechischen Hybris.
- Daraus ergibt sich, dass eine darstellende Tätigkeit nur dann erlaubt ist, wenn kein beseeltes menschliches oder tierisches Leben nachgeahmt wird. Pflanzliche Darstellungen, Kalligraphie oder Ornament hingegen sind erlaubt und prägen die islamische Kunst.

Inwiefern das religiöse Bilderverbot tatsächlich für in Deutschland lebende Muslime relevant ist, kann derzeit nur gemutmaßt werden, da entsprechende Forschungen noch ausstehen. Zwar gibt die BMI-Studie zu „Integration, Integrationsbarrieren, Religion und Einstellungen junger Muslime in Deutschland" eine starke Religiosität und Orthodoxie an, die in 40% als „fundamental orientiert" eingestuft wird, was dort die wörtliche Auslegung und strikte Befolgung religiöser Gebote bezeichnet (Wetzels, Brettfeld 2007). Auch ist der fundamentalistische Leitfaden Jusuf al-Quaradawis „Erlaubtes und Verbotenes im Islam" in traditionellen muslimischen Milieus anscheinend verbreitet. Er fordert in seinem Leitfaden u.a. das streng islamische Bilderverbot für eine islamisch-schariatische Lebensführung in nichtmuslimischen Ländern (al-Qaradawi 1989, S. 92-107). Dennoch lassen kunstpädagogische Einblicke in die Weisen des Bildgebrauchs türkisch-muslimischer Jugendlicher kaum erkennen, dass die religiösen Gebote tatsächlich zu einer nennenswerten Bilderskepsis oder einem eingeschränkten Bildgebrauch der Schülerinnen und Schüler führen.

Arabische Theorien des Sehens

Es griffe zu kurz und wäre zu einfach, arabisch-islamische Umgangsformen und Erfahrungsweisen nur durch das so eingängige religiöse Bilderverbot zu erklären. Über dieses hinaus lassen sich weitere theoretische Spuren eines spezifisch arabischen Weltumgangs identifizieren, welche die abendländisch geprägte ästhetisch-erfahrende Sehweise kontrastieren und damit weniger universell erscheinen lassen. Tatsächlich konstituiert sich das nahöstliche Verständnis von Visualität, Welterfahrung und Bildlichkeit keineswegs nur durch die religiösen Gebote, sondern fußt auch auf Sehtraditionen, genauer: Sehtheorien, welche um das Jahr 1000 in Kairo entstanden (im Folgenden vgl. Belting 2007, S. 100-108; Belting 2009, S. 104-143, der die arabische Sehtheorie der zentralperspektivischen Bildpraxis der Renaissance erkenntnisreich gegenüberstellt). Ibn Al-Haitham (965-1040), im Westen bekannt als Alhazen, untersuchte mittels Spiegel und Camera Obscura das Brechungs- und Spiegelungsverhalten des Lichts. In seinem Buch der Optik beschrieb er die Wiederholung des Einfallswinkels von Lichtstrahlen im Ausfallswinkel und entwickelte daraus eine optisch basierte Theorie des Sehens. Demnach werde jeder Körper vom Licht entweder beleuchtet oder durchleuchtet, wobei sich die Lichtstrahlen in verschiedener Weise auf und in den Dingen spiegeln und brechen. Indem dieses von den Dingen gebrochene Licht durch die Welt flutet, transportiert es die sichtbaren Farben und Umrisse. Anders gesprochen - und in erstaunlicher Nähe zu noch immer gültigen optischen Gesetzen - ist alles Sichtbare nur Widerspiegelung von Dingen, die als gebrochene Lichtreflexion ins Auge fallen. Der sehende Mensch erkennt also nicht visuell die wirkliche Welt, sondern wird nur vom optisch durch die Dinge veränderten Licht flüchtig beleuchtet. Er nimmt nie die Dinge an sich wahr und „erfährt" sie durch das Sehen niemals unmittelbar, sondern kann nur die durch das Licht vermittelten Spiegelungen sehen.

Die Disparität dieser arabischen Sehtheorie zum abendländischen Verständnis des Sehens in der italienischen Renaissance erläutert Belting durch die unterschiedlichen Standorte des sehenden Betrachters in den beiden Auffassungen: Das zentralperspektivische Sehen in der Renaissance, welches ganz wesentlich auf der viel früheren arabischen Sehtheorie basiert, ist immer auf den sehenden und erkennenden Menschen bezogen. „Konsultiert man irgendein Schema, mit dem die Zentralperspektive konstruiert worden ist, so kann man sich davon überzeugen, dass das `Zentrum´ eben immer der Betrachter ist, dessen Auge die `Spitze der Sehpyramide´ bildet." Diese „Bildtheorie ist immer zugleich eine Theorie des Subjekts" (Belting 2007, S. 103, 105). Im Sinne eines Erkenntnisprozesses fällt im Verständnis der Renaissance dem sehenden Menschen die Welt unmittelbar und tatsächlich als Bild ins Auge und kann in materiellen Bildern dargestellt werden, welche zwischen Auge und Welt gestellt werden. Belting spricht hier von einem „bildgewordenen Blick" (Belting 2007, S. 101). Das Sehen ist somit in der Renaissance gleichsam ein Erkenntnisprozess wie eine Bildpraxis. Ganz anders in der früheren arabischen Sehtheorie, die tatsächlich gänzlich als rein mathematische Theorie verstanden wird: Die Lichtbahnen, auf welchen sich Farben und Formen bewegen, werden dort, so betont Ibn Al-Haitham, rein virtuell gedacht und als lediglich theoretische Konstrukte zur Erklärung optischer Phänomene vorgestellt. Der Mensch wird darüber hinaus keineswegs als Zentrum der Lichtstrahlen begriffen, sondern eher als unbeteiligter Betrachter von optischen Phänomenen, die unabhängig von ihm in der Welt geschehen (vgl. Belting 2007, S. 102). Der optisch-visuelle Akt des Sehens ist hier demnach kein aktiver Vorgang, erst recht kein subjektiv-erkenntnisreicher, sondern wird verstanden als ein passives Beleuchtetwerden durch gebrochene Lichtformen, die jedoch nur Lichtwiderspiegelung sind, welche als optische Stimuli ins Auge fallen.

Diese optische Theorie wird von Ibn Al-Haitham mit einer Weltanschauung verknüpft, nach welcher die äußeren Widerspiegelungen der Welt gegenüber den Imaginationen, den inneren Bildern, abgewertet werden: Da das Wahre durch die ins Auge gespiegelten Lichtreflexe nicht transportiert wird, können visuell – oder ästhetisch! - keine wirklichen Teile der Welt erkannt oder dargestellt werden. Einzig die inneren Bilder werden den Dingen als entsprechend empfunden, die jedoch unsichtbar und damit undarstellbar bleiben müssen.[2]

Zusammenfassend stellt sich die arabische Sehtheorie, die nachhaltig die Tradition des Sehens, Erfahrens und Darstellens im arabischen Raum prägte, wie folgt dar: Das Auge gilt dort als passives Organ, als ein täuschbarer Empfänger von gebrochenen Lichtspiegelungen, nicht jedoch als Erkenntnisorgan. Der Mensch ist des Weiteren nicht als Subjekt in den optischen Vorgang des Sehens einbezogen. Schließlich wird im arabischen Verständnis die visuell-ästhetische Erfahrbarkeit der Welt allgemein und grundsätzlich bestritten. Hier kann der Blickwinkel Beltings erweitert werden, da dies keineswegs nur die Abgrenzung zur zentralperspektivischen Sehweise der italienischen Renaissance, sondern im Grunde das epistemologische Verhältnis zwischen Subjekt und Welt betrifft: Die historische arabische Sehweise steht gerade auch in elementarem Kontrast zu der abendländischen Vorstellung ästhetischer Erfahrung im Sinne des unmittelbaren, individualistischen und innovierenden Sehens, durch welches die Welt in Bildern und durch Bilder erkannt wird.[3] Die scheinbar universellen Vorstellungen des ästhetischen Erfahrens als ein für alle selbstverständlicher Modus der Welterschließung brechen sich sehr deutlich an der arabischen Auffassung.

---

2 Parallel zu der altarabischen Vorstellung, dass das Sichtbare gegenüber den inneren Bildern nur wertlose Lichtspiegelung sei, ist im abendländischen Denken die platonische Bildtheorie zu erwähnen, die ebenfalls Bilder nur als Abbilder von Abbildern von wahren Ideen versteht und damit abwertet. Zwischen diesen beiden Auffassungen bestehen trotz unterschiedlicher theoretischer Voraussetzungen erstaunliche Schnittmengen. Die Fachtheorie der ästhetischen Erfahrung hingegen bezieht sich nur auf die eine Traditionslinie, welche auf die Erkenntniskraft der unmittelbaren ästhetischen Erfahrung vertraut.

3 Auch hier gilt es zu differenzieren: Es ist ein Mythos, das zentralperspektivische Sehen uneingeschränkt als die eine, zentrale Form westlich-abendländischer Kunst zu sehen. Ältere, alternative Bildkonstruktionen wurden nie ganz verdrängt. Bestimmend für die heutige westliche Weltwahrnehmung ist daher weniger die Zentralperspektive an sich, als vielmehr das damit einhergehende Subjektverständnis, welches dem einzelnen Menschen eine visuelle Erkenntnisfähigkeit der Welt einräumt. Diese Auffassung ist für die ästhetische Erfahrung zentral.

Ästhetisches Erfahren im Islam

Nach den religiösen Dimensionen des islamischen Bilderverbots und den arabischen Vorstellungen von Visualität fehlt noch eine dritte Facette, die den besonderen
ästhetisch-erfahrenden Umgang mit der Welt in der islamischen Kultur und Religion beschreibt - und zwar nicht aus der Verneinung des Ästhetischen heraus, wie
es der oftmals vorschnelle Erklärungsansatz des Bilderverbots suggeriert, sondern
aus der besonderen Form und Adressierung ästhetischen Erlebens. Navid Kermani
erzählt eingangs seines Buches „Gott ist schön. Das ästhetische Erleben des Koran"
(Kermani 2007) folgende Geschichte aus der islamischen Rezeptionsgeschichte:
  „Der größte unter den Dichtern Arabiens war Labīd ibn Rabīca. Die Blätter
  mit seinen Gedichten hingen, als Zeichen seines Triumphes, an den Türen
  der Kaaba. Keiner seiner Dichterkollegen wagte es, die Herausforderung
  anzunehmen und seine Verse neben die Labīds zu hängen. Eines Tages jedoch
  näherten sich einige Anhänger Mohammeds, der unter den heidnischen Ara-
  bern jener Zeit als obskurer Zaubermann und geistesgestörter Poet verschrien
  war. Sie befestigten ein Stück aus der zweiten Sure des Koran am Tor und
  forderten Labīd auf, es vorzutragen. Der Dichterkönig lachte ob dieser An-
  maßung auf. Mehr aus Zeitvertreib oder vielleicht auch aus Spott ließ er sich
  darauf ein, die Verse zu rezitieren. Überwältigt von ihrer Schönheit bekannte
  er sich an Ort und Stelle zum Islam." (Kermani 2007, S. 15)

In dieser und in vielen vergleichbaren Bekehrungserzählungen spielt nicht das
inhaltliche, diskursive Moment des religiösen Textes, sondern seine künstlerische
Schönheit die zentrale Rolle, welche die hörenden Menschen nachhaltig erleben.
Die sich Bekehrenden hören die Verse des Koran und sind aufgrund seiner poetischen Vollkommenheit in tiefster Seele verzückt, rauschhaft überwältigt, in
Mark und Bein erschüttert oder vollkommen fasziniert. Das ästhetische Erleben,
so erklärt Kermani, ist hier kein rein genussreiches Ergötzen, kein kulinarisches
Wohlgefallen, sondern die Begegnung mit dem Göttlichen, was auch in alttes-
tamentarischen Traditionen durch ein existentiell erschauderndes Getroffensein
beschrieben wird. Das Göttliche erweist sich hier in der Vollkommenheit der
poetischen Schönheit. Es ist das Besondere des Islam, dass der entscheidende
Gottesbeweis ein sprachpoetischer ist und sich in der ästhetischen Erfahrung zeigt!
  Frappierend ist, wie deutlich diese religiöse Erfahrung des Koran als eine ästhetische beschrieben wird. Kern des Erfahrens ist hier weniger das äußere visuelle
Erleben, als vielmehr das „Hören" (samāc) des Koran, welches insbesondere in der
islamischen Mystik seinen Platz hat. Mit dem Begriff Hören werden dort alle ästhetischen Praktiken im Umgang mit künstlerischen Ausdrucksformen bezeichnet, wobei
das Hören z.B. des Koran auch als erkenntnisreiches inneres Sehen verstanden wird

(Kermani 2007, S. 373). Weniger als rein akustisch-auditive Wahrnehmung geht es im samāc um eine ästhetisch basierte innere „Sinn-Wahrnehmung", ganz ähnlich wie es W. Welsch in seinen Überlegungen zur ästhetischen Erfahrung formuliert. (vgl. Welsch 1995, S. 48.) Der eigentliche Sinn, der Gehalt, erschließt sich also gerade als ästhetische Erkenntnis. Dieser Erkenntnisprozess während der koranischen Rezitation wird bereits in Sure 39:23 des Koran als ganzheitliche Erfahrung umschrieben. Demnach verursache die Schönheitserfahrung des Hörens zunächst eine Gänsehaut, bevor es die Hörer an Körper und Seele besänftige, Bewegungen der Seele hervorrufe und damit zum Gedenken Gottes reif mache (vgl. Kermani 2007, S. 25, 40). Letztlich zielt dies nicht auf reinen Lustgewinn, sondern ist ein kathartischer Vorgang des ästhetischen Erkennens – wie er auch dem westlichen Diskurs in der Kunsterfahrung nicht fremd ist. Hier wie dort wird als unbescheidenes Ziel formuliert (mit Rilke): Du musst dein Leben ändern! Anders gesagt soll das ästhetische Erleben nicht im Sinnestaumel des Augenblicks verhallen, sondern nachhaltig, handlungsleitend oder bildend im Leben wirken.

Kermani beschreibt das Erleben des Koran als einen originär ästhetischen Prozess, der nicht diskursiv verläuft, sich also nicht angemessen nacherzählen oder sogar in Sprache auflösen lässt (Kermani 2007, S. 52). Während die fehlende Diskursivität beide kulturell bedingten Formen des Erfahrens von Welt verbindet, zeigen zugleich die daraus gezogenen Konsequenzen ihre gravierenden Unterschiede auf. Im abendländischen Bereich wird ganz auf die Darstellungsmacht des Bildlichen vertraut. Dahingegen lässt sich in islamischer Logik das im Hören „Geschaute nur bilderlos denken, nur abstrakt bestimmen, als Vollkommenheit, in der die göttliche Schönheit und Erhabenheit aufgeht, oder als Negation all dessen, was vorstellbar ist" (Kermani 2007, S. 419). Der elementare Unterschied liegt also darin, dass die islamische Form unvereinbar ist mit einer rezeptiven oder gestalterischen Auseinandersetzung mit Bildern, während es im abendländischen Verständnis gerade darin aufgeht.

Ein weiterer Unterschied zwischen beiden Erfahrungsformen liegt im Stellenwert des Subjekts, das ja im westlichen Verständnis unbedingtes Zentrum der ästhetischen Auseinandersetzung mit der Welt ist. Wie oben ausgeführt, erweist sich die Göttlichkeit der vollendeten poetischen Fassung des Koran gerade dadurch, dass sie als göttliches Wunderwerk stilistisch hochwertiger sein muss, als es ein Mensch zu erreichen vermag. Dass die poetische Meisterschaft seit Mohammeds Fassung des Koran nicht weiter gesteigert werden kann, bedeutet, dass sich das ästhetische Erfahren ausschließlich rezeptiv auf das eine, gemeinsame und unveränderliche ästhetische Objekt richten darf. Weder kann ästhetisches Erfahren auf subjektive Gestaltung und ästhetische Innovationen zielen, wie es im westlichen Verständnis als Ausblick jeder ästhetischen Erfahrung beschrieben wird, noch besteht ein Spielraum für individualistische Annäherungen im Sinne Umberto Ecos „Offenem Kunstwerk". Recht vergleichbar mit der Rezeption östlicher Ikonen, welche in immer gleicher

Form weitergegeben und rezipiert werden, zeichnet sich das ästhetische Erfahren des Koran durch eine starke Geschlossenheit der Form wie der Teilhabe an einer kollektiven Erfahrung aus. Eine Individualität des ästhetischen Erlebens oder eine „Entkonventionalisierung des Blicks" ist diesem Verständnis fremd.

Es wird zunehmend klar, dass es gar nicht selbstverständlich ist, in der ästhetischen Bildung von der Universalität ästhetischer Erfahrung zu sprechen. Gerade in ihrem Kontrast zu den deutlich anders gelagerten, kulturell bedingten Formen der Welterschließung, die in islamisch-arabischen Kontexten die Sehweisen prägen, zeigt sich, in wie starkem Maße das Theorem „ästhetische Erfahrung" kulturspezifisch geprägt ist und wie wenig es für „alle Menschen" gelten kann. Anzunehmen ist, dass dies ein Sondergut abendländischer Kunst- und Kulturgeschichte ist, die eine bestimmte und keinesfalls universelle Form des Erfahrens hervorgebracht hat. Doch durch welche Weltvorstellungen, Kunstbegriffe oder gesellschaftliche Bedingtheiten hat sich diese Erfahrungsform herausgebildet? Was kann als kulturelle Wurzel angenommen werden? Wo entstand der künstlerische Habitus, welcher sich als spezifische Subjekthypothese in die Fachtheorien eingeschrieben hat? An dieser Stelle wäre eine umfassende kunsthistorische Forschung zur Geschichte des ästhetischen Erfahrens nötig. Es wäre darüber hinaus nötig, innerhalb der abendländischen Kultur zu differenzieren, um nicht in unangemessener Weise von einer ungebrochenen Bildergläubigkeit der abendländischen Kultur auszugehen. Hier müsste beispielsweise erwähnt werden, wie sich jene besondere Tradition, welche auf die unmittelbare Erkenntniskraft des Ästhetischen vertraut, zu der komplementär dazu aufgestellten bilderskeptischen Auffassung der platonischen Bildtheorie verhält, die von der Antike über das Mittelalter bis in aktuelle Medienskepsis hinein der Erkenntniskraft aller trügerischen Bilder misstraut. Ohne dies hier leisten zu können, fallen doch beispielhaft zumindest zwei historische, künstlerische Auffassungen ins Auge, andere (z.B. aus der christlichen Bildtradition) bleiben ungenannt. Diese können als Wurzeln für das besondere Verhältnis zwischen Subjekt und erfahrbarer Welt angenommen werden, welches das Verständnis ästhetischer Erfahrung prägt.

Traditionslinien zur kulturellen Bedingtheit ästhetischer Erfahrung

Allein aus dem Fachdiskurs über ästhetische Erfahrung heraus sind deren kulturelle Wurzeln nicht erkennbar. Die dort gezogenen Parallelen ins künstlerische Feld argumentieren meist mit begrenzten Teilen der zeitgenössischen, europäischen Bildenden Kunst und reichen selten dort hin zurück, wo ihre Grundlegungen vollzogen wurden. Die ästhetisch-erfahrende Auseinandersetzung mit der Welt ist trotz der heutigen Bezüge zur aktuellen Kunst durchaus kein originär zeitgenössisches Phänomen. Unmittelbarkeit, Subjektivismus und Entkonventionalisierung als zentrale Strukturen ästhetischer Erfahrung erklären sich nicht aus den Arbeiten von Beuys, Boltanski, Abramović oder Oppermann heraus, sondern führen dort ältere Strukturen fort: Jene Form der sinnesbasierten, emotionsorientierten und streng subjektivistischen Erschließung von Welt wurde u.a. in der Romantik und der Moderne maßgeblich grundgelegt. In der deutschen Romantik etablierte sich ein tiefer Glaube an die Erkenntniskraft des Unmittelbaren und Emotionalen im individuellen Empfinden. Die sinnliche Suche des Menschen, welcher sich der als beseelt erfahrenen Welt aussetzte und dort nach gänzlich subjektiven Bedeutungen und Assoziationen strebte, wurde als Erkenntnisprinzip verstanden. Als zentrale Aspekte gegen eine rationalistische Aufgliederung der Welt in sprachlich Fassbares setzten die Romantiker die Individualität und die Unmittelbarkeit des vorsprachlichen, originär sinnlich-ästhetischen Erlebens. Die heutigen Vorstellungen über ästhetische Erfahrungen leiten sich hinsichtlich der strengen Subjektivität des Blicks, des Erlebens, der Emotion und der Assoziation (vgl. die Zusammenfassung des Diskurses bei Peez 2005) wesentlich aus den romantischen Weisen des Umgangs mit der Welt ab. Auch jene vielleicht als erkenntnismeditativ zu bezeichnende Strategie des ästhetischen Erfahrens, nämlich aus der reinen, sinnlich basierten Anschauung der Dinge heraus in individuellen Sinndeutungsprozessen Erfahrung und Erkenntnis zu gewinnen, erklärt sich aus der Weltzuwendung in der Romantik.

Es lohnt sich hier noch weiter zu schauen: Während also die Subjektivität der Wahrnehmung und die sinnliche Fundierung des ästhetischen Erfahrens aus der Romantik heraus verstehbar sind, leiten sich andere wesentliche Aspekte, nämlich das „Umkippen" des vertrauten Blicks, bzw. dessen „Entkonventionalisierung" vor allem aus der europäischen Moderne zu Beginn des 20. Jahrhunderts ab, wobei hier ausschnitthaft der Expressionismus angesprochen werden soll. Die Weltbilder, welche in den künstlerischen Äußerungen des Expressionismus zur Darstellung kommen, gehen über die Subjektivität früherer Sehweisen hinaus. Sie wurden zum Ausdruck eines Blicks, der durch die moderne Gesellschaft und die veränderten Lebensverhältnisse als existentiell gebrochen empfunden wurde. Die expressionistische Verfremdung der bekannten und durch gesellschaftliche Konventionen vertrauten Sehweise erlaubt einen umkippenden Blick auf die Welt. Dieser gebrochene Blick, welcher vom Vertrauten umkippt zum ganz Anderen und neue und bislang nicht zugemutete Sichtweisen auf die Welt sichtbar macht, wirkt in den Theorien ästhetischer Erfahrung nach. Darüber hinaus nimmt heute die „Entkonventionalisierung des Blicks", im Sinne des Aufbrechens eingeschliffener Sehkonventionen, eine zentrale Rolle als Motivation für künstlerisches und kunstdidaktisches Handeln ein. „Die Welt mit anderen Augen sehen", was sich beispielsweise die Zeitschrift Geo unter den Titel schreibt, klingt heute nicht nur in kunstpädagogischen Diskussionen derart vertraut und selbstverständlich, dass man die historischen und kulturspezifischen Wurzeln zu übersehen neigt.

Kontrastierende Erfahrungsweisen als „Container"?

Die theoretische Kontrastierung der ästhetischen Erfahrung nach westlich-abendländischem Denken mit islamisch-arabischen Formen lässt erkennen, wie unterschiedlich und vor allem wie kulturspezifisch die skizzierten Weisen der erfahrenden und ästhetischen Welterschließung sind. Mit Blick auf die drängenden Forderungen nach einer angemessenen kunstpädagogischen Bildung unter Migrationsbedingungen stellt sich nun die Frage nach der Konsequenz dieser Feststellung. Müsste davon ausgegangen werden, dass in deutschen Schulklassen gänzlich verschiedene Sehweisen auf die Welt existieren und unvereinbare Formen der Erfahrung bestehen? Wäre es so, dass aufgrund des kulturellen Hintergrundes der Familien z.B. muslimische Schülerinnen und Schüler nicht zum ästhetischen Erfahren fähig sind, also niemals dieses Bildungsziel erreichen und an unserer kulturellen Identität teilhaben könnten?

Diese erkennbar bedenkliche Konsequenz, dass sich verringerte Bildungschancen zwangsläufig durch die kulturell bedingten Unterschiedlichkeiten ergeben müssten, schwingt derweil auch in manchen pädagogischen Überlegungen mit. Dies ist die Logik des Kulturalismus, die von feststehenden und vor allem unverbunden nebeneinander stehenden Kulturen ausgeht. Kulturen werden hier als „Container" (Fuchs o. J.) oder als „Inseln" (Bolscho 2005, S. 29), also als scheinbar ontologische, sich „reproduzierende Einheitszusammenhänge" (Mecheril 2010, S. 19) verstanden, zwischen denen es pädagogisch durch Wissensvermittlung über das jeweils Andere zu vermitteln gelte. Eine solche Pädagogik, welche kulturelle Heterogenität behandelt wie in historischen völkerkundlichen Museen, vertieft eher die Verschiedenheiten und zementiert die Andersartigkeit der „Anderen" auf beiden Seiten. Gut gemeinte kulturelle Vermittlung dieser Art kann Gefahr laufen, Fremdheit erst zu erzeugen oder zumindest festzuschreiben (vgl. Said 1997) und Exklusionen und damit Benachteiligung fortzuschreiben.

In der kulturalistischen Ausdeutung wird die Ambivalenz des Kulturvergleiches erkennbar: Sicherlich ist die dargestellte Kontrastierung der kulturspezifischen Erfahrungsformen erkenntnisreich, da sie stillschweigend vorausgesetzte Selbstverständlichkeiten in ihre Schranken weist. Unangemessen wäre es jedoch, hiervon ausgehend die theoretische Sichtweise eindimensional auf die Lebenswirklichkeit der im deutschen Bildungssystem beheimateten Muslime zu übertragen. Denn die Buntheit und Exotik des gezeichneten Bildes islamisch-arabischen Erfahrens nimmt seine Farben aus der Ferne der Herkunftsländer und -kulturen, in denen die Schülerinnen und Schüler jedoch nicht mehr leben. Es ist zwar anzunehmen, dass die dargestellten kulturellen Konzeptionen als Spuren einen gewissen und bedenkenswerten Einfluss haben. Allein hierdurch jedoch die Lebenswelten und Bildungssituationen der Kinder und Jugendlichen zu erklären, welche mindestens in gleichem Maße von der bildmächtigen westlichen Mediengesellschaft geprägt werden und an dieser teilhaben, griffe zu kurz. Zwischen diesen kontrastierenden Einflüssen wachsen die Schülerinnen und Schüler auf und werden ästhetisch sozialisiert. Soziologisch ist dies als Sphärendifferenz zu bezeichnen (Nohl 2005; Bohnsack 2007, S. 225-254), von der Navid Kermani eingangs seines Buches „Wer ist wir? Muslime in Deutschland" erzählt. Dort zeichnet er den Moment des Übergangs nach, welchen er als Kind erspürt hatte, als er vom Siegerländer Fußballplatz kommend in die Wohnung seiner persischen Eltern eintrat und in eine „völlig andere Welt aus anderen Klängen, Gerüchen und Regeln eintauchte" (Kermani 2010 S. 9). Von einer solchen Sphärendifferenz oder Situation der Transmigration (Mecheril 2010, S. 51, Nohl 2006, S. 137ff.), also dem Switchen oder Pendeln zwischen Zugehörigkeitskontexten als Existenzform, ist bei den betroffenen Schülerinnen und Schülern auszugehen.

Es ist also auf der einen Seite problematisch, die Kulturspezifik der eigenen Denkmuster und Fachtheorien im Umgang mit kultureller Heterogenität zu übersehen und ungeprüft die eigenen Sehweisen bei allen Menschen vorauszusetzen. Auf der anderen Seite erscheint auch der entgegengesetzte Pol nicht realistisch, von einer unvereinbaren kulturellen Differenz auszugehen. In der Grundspannung zwischen diesen beiden Polen scheint ein angemessener pädagogischer Umgang mit der ästhetischen Erfahrung zu liegen. Diese Spannung gilt es auszuloten und in die pädagogische Praxis sowie in das didaktische Denken einzubeziehen.

Literatur

Adorno, T.: Gesammelte Schriften, Bd. 7, 1998.

Al-Qaradawi, J.: Erlaubtes und Verbotenes im Islam. München, 1989.

Belting, H.: Zwei Sehkulturen. In: Christoph Wulf: Die Künste im Dialog der Kulturen. Europa und seine muslimischen Nachbaren. Salzburg-Berlin 2007, S. 100-115.

Belting, H.: Florenz und Bagdad. Eine westöstliche Geschichte des Blicks. München 2009.

Bohnsack, R.: Rekonstruktive Sozialforschung. Einführung in qualitative Methoden. Opladen, Farmington Hills, 2007.

Bolscho, D. (2005): Transkulturalität. Ein neues Leitbild für Bildungsprozesse. In: Datta, A. (Hrsg.): Transkulturalität und Identität. Frankfurt a. M., S. 29–38.

Dewey, John: Kunst als Erfahrung. Frankfurt, 1995.

Ehmer, H.: Keine Angst vor schönen Dingen? Die Kunst in der kulturellen Bildung. In: Kunst+Unterricht 176/1993, S. 30-33.

Fuchs, M.: Kultur als „Container": Leitkultur, kulturelle Vielfalt und die Politik. Über Containerbegriffe. Ohne Jahres- und Ortsangabe http://www.akademieremscheid.de/publikationen/publikationen_fuchs.php (08.06.2010).

Kermani, N.: Gott ist schön. Das ästhetische Erleben des Koran. München 2007

Kermani, N.: Wer ist Wir? Deutschland und seine Muslime, München, 2010.

Marotzki, W.: Zum Verhältnis von Lernprozess und Subjekthypothese. In: Zeitschrift für Pädagogik, 34/ 1984, S. 331-346.

Mecheril, P.: Mecheril, P. (Hrsg.): Migrationspädagogik. Weinheim und Basel, 2010.

Naef, S.: Bilder und Bilderverbot im Islam. Vom Koran bis zum Karrikaturenstreit. München, 2007.

Nohl, A.-M.: Bildung, Migration und die Entstehung neuer Milieus in der männlichen Adoleszenz. In: Vera King, Karin Flaake (Hrsg.): Männliche Adoleszenz. Sozialisation und Bildungsprozesse zwischen Kindheit und Erwachsensein. Frankfurt/ New York, 2005, S. 77-95.

Nohl, A.-M.: Konzepte interkultureller Pädagogik. Bad Heilbrunn, 2006.

Otto, G.: Die Veränderung des Lernens durch ästhetische Erfahrung. Über Erkenntnis, Praxis und Erfahrung. In: Ders.: Lehren und Lernen zwischen Didaktik und Ästhetik, Bd. 1, Seelze-Velber, 1998, S. 81-92.

Oevermann, U.: Krise und Muße. Struktureigenschaften ästhetischer Erfahrung aus soziologischer Sicht, Vortrag am 19.06.1996 in der Städel-Schule, Frankfurt a.M.; zitiert nach: Peez, Georg: Evaluation ästhetischer Erfahrungs- und Bildungsprozesse, München, 2005.

Paret, R.: Textbelege zum islamischen Bilderverbot. In: Fegers, H.: (Hrsg.): Das Werk des Künstlers. Stuttgart 1960, S. 36-48.

Peez, G.: Evaluation ästhetischer Erfahrungs- und Bildungsprozesse. Beispiele zu ihrer empirischen Erforschung. München, 2005.

Said, E.: Orientalism. New York, 1979.

Selle, G.: Soll man von ästhetischer Intelligenz sprechen? In: BDK-Mitteilungen 2/1994, S. 6-8.

Schnurr, A.: Forschen mit Kontrastmitteln. Über die Grenzen ästhetischer Erfahrung. In: Meyer, T.; Sabisch, A. (Hrsg.): Kunst Pädagogik Forschung. Aktuelle Zugänge und Perspektiven, Bielefeld: transcript 2008a, S. 103 – 112.

Schnurr, A.: Über das Werk von Timm Ulrichs und den künstlerischen Witz als Erkenntnisform. Analyse eines pointierten Vermittlungs- und Erfahrungsmodells im Kontext ästhetischer Bildung. Dortmunder Schriften zur Kunst, Studien zur Kunstdidaktik Bd. 8, Norderstedt 2008b.

Schnurr, A.: „Theoretisch Forschen mit Kontrastmittel". Vortrag auf dem BDK Forschungstag 2009, Düsseldorf; Manuskript auf der TU-Homepage des Verfassers (03.09.2010)

Statistisches Bundesamt: Bevölkerung mit Migrationshintergrund - Ergebnisse des Mikrozensus 2006 - Fachserie 1 Reihe 2.2 – 2006.

Wagner, E.: Fremde Bilder – Zum Umgang mit dem kulturell Anderen in der Kunstpädagogik. Vortrag BDK Berlin, November 2008, http://www.wagner-mchn.de/texte/interkultur.htm (02.05.2010)

Welsch, W.: Zur Aktualität ästhetischen Denkens. In: Ders: Ästhetisches Denken. Stuttgart, 1995, 41-78.

Wetzels, P./ Brettfeld, K.: Muslime in Deutschland, Studie zu Integration, Integrationsbarrieren, Religion und Einstellungen zu Demokratie, Rechtsstaat und politisch-religiös motivierter Gewalt, Berlin (BMI) 2007.

Raumeindruck. Siena. Foto Stephan Eckardt

Das Wort Skizze hat denselben Wortstamm wie Wissenschaft/Science – nämlich –ski- (vgl. Heinz von Förster 2008). Dies bedeutet Unterscheidung/ Trennung und meint die pointierte und zuspitzende Beschreibung eines Sachverhaltes. Es geht um Zäsuren, in denen bestimmte Merkmale scharf von anderen getrennt werden. Dies Unterscheiden ist aber auch eine Einschreibung – eine Gravur – und verdeutlicht, dass jede Skizze dauerhafte Spuren hinterlässt und letztlich alles verändert – den Gegenstand und den Zeichner. In Peter Greenaways Film „Der Kontrakt des Zeichners" wird dies am Beispiel eines professionellen Künstlers deutlich, der im Zuge eines kartographischen Auftrags bei Hofe die angestrebte Neutralität nicht aufrechterhalten kann und in den Sog des beobachteten Geschehens gerät.

Friederike Kohn skizziert emotionale Räume in Prosaminiaturen. Sie wendet sich außerdem mit Fragestellungen dem Konstrukt des Bühnenraumes zu.
Der künstlerisch gestaltete Raum bietet dem Betrachter ein angeleitetes Seherlebnis an. Die Bewegung und optische Recherche in artifiziellen Räumen lässt dem Betrachter gleichzeitig individuellen Spielraum zur eigenen Anschauung. Blanka Sophie Siebner skizziert anhand einer Auswahl von Kinderzeichnungen den Zusammenhang zwischen Wahrnehmung und Ausdruck.
Dominik Krinninger fragt, wie sich das kulturelle Anregungspotential einer Familie differenziert beschreiben lässt und welche unterschiedlichen Formen einer Kulturtätigkeit dabei bedeutsam sind.
Der Beitrag von Iris Kolhoff-Kahl geht von folgender Grundüberlegung aus: Wie können in den Körper eingeschriebene Wohnraumerfahrungen im Schulunterricht ästhetisch erfahren werden?
Ute Karlavaris-Bremer stellt Begegnungen und Erfahrungen verschiedener Autoren mit dem Atelier des Künstlers Professor Bogomil Karlavaris vor.

Literatur

Foerster, Heinz von (2008): Der Anfang von Himmel und Erde hat keinen Namen. Eine Selbsterschaffung in sieben Tagen. Herausgegeben von Albert und Karl. H. Müller. Berlin.

Friederike Kohn
Räume

I

Das kleine Gefängnis. Von den Wänden staubt der Kalk. Einer lässt sich frei. Du starrst nächtelang auf seine Pritsche. Kratzt die schwarzen Streifen von der Kleidung. Wartest im leeren Raum. Wanderst von der Tür zum Fenster, zählst mit jedem Schritt eine eurer guten Stunden, eine eurer schlechten. Die Nächte sind still, und dann wird dir klar, dass er nicht zurück kommt. Dass eure Zeit abgesessen ist. Du siehst aus dem Fenster. Der Wald ist fahl im Mondschein. Du öffnest die Tür.

II

Kaminfeuer flackert. Ich wärme mich an euren Stimmen. Tee, fragt ihr. Ich nicke. Der Wald, sage ich, macht mir Angst. Es sind zu viele Menschen. Es ist kalt. Ich streiche über das rote Holz der Wände. Ich lehne meine Wange dagegen. Sehe in das Rund der Tasse, die Gedanken drehen sich, kreisen um eine gemeinsame Mitte. Bleib noch, sagt ihr. Und ich bleibe.

III

Jemand hämmert gegen die Türen, ich weiß nicht, ob ich öffnen soll. Du kannst falsch sein. Ich spähe durch die Schlüssellöcher. Zeig mir deine Zunge, damit ich sehe, dass sie nicht gespalten ist.

IV

Das Gefängnis ist wohnlicher geworden. Ich bin nicht mehr allein. Du hast Gardinen aufgehängt und wäschst meine Kleider weiß. Noch ziehe ich sie nicht an. Beobachte dich. Wie du dich fühlst.

V

Der Wald hat sich in der Nacht auf uns zu bewegt. Mir werden die Schatten zu lang, deshalb rücke ich ins Mondlicht. Streifig fällt es durchs Fenster auf meine Haut. Du sagst etwas im Schlaf. Noch immer sprichst du nicht von mir.

VI

Nebel vor dem Mund trete ich ein. Herbstlaub knistert unter meinen Schuhen. Goldgelb wartet der Tee auf mich, ich lehne mich an eure Schultern. Du bist schwer geworden, sagt ihr, was drückt dich? Ich rinne mit dem Tee in eure Tassen, mit Honig gesüßt in eure Kehlen. Ihr sprecht mich warm. Sprecht mich frei.

VII

Du sitzt zwischen Tür und Angel. Es muss unbequem sein. Ich rücke den Schemel näher zur Tür, lausche den Worten, die du zwischen Zähnen und Zunge heraus zwingst. Sie klingen feucht, getüncht. Sie passen wieder nicht in meine Ohren.

VIII

Die Bäume verlieren ihre Blätter. Leise fallen sie zu Boden. Keine Flucht heute Nacht. Presse meine Wange an die Gitterstäbe, sehne mich nach einer warmen Tasse in meiner Hand, euren leisen Gesprächen, die mich in den Schlaf murmeln. Der Winter verschont mich nicht. Sein Atem wendet das Laub.

IX

Du springst in die Dunkelheit. Fußabdrücke verglimmen im ersten Schnee. Ich folge, taste mich von Baum zu Baum. Ziehe die Schuhe aus und trete in deine Spuren. Wer kann Dir folgen? Dein Weg ist zu kalt.

X

Ihr habt mich erwartet, barfuß und außer Atem. Die Dielen sind nicht gehobelt. Ich muss mich vor Splittern in acht nehmen. Ein Löffel Zucker nur in meinem Tee. Ihr legt dürre Zweige auf die Glut. Nein, ich bin es, die Holz nachlegt. Ich habe mich geirrt.

XI

Meine Räume leeren sich. Ich drehe die Heizungen höher und gieße die Blumen. Sonst nichts.

Friederike Kohn
Fragestellungen zur Definition von Bühnenraum und dessen Wirkung

Abb. 1

Was braucht es dazu, eine Bühne als Bühne zu erkennen? Reichen ein Vorhang und ein paar Stühle? Ist eine rechteckige beplankte Fläche am Seeufer mit einem Hinweisschild „Animationsbühne" ausreichend? (s. Abb. 1, Animationsbühne am Mirower See) Ist die Muschel der Venus von Botticelli bereits eine Bühne oder nur eine Präsentationsplattform? Ist eine Sportarena eine Bühne? Wie kann eine Bühne noch aussehen? Ist sie vielleicht auf den ersten Blick gar nicht erkennbar und formt sich erst mit der auf ihr stattfindenden dramatischen, tänzerischen oder konzertanten Aktion wie z.B. ein Swimming Pool beim Wasserballett? Was ist mit zweidimensionalen Gebilden, wie einer Kinoleinwand? Gewinnt die Kinoleinwand ihren Bühnencharakter nur durch die künstliche (oder technisch erzeugte) Dreidimensionalität des Filmbildes und die dem Theater ähnliche Bestuhlung und Ausstattung?

Dies sind Fragen, die sich mit der Definition und Wirkung von Bühnenraum auseinandersetzen.

Ein Bühnenraum wird für den Zweck geschaffen, ihn mit vorgenannten Aktionen zur Unterhaltung eines Publikums zu füllen. Die Gestaltung bzw. Ungestaltetheit des Bühnenraums ist dabei von der Art der gebotenen Unterhaltung und der Art des Publikum abhängig.

Abb. 2

Die Bühne bietet Raum für Inventar, für Figuren, für eine Geschichte oder für die Entfaltung eines Musikstückes. Oftmals ist sie nach drei Seiten begrenzt, als Schaukasten für die Zuschauer. Die Blicke der Zuschauer werden durch den Raum hindurch auf ein bestimmtes Ereignis / Bild hin gelenkt (z.B. auch durch die Lichtsetzung). Der Zuschauer selbst nimmt im Zuschauerbereich einen indivi-duellen Platz ein, der ihm einen ganz persönlichen Blickwinkel ermöglicht (oder verstellt). (s. Abb. 2 Aufführung des Musicals „Joseph" in Elbe)

Die Distanz zwischen Zuschauer und Akteuren ist dabei notwendig, denn je näher der Zuschauer einer Handlung ist, desto weniger gut kann er sie als Ganzes aufnehmen und verstehen. Die Bühne ruft die Distanz im Zuschauer wach. So ist zu beobachten, dass sich viele Zuschauer möglichst weit von der Bühne entfernt platzieren. Zum Teil mag das auch daran liegen, dass der Zuschauer nicht in die auf der Bühne stattfindende Handlung einbezogen werden möchte, sich also in die Passivität, die Rolle des Emp-fängers (im Gegensatz zu der des Senders) zurückzieht (flüchtet?).

Bühnenräume sind meist leicht zu erkennen. Sie sehen sich allein durch die Anordnung der Zuschauerränge ähnlich. Der Unterschied zwischen den zum Teil riesigen antiken Amphitheatern und den Open-Air-Bühnen der Neuzeit wie z.B. der AWD Arena in Han-

Abb. 3

nover oder auch überdachten Konzerthallen ist gering. Ob es inhaltlich um Sport oder Rockmusik geht, ist dabei eher nebensächlich und höchstens noch ein akustisches Problem.

Während die bestuhlten Theatersäle, die in den vergangenen Jahrhunderten meist als architektonische Prachtbauten entstanden, in ihrer Gestaltung die Kunstfertigkeit der Epoche, die Art und Bildungsschicht ihrer Besucher spiegeln, hat die Freilichtbühne eine andere Anmutung. Sie spielt mit den Elementen des bereits Dagewesenen, mit dem Charakter der Umgebung. Landschaftliche und bauliche Reize lenken den Blick der Zuschauer vom Bühnengeschehen auch in die Umgebung. Die Natur oder auch die Stadt (z.B. bei den Domfestspielen in Bad Gandersheim) „spielt mit". Die Felsenbühne Rathen wurde zum Beispiel in die faszinierende Kulisse des Elbsandsteingebirges gebaut (s. Abb. 3 Felsenbühne Rathen). Hier wird nicht nur die künstlich geschaffene Bühne als Spielfläche genutzt – auch die Felswand dahinter wird in das Spiel mit einbezogen. Ähnlich gestaltet sich die Bühne der Karl-May-

Festspiele am Kalkberg in Bad Segeberg. Die bei vielen Freilichttheatern ansteigende, halbkreisförmige Anordnung der Ränge und ein kreisförmiger Bühnenschauplatz erinnern wiederum stark an das Amphitheater der Antike.

Abb. 4

Ein Beispiel für eine besondere Art des Freilichttheaters aus der Barockzeit ist das Felsentheater (s. Abb. 4 Felsentheater Sanspareil) im Barockgarten Sanspareil („Ohnegleichen"). Der Garten wurde 1744 im Auftrag der Markgräfin Wilhelmine von Bayreuth, der Schwester Friedrichs des Großen angelegt. Felsgruppen , Grotten und gebaute Ruinen durchziehen einen waldigen Garten. Das Felsentheater ist eines der interessantesten Bauwerke der Barockanlage. Als Ruine angelegt, symbolisiert es vergangene Pracht und Größe, aber auch Einsamkeit und Verfall. Es strahlt die Trostlosigkeit einer ungenutzten Bühne aus. Das Felsentheater reizt den Besucher, sich darin zu bewegen, sei es in der natürlichen Senke des Zuschauerraumes oder zwischen den versetzten Ruinenbögen, vor denen man sich präsentieren oder hinter denen man sich verstecken kann. Es ist ein Bauwerk, das ohne Zuschauerränge auskommt und also nur sich selbst, die Bühne und den Bühnenraum, in den Vordergrund stellt. Der Ort besitzt eine große Inspirationskraft. Er gibt der Phantasie Raum. Der Besucher stellt sich im

Stillen vor, wie es wäre, ein eigene kleines Ruinentheater im Garten zu haben. Welche Stücke könnten dort zur Aufführung kommen? Wäre er selbst Regisseur, Dramaturg oder Schauspieler?

Abb. 5

Und der eigene Garten, kann, wenn er die richtige Größe hat, tatsächlich die Anmutung einer Bühne oder Tribüne haben (s. Abb. 5 Gartenanlage in Elbe, Landkreis Wolfenbüttel). Im vorgefundenen Fall ist das Gefälle des Gartens durch mehrere abgetreppte, halbkreisförmige Etagen aufgefangen worden. Die einzelnen Plattformen runden sich jedoch nach vorn, nicht nach hinten und bilden damit das Negativ z.B. von Freilichttheaterrängen ab. Blickpunkt ist die Eiche, vor der eine Bank steht, auf der obersten Etage. Schaut man von unten auf die „Ränge" oder auch vom Sitzplatz aus herab, ist der Eindruck nicht zu leugnen, man würde sich in einem Theaterraum aufhalten. Wer sind hier die handelnden Figuren? Die Tiere des Gartens? Der Gartenbesucher? Sonne, Regen und Wind?

Blanka Siebner

Raumskizzen - eine Bildreihe

Raum - Skizzen in kindlichem Abbilden, in Phantasie und Betrachtung

Wahrnehmung und Erfahrung werden in ihrer Gemeinsamkeit als Prinzip betrachtet (vgl. u.a. Husserls ,Prinzip aller Prinzipien'), das u.a. Realitätsaneignung auf verschiedene Art und Weise ermöglicht. Im Folgenden werden Beispiele und Anlässe für Raumwahrnehmung und -erfahrung dargestellt, und zwar von der Aneignung räumlicher Positionen durch das Zeichnen ausgehend bis zur Begegnung mit spezifischen kulturellen Räumen, die durch die Konzeption des jeweiligen Künstlers in ihrem Erscheinungsbild Wahrnehmung als einen Akt von Sinnlichkeit und Sinnstiftung anregen und lenken.

Die Auseinandersetzung mit Räumen tangiert Wahrnehmung als „Primat" der Raumbegegnung und des sinnlichen Raumerlebens durch Bewegung in der Vernetzung von Seherlebnis mit Denkprozessen, die zu Entdeckungen und Notizen führen können.

> „Lernen und Wahrnehmen wirken in beiden Richtungen aufeinander. Einerseits gibt es Veränderungen des Wahrnehmungsverhaltens durch Erfahrung, andererseits bestimmt die Art der Wahrnehmung das Lernen" (vgl. Bergius, 1971, S.61).

I.1 Zeichenfindung –
Orthogonale Beziehungen als Motiv in der Raumnotiz von Kindern

01-Skizze Filzstift, Junge 4 J. - 2009

02-Skizze Bleistift, Junge 7 J. - 2010

03-Skizze Bleistift, Junge 8 J. - 2010

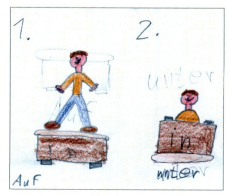

04-Skizze Bunt-Bleistift, Junge 8 J. - 2010

Die Handlung von Kindergartenkindern führt von der Aktion zur Zeichnung. Deutlich wird hier das Interesse der Kinder an einer gemeinsam erprobten Zuordnung des Selbst zum Gegenstand. Es geht insgesamt um „eine Entwicklung eines Abbildungssystems, welches in Bezugslinien und deren Verknüpfung fortwährend differenziert wird" (vgl. Schütz 1990, S.58). Erprobung und Zeichnung, Interesse an Bewegung und Experiment – (dies betrifft die Zusammenstellung von einfachen Gegenständen zum Parcours durch die Kinder, der Anlass zur Bewegung bietet, wie Bank, Stuhl, Kasten etc.) - bestimmen die Absicht, den Vorgang festzuhalten. Das Problem der topologischen Orientierung steht im Vordergrund, der Raum an sich ist nicht aufgefasst. Die beliebige Handlungsfolge (vor, hinter, neben, unter, auf – einem Gegenstand) ist der Fokus von Aufgabe und Darstellung.

Bei der Verbindung von Gegenstand mit dem Zeichen Mensch können „Konstruktionsprobleme" auftreten (vgl. Schütz 1990, S.64. Zit. Sully 1897). Dieser Zusammenhang zur räumlichen Situation in der Beziehung zu einem Objekt (hier einem Kasten) stellt jedoch nach unserer Beobachtung und Studie weniger Schwierigkeiten im darstellerischen, grafischen Erfinden von Zeichen durch die Kinder dar. Sie vergleichen interessiert Handlung, Bewegung mit der orthogonalen erfolgreichen Zuordnung (Junge, 4,6 J. - „Jetzt bin ich oben" - Mädchen, 5 J. - „und dann dahinter") im Tun und Zeichnen ohne Zögern mit zu beobachtendem hedonistischem Aspekt (Junge 4,6 J.: „Das habe ich gezeichnet!"). „Die Idee, dass ein Ding das andere verdeckt, ist für den kleinen Künstler so schwierig, dass er sogar verwirrt werden und die zwei Beine auslassen kann, wenn er auch weiß, dass ein Bein des Reiters zu sehen ist …" (vgl. Schütz 1990, S.64 ff. Zit. Sully 1897). Dies könnte hinsichtlich der Verdeckung im angegebenen Beispiel (s. Skizze oben / „in dem Kasten, hinter dem Kasten") zwar genauso gelten wie bei dem Reitermotiv, trifft jedoch nicht zu. Die Kinder beobachten und zeichnen tendenziell das, was sie sehen. Anzunehmen ist, dass auch die zeichnerische Zuordnung des Kindes vom Reiter zum Pferd, wenn es denn selbst reitet, weniger grafische Fragen bereitet (Dies zeigen Beispiele aus unserer Forschung 1985).
    Die Kinder finden also für die orthogonalen Beziehungen deutliche grafische Zuordnungen und Konstruktionen. Die Verbindung der realen Bewegungsfolge mit dem zeichnerischen Akt in einem Nacheinander, dem Ablauf entsprechend, löst einen Vergleich und grafische Differenzierung (‚auf‘, ‚neben‘, ‚in‘ …) aus. Die obigen raschen Skizzen sind entsprechend in kleinen Abschnitten von Erprobung und Filzstiftspur entstanden. In dem Ablauf, der in einem Bewegungsfeld von den Kindern gestaltet wurde, und bei der handelnden Überprüfung mit der Zeichnung lag der Fokus auf dem wiederholenden Einüben von Bewegungen im Sinne der orthogonalen Zuordnung. Die Auswahl des Motivs aus einer Bewegungsspur im Raum und schließlich die Koordination verschiedener Positionen des ‚Ich‘ gelingen in rascher grafischer Folge zum raumbezogenen Verhalten.

Die Bedeutung der körperbezogenen Erfahrung und Anschauung - letztere betrifft die optische Aufmerksamkeit bei der Betrachtung der Mitschüler - zieht die rasche zeichnerische Notiz zum Aktionsraum nach sich. „Lieblingsfarben" wurden mit einem sanft gleitenden Filzstift aufgetragen - ohne farbliche Orientierung (z.B. an der jeweiligen Kleidung der Kinder). Der Fokus liegt auf der Darstellung der eigenen Position zum Gegenstand im Raum.

Während die Kindergartenkinder die Verbindung zwischen Körpererfahrung und Zeichenfindung zu orthogonalen Beziehungen intensiv prüfen und verfolgen, gelingt den Sechs- bis Achtjährigen die grafische Ausführung aus der Vorstellung heraus ohne die Vergegenwärtigung des Tuns, unabhängig von direkter motorischer Handlung im Sinne einer „kognitiven Repräsentation" (vgl. Piaget / Inhelder 1971) von Verortung und Handlungsfolge. Es ist also inzwischen ein entsprechendes Zeichenrepertoire erworben.
    Die „Denotationsstruktur" zur Identifikation der Situation im Zeichenfeld ist zunehmend als „Zeichensprache" im kommunikativen Akt entwickelt. Die Beziehung zwischen Zeichen und Gemeintem, Beobachtetem oder Erinnertem ist - durch zunehmend räumliche Vergewisserung und durch eigene, erweiterte „Sehschulung"- angeeignet. Für beide Altersbereiche ist jedoch feststellbar, dass räumliche Elemente zur Tiefenwirkung wie Verdeckungen (in, hinter einem Gegenstand ...) oder die Auslassung bestimmter Körperteile, in einer Zeichnung verwendet werden. Auch M. Schuster stellt dies bereits für Vierjährige fest (vgl. Schuster 1993).

Das Bewegungsmoment

Bei der Umweltaneignung von Kindern stellen also Bewegung und verstehendes Zeichnen einen besonderen Zusammenhang dar, Bewegung steht im Vordergrund optischer Aufmerksamkeit. Hierbei sind Sehen und Beobachtung wesentliche Formen dieser aktiven Aneignung von Situationen im Raum und Grundlage zum Verstehen von Zusammenhängen und Strategien, die geübt und zunehmend erweitert werden. Dieses zeigt sich in unterschiedlichen Prozessen, die den figurumschließenden Raum betreffen, auch in Notizen in Skizzenform oder ausgearbeiteten Zeichnungen. Das kindliche Skizzieren stellt hier den Akt eines produktiven Sehprozesses und Seherlebnisses ebenso dar wie ein damit verbundenes Denken, das einerseits - hier Bewegungsfolgen - kreiert, die andererseits in Zeichen und deren Zusammenstellung umgesetzt bzw. in einer Zeichnung komponiert werden. Raumgliederung durch Gegenstände und Aktion findet in der Raumerkundung und Gestaltung der Kinder und ihrer Betrachtungsweisen im Schauen und Erinnern mit individueller Bedeutungssetzung eine Notiz. Hinzu tritt neben dem übenden Wiederholen gefundener Zeichen und Zeichenstrategien die Anregung zur Erweiterung des Zeichenvokabulars durch einen „externen Bezugsrahmen" (vgl. Schütz 1990, S.123).

Orthogonale Beziehungen lassen über die Handlung Kenntnis zum umgebenden Raum zu. Dabei wirkt sich das Beziehungsgefüge zwischen raum- und körperbezogener Aktion und Beobachtung auf die zeichnerische Darstellung aus. Diese Fähigkeiten und Fertigkeiten sind für das Ergebnis ebenso von Bedeutung wie die „lokal begrenzten Entscheidungsentwürfe" (vgl. Schütz, 1990, S.123 ff. Zit. Freeman), die sich aus der realen, sichtbaren Situation (Bewegungsbeziehung zu ausgewählten Gegenständen) und einigen Voraussetzungen, den „übergeordnete(n), systematische(n) Planungsentscheidungen" ergeben (ebd.).

Bewegung gewinnt mit der „Wahrnehmungsaktivität" zunehmend an Bedeutung und beeinflusst den Übergang zur Vorstellungsbildung (vgl. Piaget / Inhelder 1971, S.167). Die Annahme der Gestaltpsychologie zu einer engen Beziehung zwischen „Sensorium und Motorium" (vgl. ebd., S.35) hat sicher ihre Berechtigung, wenn auch die prozessgebundene Gleichzeitigkeit der Denkprozesse hier zunächst nicht betont scheint. Die zeichnerische Darstellung als ‚Handlungsakt' impliziert eindeutig eine Reflexion zur Organisation von Zeichen auf einer Fläche (s.o.), was gleichzeitig eine Verarbeitung von körperbezogener Wahrnehmung und deren „Sukzession und Koordination" bedeutet (vgl. Piaget 1966, S.121 ff. sowie Trautner 1978, S.337 ff.). Hier finden - soweit die rasche grafische „Niederschrift" von Beobachtetem und Erprobtem es interpretierbar werden lassen - die handlungsbezogenen Denkprozesse der Kinder ihren individuellen Ausdruck.

Mit den Zeichnungen der Kindergartenkinder wird die zentrale Stellung der Motorik im Lernprozess, die Piaget dann auch für die Entwicklung „der anschaulichen Raumvorstellungen" belegt (ebd., S.67 ff.), deutlich. Die Aufnahme der motorisch ermittelten Raum-Gewissheiten in eine Zeichnung erfolgt so, dass bereits Vier- und Fünfjährige orthogonale Beziehungen kennzeichnen können. Inwieweit tatsächliche und warum „vorstellungsmäßige Anschauungen" erst später feststellbar sind (vgl. ebd.) könnte durch erneute forschende Betrachtungen überprüft werden hinsichtlich der Ausgangslage - Vorerfahrungen, Aufgabenkultur für die Kinder etc.

Da Zeichnen immer schon vor dem Schreiben da ist bzw. genutzt wird und in seiner systematischen Entwicklung mindestens bis zur mittleren Kindheit ohne Bedeutungsverlust einzuschätzen ist, lässt es als Basis und Hilfsmittel für ästhetische Erkenntnis den Diskurs weitergehend zu. Nach Freeman ist „ein gemeinsamer Vorwurf (...), dass er [Piaget] durchgehend die Kinder unterschätzt" (vgl. Freeman 1980, S.59 f.). Für die Orientierung und die Auseinandersetzung des Kindes mit dem Ich in der Welt gewinnen Strategien zeichnerischer Darstellung und ein Zeichenrepertoire zunehmend an Bedeutung. Eigene Erfahrung und Förderung im ästhetischen Bereich stellen unserer Ansicht nach stärker als bisher tendenziell in der Literatur angenommen einen beeinflussenden Faktor für kindliches Ausdrucksvermögen mit kommunikativem und dokumentierendem Charakter dar. Unsere über zehnjährige Forschung lässt ablesbar werden, dass dem Lernprozess zum zeichnerischen Ausdruck in der Primarstufe, im Besonderen zur Raumdarstellung, mehr Aufmerksamkeit gewidmet werden sollte.

„Die Handlung setzt wie das Denken eine innere Koordination voraus, eine Logik und eine Anpassung an seine Objekte, d.h. ein experimentierendes Verhalten." (vgl. Piaget, J., 1973; S.259/260 ff.) An dieser Stelle wird der Diskurs zur „Illusion, die sich aus der empirischen Interpretation der Handlung ergibt" und zum weiteren Kontext von „Erkenntnis, die aus der Handlung hervorgeht" (Piaget 1973, S.261 ff.), nicht weitergeführt. Den Prozess der Wahrnehmung sehen wir über sensualistische Wahrnehmungskonzepte hinaus umfassender im Sinne eines erkenntnisbildenden Prozesses von Erfahrung einbezogen, wobei dies mit einem Denken einhergeht.

I.2 Das Kinderzimmer -ein Handlungsraum. Die Raumvorstellung in der Komposition von Zeichen

06-Skizze Bunt-Bleistift, Junge 6 J. – „Mein Kinderzimmer"2010

Der „erlebte Raum" ist der „Raum, wie er sich dem konkreten menschlichen Leben erschließt." Dabei geht es um „den Raum, wie er für den Menschen da ist, und in eins damit/dann um das menschliche Verhältnis zu diesem Raum; denn beides ist voneinander gar nicht zu trennen" (Bollnow 1963, S.16-18).

Die Kinderzeichnung des 6,5 Jahre alten Jungen stellt ein „laterales Grundlinienbild" (vgl. Schütz 1990 S.55 ff. / Lange-Küttner) dar. Die Raumdarstellung „Kinderzimmer" ist vom unteren „Blattrand" und der Seitenbegrenzung her bestimmt. Das Bild des Jungen umfasst auch einige Elemente einer Art Querschnitt von seinem Raum mit der Aufzählung von Objekten und der Beziehungsebene hierzu. Hier kann die „Querschnittform" als ein Terminus verwendet werden, als „eine Bildform gemeint, in der die lateralen Blattseiten zur Darstellung der Höhendimension benutzt werden, während mit dem Begriff, Grundrissform die Bildformen beschrieben werden, in denen auf eine Abbildung der Höhendimension verzichtet oder die frontalen Blattseiten zu ihrer Abbildung herangezogen werden." (vgl. Schütz 1990, S.58 ff.) Dieser Junge zeichnet eine Auswahl von Gegenständen in seinem Zimmer, die seine bevorzugte Beschäftigung mit ihnen deutlich werden lässt sowie die Verortung „unten", die den Standort des Bettes auf dem Teppich meint. In seiner mündlichen Darstellung beginnt das Kind dem Weg der Entstehung seiner Zeichnung entsprechend sein „Kinderzimmer" von links nach rechts vorzustellen. Ohne Zögern zeichnet er die Beziehungsebene zwischen Bildschirm und sich selbst auf fast gleicher Höhe mit dem Bett, was - bei Nachfrage - seiner Gewohnheit am Computer zu sitzen entspricht.
Die eher in der Zeichnung an sich weniger hervorgehobene Tätigkeit stellt er jedoch durchaus in der europäischen Leserichtung der Anfertigungsphasen dieser Zeichnung nach vorn. Das „lineare" oder Grundlinienbild konfrontiert den Betrachter in diesem Beispiel mit einer Reihung in Seitenansicht mit farbigen Betonungen, die eine eindeutige Mitteilung darstellt. Seine Erfahrung zur Verortung des Spiels auf dem Bett ist Grundlage dieser „Erzählung". Die kommunikative Absicht des Zeichners wurde durch eine (nicht geforderte) mündliche Beschreibung betont als ein Interesse am genauen Verstehen der Situation durch den Betrachter und dessen Wissen um sein individuelles Tun.

Dieser Junge zeichnet aus der Distanz sein Kinderzimmer als „subjektiven Raum" (vgl. Lowenfeld, 1960) auf der Grundlage täglicher Erfahrungen mit diesem – allerdings andernorts in der Schule, also aus der Vorstellung heraus. Diese Raumvorstellung führt zu einem Standlinienbild bzw. stellt die Grundlinie, der untere Blattrand, die Begrenzung und Ausrichtung der gedanklichen Arbeit der „Raumskizze" dar. Die Imagination und Veranschaulichung des Kinderzimmers bestimmen den Zeichenprozess. Der phänomenale Raum des Kindes findet in seiner signifikanten Darstellung einer spezifischen Tätigkeit Ausdruck. Die Placierung der eigenen Person im handlungsbedeutsamen Akt (Spiel mit dem Gameboy) des Kindes stellt eine erhöhte Anforderung für die grafische Gestaltung dar. Eine klare Strichführung - unabhängig von direkter augenblicklicher Perzeption - stellt die Raumvorstellung dieses Jungen als eine abgeschlossene dar, die eine sichere Organisation der Zeichen ermöglicht. Letzteres meint das raumbezogene Erinnern und Denken, das dieser Schüler während des Zeichnens mit lebhafter sprachlicher Begleitung kommentiert (s.o.). Bei dieser Zeichnung aus der Entfernung zum erlebten Raum ist die Raumvorstellung bereits körperbezogen gebildet. „Spatial perception" ist eine der Primärfaktoren von Intelligenzleistungen. Die „Raumvorstellung baut sich auf der Grundlage der haptischen, auditiven und visuellen Wahrnehmung der uns umgebenen räumlichen Umwelt auf, geht aber über diese Wahrnehmung hinaus und verhilft dem Individuum gleichzeitig damit zu einer weiter ausdifferenzierten Raumwahrnehmung." (Rost, Detlef H., S.21, Basel 1977) Die zeichnerische Auseinandersetzung führt so zu einem Nacherleben und Nachdenken, sie ist bei diesem Jungen - durch die Wortbegleitung als Kommunuikation und Dokumentation aufzufassen. Der Schüler bringt zudem seine Erfindung, seine Zufriedenheit mit diesem Arbeits- und Lebensraum zum Ausdruck. Es handelt sich um eine klare und ausgewogene Gestaltung, die eine perspektivische Auffassung außen vor lässt, da das Zeichenrepertoire diese - hinsichtlich der Mitteilung auch nicht notwendige Darstellung - noch nicht beinhaltet, bzw. der Zeichner dazu auf kein entsprechendes Repertoire zurückgreift. Raumorganisation, hier die Anordnung der Gegenstände im Kinderzimmer und Raumbeziehungen können Gegenstand verbal, zeichnerischer Notiz werden, wenn sie vorher zum Erfahrungsfeld gehören. Raumbeziehungen führen über Wahrnehmung zur Raumvorstellung (vgl. u.a. Rost 1977). Raumvorstellung muss jedoch nicht immer konkret sein (s.o. Phantasieraum „Bühne"), ist aber insgesamt Ergebnis raumbezogenen Erlebens. „Raumvorstellung und Raumwahrnehmung prägen die Qualität des individuellen Raumverhaltens i.e.S. - Raumverhalten wiederum fördert Raumwahrnehmung und Raumvorstellung." (vgl. Rost 1977, S.38 ff.). Raumvorstellungsbildung wird durch Zeichenprozesse unterstützt, die Zeichnung ist Anlass des Denkens.

I.3 Außenraum - Handlungsraum

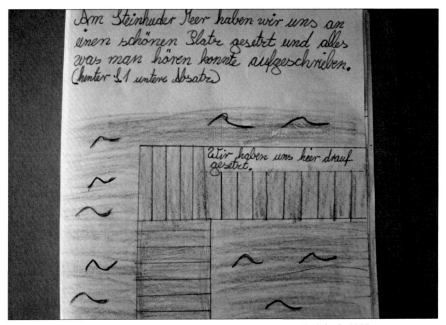

05- Zeichnung Blei-/Buntstiftzeichnung, Mädchen 8,6 J. - Bootssteg Steinhude 2007

Raum und Ort ihrer Tätigkeit hebt diese Zeichnerin mit viel Sorgfalt und geometrischer Genauigkeit hervor, nachdem sie in einem kleinen Reiseheft ihre Eindrücke schon beschrieben hat. Das Schreiben an diesem Ort - angeregt von einer Autorin in einer Schreibwerkstatt für Schüler - betont sie durch die zusätzliche Zeichnung des Platzes der zum Schreiben zu einer Beobachtung von Enten führte. Die Zeichnung des Ortes, die dort entstand, ist die Erinnerung an die Arbeit mit der Autorin, von der sie sehr beeindruckt war. Die Schülerin verzichtet auf die Darstellung von sich selbst als Sitzende und damit auf die Beziehung zum Sujet „Steg". Mit ihrer schriftlichen Notiz, die zeitlich rascher gefertigt ist, kennzeichnet sie die ihr wichtige Mitteilung. Das Zeichen Mensch („mit meinen Füßen im Wasser"- mündlicher Kommentar) findet Interesse, aber keine grafische Lösung zur Beziehung von menschlicher Figur und figurumschließenden Raum, die Zeichnerin stellt hier keine Idee vor, die Schrift gibt genügend Auskunft.

II.1 Raumwahrnehmung - Raumdarstellung

07-Zeichnung Bleistift, Mädchen 9 J. Schulbühne 2007   08-Zeichnung Bleistift, Mädchen 9 J. Schulbühne 2007

„Unsere Vorstellung erfasst den Raum, indem sie in der vollen Ausdehnung unseres Sehfeldes eine Bewegung nach der Tiefe ausführt, nach der Tiefe strebt. Mit dem allgemeinen Tiefencharakter des Raumes ist diese scheinbare Bewegung nach der Tiefe notwendig gefordert. Jede Einzelerscheinung des Bildes scheint der Tiefenbewegung einen Widerstand entgegenzusetzen, dient aber notwendigerweise dazu, diese Bewegung zu leiten." (vgl. Konnerth 1909, S.119).

09-Zeichnung Bleistift, Mädchen 9 J. Schulbühne 2007

Tendenziell weisen alle drei Zeichnungen Gemeinsamkeiten, aber auch Unterschiede hinsichtlich der optischen Aufmerksamkeit auf. Die drei Zeichnerinnen stellen zuerst die menschlichen Figuren dar, Studierende, die sich auf den Stufen zur Bühne und im Bühnenraum befinden; obwohl hier die Menschendarstellung mit Überschneidung und Verdeckung ein für Kinder eher anspruchsvolles Motiv in der Differenzierung darstellt (übergeschlagene Beine - Verdeckung- s. Treppe und Seitenansicht). Die Bevorzugung dieses figuralen Motivs weist auf die Bedeutungsperspektive hin. Nicht nur der Bühnenraum ist im Fokus der Gestaltung.

Die drei Zeichnungen der mittleren Kindheit unterscheiden sich in der Vorgehensweise der Zeichnerinnen durch die grafische Anlage und die zeitliche Reihenfolge der Anordnung von Zeichen in der Fläche sowie in dem jeweiligen Fokus. Im

Bühnenraum (mit ca. 4,5 m Tiefe) befinden sich in einer Staffelung von vorn nach hinten ein Tisch mit runder Platte, ein Stuhl neben einem Papierbaum, ein zweiter Stuhl rechts neben dem Tisch sowie zwei Personen.

Bei der Zeichnung in Abb. 07 skizziert eine Schülerin die Studierende und in der Folge die Treppe um diese Figur herum. Auf dem oberen Treppenrand werden die dort verteilten Gegenstände quasi an den Bühnenrand „herangezoomt" und aufgereiht. Insgesamt entsteht fast ein Mehrstreifen- bzw. Standlinienbild. Der Größenunterschied zu der ausdauernd und genau gezeichneten Figur im Vordergrund und den etwas kleineren Figuren im Hintergrund lässt jedoch von einer räumlich aufgefassten Komponente sprechen (Verkleinerung). Die mit Sorgfalt verfolgte Figurendarstellung mit Überschneidungen lässt Rückschlüsse zur Bedeutungsperspektive zu. Menschendarstellung liegt hier im besonderen Interesse der Mädchen, die sich intensiv dieser Schwierigkeit gewidmet haben.

Auch bei Abb. 09 zeigt sich das besondere Interesse an der Figurendarstellung, hier an der Haartracht ablesbar. Auch hier wird die Körperhaltung Gegenstand der Auseinandersetzung. Eine räumliche Auffassung zur Tiefe des Raumes mit entsprechender Verteilung der Möbelstücke wird nicht ablesbar. Die Position einzelner Gegenstände (z.B. des Baumes) ist in der Skizze verändert.

Ähnlich wie bei dem sechsjährigen Jungen mit der Darstellung des Kinderzimmers findet sich auch in den Treppenbildern eine Art Aufzählung der Gegenstände. Die zeichnerische Raumorganisation der Neunjährigen umfasst hier die Größenvarianz und damit ein Kriterium für Raumtiefe (vgl. 07/08). Inwieweit hier die Bedeutungsperspektive - (Studierende auf der Treppe) - oder die Raumtiefe (Verkleinerung und Gegenstandsverteilung im Bühnenraum) im Vordergrund steht, (vgl. Zeichnung 07/08) bleibt ein wenig offen. Allerdings spricht die Übermalung der menschlichen Figur mit den Treppenstufen eher gegen eine vordergründige Bedeutungsperspektive und für einen Gestaltungsprozess mit wechselndem Interesse.

Abb. 08 zeigt bei einer gleichzeitigen Auseinandersetzung mit der menschlichen Figur als Ausgangspunkt dieser Bleistiftzeichnung auch eine Erfassung von Räumlichkeit durch die Verteilung der Möbelstücke über das obere Feld. Die Darstellung einer verkleinerten menschlichen Figur im Hintergrund weist auf genaueres Interesse am Tiefenraum hin. Diese Schülerin betrat die Bühne und befasste sich mit jedem Gegenstand. Sie zeichnete nicht wie die anderen Kinder aus einer Distanz von ca. drei Metern unten vor der Treppe. Ihr über die Figur hinausgehendes grafisches Interesse wird durch die Übermalung der Figur mit den gemeinten Treppenstufen im Vordergrund ablesbar. Auch hier haben die Faktoren von Nah- und Fernbetrachtung eine mitgestaltende Bedeutung. ‚Spatial relations' sind auch in der Zeichnung der mittleren Kindheit durch körperbezogenes Erkunden des Wahrnehmungsraumes Gegenstand räumlicher Vorstellungstätigkeit.

Der „Tiefencharakter" einer Raumsituation stellt eine darstellerische Herausforderung dar, die für die suchende „Tiefenbewegung" des Sehaktes ein Zeichenrepertoire notwendig werden lässt. Wenn auch „alle räumlichen Beziehungen und
alle Formunterschiede von einem Standpunkte aus sozusagen von vorne nach
hinten abgelesen" (vgl. Konnerth 1909, S.119) werden, so wird dieser Raum kaum
in der Darstellung berücksichtigt. Es braucht ein Vorbild für diese Lösung, eine
gestalterische Anleitung - eine Entdeckung.

Klaus Holzkamp verweist zu Recht auf den Zusammenhang von körperlicher
Beteiligung und „Lernhandlung" (vgl. Holzkamp 1993, S.256 f.). Aus dieser
Unmittelbarkeit und Nähe zum Lerngegenstand heraus wird der Lernprozess beeinflusst und kann sich wie hier in der grafischen Spur bemerkbar machen. Nicht
ein widersprüchlicher Dualismus mit einem Sehen als passivem Akt, sondern die
sinnliche Erkenntnismöglichkeit. verbunden mit einem aktiven Sehen, unterstützt
(auch durch den selbstproduktiven Prozess der Hand) die Raumwahrnehmung und
Raumvorstellungsbildung.

II.2 Innenraum - Raumvorstellung - Die Bühne in Konstruktion und Imagination, Gegenstandswahrnehmung und Phantasie

12-Zeichnung Buntstift, Mädchen 10 J. „Die Bühne" 2010

Die Bühne

Zu einer Aufgabe, verschiedene Gegenstände zu zeichnen, entwickeln Kinder ein Arrangement. Hier sind es die Musikinstrumente, die eine Schülergruppe interessierten. Eine Schülerin zeichnete Trommeln, Gitarre, Violine und erfand dazu eine Raumansicht („Das ist wie im Theater, die Bühne", Mädchen 9,2 J. 2010). Eine Momentaufnahme mit den noch ruhenden Instrumenten entsteht. Gleich geht der „Vorhang auf" (Schülerin). Vom erprobenden Spiel mit den Instrumenten zum mehrfach umgeordneten Arrangement auf einem Tisch im Klassenzimmer und nach dem konzentrierten Abzeichnen der Instrumente wird in großen dynamischen Schwüngen zunächst der Fußboden rasch farbig skizziert. Auch bei der fiktiven Rückwand ist der rasche Gestus der sicheren Hand spürbar. Es erfolgt ein beinahe rhythmisches Malen mit Buntstiften im Hintergrund leicht von links nach rechts gerichtet, ein sanfter, rascher Duktus ist ablesbar. Besonders der Bereich um die Gitarre herum wird wiederholend mit Schwüngen und Richtungsänderungen gestaltet. Die Gitarre wird mit einem grafischen Kraftfeld umgeben („Ich möchte Gitarre spielen"). Der Gitarrengriff ist der Schülerin „gelungen". Sie mag das Instrument und verwendet viel Sorgfalt darauf; die dunkelblauen schnellen Striche stehen im Kontrast zu dem differenziert dargestellten Instrument. In abgesetzter Farbigkeit werden um den Tisch herum Fußboden, Wand und mit viel Sorgfalt der Vorhang „mit richtigen Falten" gemalt, der diesem Mädchen so wichtig erscheint. Die Zeichnung der Instrumente hat sie auf eine Bühne gebracht, inszeniert mit einer erdachten Räumlichkeit. Diese fiktive Raumbildung umfasst Erfahrungen des Mädchens. Die Schülerin denkt besonders an die Bühnenbeleuchtung und ist daher mit ihrem Bild nicht ganz zufrieden. Sie bemerkt Grenzen ihres malerisch-technischen Repertoires, mit dem sie versucht, die Bühne als Raum und - nach ihrem Raumerlebnis - aus der Vorstellung heraus auszugestalten. Der Tisch mit den sorgfältig gezeichneten Instrumenten wird zum vielfältigen Symbol erlebter Aktionen („wie in der Disco / im Theater").

„Erst mit der ‚Bühne' beginnt jener Raum, welcher wahrhaft erscheinen, d.h. rein anschaulich aufgefasst werden kann, und dessen Einheit im Bilde unser Problem ist" (Konnerth 1909, S.119).

III.1 Sakralräume

13 – Fotografie Innenraum Wallfahrtskirche Gößweinstein (Balthasar Neumann (1687-1753 /Bau 1730-
1739), Friederike Kohn 2010

14 – Fotografie Innenraum Wallfahrtskirche Gößweinstein (Balthasar Neumann (1687-1753 /Bau
1730-1739), Friederike Kohn 2010

15 – Fotografie Innenraum Wallfahrtskirche Gössweinstein (Balthasar Neumann (1687-1753 /Bau
1730-1739), Friederike Kohn 2010

In der Wallfahrtskirche in Gößweinstein (Baumeister Balthasar Neumann 1687-
1753, Bauauftrag 1729, Bau 1730-1739 Weihe) und im ausgeführten Beispiel des
Werkes von Adriaen de Vries (1556-1626, u.a. in Stadthagen, Planung und Ausführung der Figurengruppe 1613-1620/22) werden die Kenntnisse zur „camera lucida",
mit der Bedeutung für Theater- und Bühnenbildbeleuchtung zur Hervorhebung
von Skulpturen, Decken- oder Altarbeleuchtung genutzt. Seiten- und Oberlicht-
beleuchtung sind beeinflussende Faktoren der Wahrnehmung in Sakralbauten und
führen wie in der Kirche von Gößweinstein zum Seherlebnis des Betrachters. Die
Wahrnehmung des Tiefenraums und der Plastizität der dynamischen Kanzelfiguren
dort wird durch die künstlerische Gesamtkomposition beeinflusst.

Im Rahmen des Bauauftrages an Balthasar Neumann von Friedrich Carl von Schönborn (seit 1729 Fürstbischof von Bamberg), der bis zur Weihe der Basilika reichte, entstanden auch große Abschnitte der Innengestaltung der Wallfahrtskirche bis auf die Deckenmalerei, letztere erfolgte wesentlich später. Eine Zusammenarbeit Neumanns mit mehreren Künstlern ist belegt, so mit Jacob Michael Küchels - verantwortlich für den Gnadenaltar, Seitenaltäre und die Kanzel (1738-1740), mit dem Hof-Stuckateur Franz Jakob Vogel (ab 1733), mit P. Deinhard S. I. - Programm der Deckenmalerei - Ausführung Vater (1858-1943) und Sohn Waldemar Kolmsberger (1881), Bauaufsicht Pfarrer Johann Eberhard Dippold, Franz Jakob Vogel, Benckhard und Kurz (Entwurf 1738).

Die Raumkonzeptionen des Baumeisters Balthasar Neumann in seinem umfangreichen Schaffen von Sakral-, Militär- und zivilen Bauwerken und die Kunst des Bildhauers Adriaen de Vries mit der Planung und Ausführung der Bronzefiguren des Mausoleums in Stadthagen sind beeinflusst durch Studien in Italien (B. Neumann Oberitalien, Mailand 1718 / A. de Vries Meisterschüler von Giambologna 1524-1608 in Florenz, bei B. Neumann auch durch seinen Aufenthalt in Paris 1623). Die Arbeit Neumanns erfolgt während der militärischen Laufbahn (u.a. 1729 Ernennung zum Oberstleutnant d. Fränkischen Kreisartillerie / seit 1746 Oberbaudirektor): Trotz zeitlichen Abstands und epochal bedingter Unterschiede sind bei beiden Werken, im Sakralraum von Neumann und bei raumbestimmender Plastik von de Vries, eine figurale Dynamik und - durch Deckenmalerei - eine erweiterte Räumlichkeit feststellbar. Illusion und Phantasie sowie die Raumvorstellung werden durch die spezifische Darstellungsweise angeregt. So verlieren die Figurengruppen in der Wallfahrtskirche Gößweinstein wie im Stadthäger Mausoleum die materialbezogene Schwere. Die Evangelistengruppe an der Kanzel in Gößweinstein scheint - nach den Entwürfen Küchels gefertigt - fast fliegend gen Himmel gerichtet den Raum zu beleben.

Der Betrachter dieser Kirche gestaltet seinen Eindruck durch visuelle Erfahrung, durch das Lichtarrangement und die Details dieses barocken Bauwerks. Eine dynamische Raumwirkung trifft auf den Eintretenden. Die Stichkappentonne mit dem Deckengewölbe verbindet die Säulen, gleichzeitig ergibt sich kein abgeschlossener Raumeindruck, bedingt durch die Öffnungen im barocken Zentralraum und die lichtdurchflutete Anlage des 48,5 m langen Kirchenraumes. Die Regie des einfallenden Lichts - durch anmutende Abstufung und konzentrierte Richtung auf den Gnadenaltar mit der goldenen Kugel und Maria treffend - öffnet für Eintretende das Netz der Blickrichtungen zunächst in der aufsteigenden, durch das Kirchenschiff schwingenden Blickgeraden auf dieses raumbeherrschende Arrangement. Mit diesem architektonisch angelegten Lichteinfall durch die schmalen hochragenden Fenster erscheint diese Erdkugel mit der Muttergottes in natürlichem, von oben fallendem Schimmer und durch den oberhalb davon rundum eingefassten goldenen Strahlenkranz im vom Kerzenlicht verstärkten Schein als einem umhüllenden Leuchtlicht.

Prozesse des Sehens sind durch Innenraumarchitektur beeinflusst, das Sehen wird geleitet, angeregt, provoziert. Durch diesen plastisch gestalteten Strahlenkranz mit der Mariendarstellung angezogen, gleitet der Blick des Eintretenden durch den Längsraum bis zum Chorabschluss. Mit dem im Barock vielfach beleuchteten Strahlenkranz über den Hochaltären (wie z.B. bei Gian Lorenzo Bernini 1598-1680, Cathedra Petri) wird auch hier eine allseitige Verbreitung des Lichtes als Lumen betrachterbezogen verstärkt assoziiert.

Am rechten südwestlichen Pfeiler befindet sich die Kanzel, die die Symmetrie des langen Kirchenraumes hier einschränkt. Die vier Symbole der Evangelisten sind unten an einer Art Knauf zu sehen, der nach oben in Form eines „geschweifte(n) Korb(es)" weitergeführt wird (vgl. Kettner 1993, S.295 ff.). Die Evangelisten „scheinen" für den Betrachter wenn auch in sitzender Haltung so doch schwebend in die Höhe gerichtet vor den vier Voluten, die als Gliederung wirken. Vier Engelsplastiken locken den Blick weiterführend über den Schalldeckel hinaus, von dem Lambrequins baumeln. Die abgebildete Skulptur der Kanzel in der Wallfahrtskirche zu Gößweinstein (s.o. Abb.) ist ein Detail der Gesamtkomposition. Balthasar Neumann, Repräsentant deutscher Barockkunst, betrachtet die Bauskulptur als ein Element der Gesamtarchitektur, der sie sich unterzuordnen hatte. Dennoch erhält sie in ihrer Korrespondenz mit dem lichtdurchwirkten Kirchenraum kompositorische Beachtung. Bei der Raumformulierung Neumanns wird die Kanzel in einer beidseitigen Lichtfülle berücksichtigt.

Der Stuckschmuck läuft in einem Blattwerk aus, das kaum Schatten aufweist, da es flacher gesetzt ist. Diese wenig hervortretende Stuckatur wirkt dennoch wie malerische Modellierung - hier weiß auf weißer Wand. Ein den Raum „durchstreifendes" Sehen führt von dieser zu den Wänden und der herausgehobenen Kanzel. Hier nimmt die fast fliegend wirkende Gruppe der Evangelisten mit deutlicher Symbolik nicht nur in dem Übergang von horizontaler Architekturdominante durch das Kranzgesims zur Vertikalen eine lenkende Rolle für den Wahrnehmenden ein.

Der Besucher wird auf eine Augenreise gelockt, die hier - mit theologischem Inhalt - als Verweis dem nach oben gerichteten Blick dient. Der Eindruck von der Skulpturengruppe mit dem Attribut der Heiligen Schrift als schwungvolles Ensemble überwiegt, die Materialität der Evangelisten tritt in den Hintergrund, die vom Schauenden assoziierte Bewegung in den Vordergrund, die formale Struktur weckt Neugier. Der Dialog des Betrachters mit der Kanzel ist bedingt durch die Lichtverhältnisse der jeweiligen Tageszeit. Es gibt keine Färbung der Schatten, die die Dynamik im malerischen Sinn steigern könnte. Mit der Farblosigkeit der Schatten, die die skulptural betonten Faltenwürfe der Evangelisten und deren

Umrisse betonen, tritt gleichzeitig die kompositionelle Gliederung der Gruppe als Ganzer in ihrer Bewegtheit hervor.

Mit drei Engeln auf der Reliefbrüstung wird auf die drei theologischen Tugenden hingewiesen. Auch mit weiteren Gottesboten werden theologische Aussagen durch entsprechende Symbole in der Gestaltung vermittelt (Blitz-Feuer / Erde-Ähre / Luft-Vogel). Dieser Haltepunkt im Sehprozess durch die Kanzel lässt durch die virtuos gestalteten Figuren den Blick wieder zu den Tonnengewölben und über die Wandöffnungen zu den leicht nach innen geneigten Fensterbögen und ovalen Fenstern schweifen.

Die Lichtregie als Kernproblem zwischen dem veränderlichen Tageslicht, das durch diese Seitenfenster fällt, und der zu vermittelnden Spiritualität im Raum wird in Verbindung mit der architektonischen Placierung und plastischen Gestaltung der Figuren korrespondierend aufgenommen.

Das Licht leitet den Blick und lässt schließlich den gestalteten Raum sich entwickeln. Die Gestaltungsabsicht wird durch das architektonische Arrangement der Lichtverhältnisse deutlich.

Die hochreichenden Fensteröffnungen lassen das Licht so hindurch, dass auch die Decke des Mittelschiffs beleuchtet wird. Der unten stehende Betrachter wird durch barocke Vielfalt aufmerksam, lässt seinen wandernden Blick nach oben zur farbfreudigen, illusionistischen Ausgestaltung des Gewölbes gleiten. Diese mit dem in den Dokumenten bestätigten Farbton des fast collinfarbenen Grundes und das Weiß des Stucks verstärken die malerische Gestaltung, die den Blick weiter beschäftigt. Die danach vorgeschlagene, aber nicht durchgeführte malerische Ausgestaltung durch Cosmas Damian Asam (1686-1739) hätte hier sicher künstlerisch noch weiterführen können. Vater und Sohn Kolmsberger gestalteten in „neobarocker" Weise den Lobgesang auf den dreieinigen Gott, das „Te Deum" sowie vier Erdteile, wie sie im 18. Jahrhundert personifiziert dargestellt wurden. Dieser Blick nach oben, ein interessegeleiteter, immer wieder „himmelwärts" durch die Kunst gelenkter Blick ermüdet den Betrachter kaum.

Ein umherschweifendes Suchen und Entdecken des architektonischen Raumes führt von dem dunkel wirkenden Deckengemälde wieder über die Wände nach unten. Es braucht über den Blick hinaus ein Durchschreiten der Basilika, um die Gewölbe wahrzunehmen, die wesentlich stärker strukturiert sind als senkrechte Raumbereiche, und um schließlich die Baukunst und die bauliche Verankerung, die Komposition und Konstruktion des Innenraumes zu entdecken.

Mit den Pilastern und der eher zurückhaltenden Wandgestaltung wird in der senkrechten Gliederung der Blick von neuem zur Konstruktion dieses Raumes gelenkt, der das Raumerlebnis mit bestimmt. Zwölf Apostelkreuze überdecken durch das Innendekor die Funktionalität und Strenge des Baus. Alle Elemente und Gliederungspunkte dieses beeindruckenden Sakralbaus mit den typischen Planungsstrukturen Balthasar Neumanns sind hier im Rahmen der Raumskizze nicht ausgeführt, sondern nur angedeutet. Immer wieder ist aber der Vermittlungscharakter in der durch Dekor belebten Innenarchitektur zu bemerken (betr. wiederholte Verweise auf die Tugenden auch durch Putten - wie Glaube, Liebe, Hoffnung etc., s.o.), der dem Betrachter bei dem umfassenden Raumerlebnis häufig begegnet. Der Blick wird immer wieder durch vielfältige Entdeckungen angeregt. Die Neugier des Sehaktes führt schließlich zu dem Aufbau der Oratorien mit einer Art Balustrade, die mit einem Gitter versehen ist, das als Sichtschutz für dahinter Sitzende dient. Neben Vasen, Engeln und Girlanden, die hier das Ganze verzieren, findet der Betrachter schließlich im südlichen Oratorium Gesichter, die die Architekten Balthasar Neumann und Küchel darstellen sollen.

Der Raum wird durch die Konzeption Balthasar Neumanns charakterisiert und im Sehen „konstruiert". Diese „Raumentwicklung" weckt Interesse an Hintergründen, Absichten des Architekten und Architekturtheorie als Grundlage bilden schließlich in der Raumbildung durch den Betrachter eine rational-emotional bestimmte „Ansicht". Außen- und innenarchitektonische Gegebenheiten entsprechen einander in der Wallfahrtskirche Gößweinsteins. Der Innenraum der Basilika stellt mit seinem Interieur in figuralem Inventar und Stuckdekor mit vielen Putten und den Evangelisten für den wandernden Blick ein insgesamt bewegtes, plastisch malerisches Feld dar. Balthasar Neumann versteht es, die optische Aufmerksamkeit der Betrachter zu initiieren und Blickrichtungen durch Lichtfluss und entstehende Schatten zu provozieren.

Raumgestaltung und -wahrnehmung sind in ihrem spezifischen Beziehungsgefüge durch epochenbezogene Kernprobleme wie Lichtverhältnisse, Skulpturen und Deckenmalerei, dem Ausdruck des Künstlers geprägt, was dem Betrachter den Raumeindruck vermittelt und sein Denken gleichzeitig anregt.

Es ist von Bedeutung, welche Funktion dem jeweiligen Raum zugeordnet wird. In Sakralbauten mit einer Innenarchitektur wie in Gößweinstein wird für den Betrachter und Eintretenden durch Stille und Verhalten der Besucher der spirituelle Rahmen „transportiert", letzteres beeinflusst die Wahrnehmung im durch Kunst geprägten Erfahrungsfeld. Emotionalität und Vermutungen zum geistigen Hintergrund sind Gegenstände des Erkenntnisprozesses.

Die Architektur konstruiert Räume als Seherlebnis, Belehrung und Bekehrung, das Sehen lässt - durch die Motive angeregt - eigene Räume entstehen. Die „Regie" des Architekten und die perzeptuelle Beschaffenheit des Betrachters bedingen schließlich das Entstehen vielfältiger Raumentwicklungen. Die Lichtfülle unterstützt die Charakteristik und Funktionalität des Raumes und weist ihn als Raum für Gläubige aus. Die Kirche ist eine Wallfahrtsstätte.

Für eine Geringschätzung des Barock sprechen die Überladenheit der Formen und die Wirkungen, die auch durch die fließenden Grenzen zwischen figuraler Ausstattung und Ornamentik bis in das Rokoko hinein besonders durch den Rocaille-Stil geprägt sind. Lebenslust und -freude spiegeln sich in dieser Kunstepoche mit einer weltzugewandten Tendenz so, dass das Seherlebnis den Betrachter in heiterer Zugewandtheit beschäftigt.

Gerade das Barock wirkt daher auch auf heutige kindliche Betrachter phantasieanregend - wie unsere Studien ergaben. Pathos, allegorische, bewegte Figuration, Groteske, die Komposition mit Licht und Schattenwirkungen in der Innenrauminszenierung und die Unterordnung der Skulptur unter das Bauwerk, die Einfügung als Kennzeichen barock ausgelegter Kunstwerke beeinflussen die Annäherung des Betrachters, auch den kindlichen Blick. Angeregt von der Architektur erwandern sich Betrachter dieses „Kunstspiel".

Raumstrukturen des mainfränkischen Baumeisters des Barock, Wände, Säulen, Gewölbe ergeben die Raumempfindung und Raumbildung. Dabei wird über barocke Dynamik, Dekor-, Farb-, Form-, Licht- und Raumbewegung im Einzelmotiv hinaus das Zusammenwirken barocker Details zur Innenarchitektur als Konzeption rational bestimmter Komposition wahrnehmbar. Der von der Kunst geleitete Blick, ein aktiviertes Sehen, wird bestimmt durch die Offenheit der gebauten Segmente.

Raumaufteilung, Begrenzung, Verschränkungen der einzelnen Raumabschnitte, Übergänge, Öffnungen zur Decke sind die Elemente einer Durchlässigkeit, die den Blick wandern lassen zu Doppelsäulen, Bogenverbindungen, überwölbenden Kuppeln des Bauwerks.

Komposition und Interpretation des Werkes Balthasar Neumanns sollen hier nicht weiter entfaltet sein. Die Prozesse des Sehens - wie sie z.B. Fiedler beschrieben hat - können hier Gegenstand der Betrachtung werden. Das Sehen als ein Lernen im Umgang mit begehbarer Kunst, als ein beeinflussbarer Vorgang über die „optische Aufmerksamkeit" (vgl. Gibson 1973) weist auch auf die Bedeutsamkeit und Chance künstlerisch gestalteter außerschulischer Lernorte für Lernprozesse von Kindern hin.

III.2 Das schauende Kind - künstlerisch geleitete Raumwahrnehmung in der kindlichen Skizze

10 – Foto, Junge 9 J. „Da oben", 2010   11- Skizze, Bunt-Bleistift, Mädchen 6 J. -2010

Tiepolo zeigt in seiner Malerei des Würzburger Treppenhauses Kinder, die sich dem Schauen hingeben (vgl. Balthasar Neumanns Würzburger Residenz - 1719, 1735). Immer wieder hat man in Würzburg den Eindruck, dass Tiepolo das Schauen provoziert, den Blick nach oben lenkt, um die Szenerie in allen ihren Facetten entdecken zu lassen. Mit dem künstlerisch gestalteten realen Raum kann ein Blick „himmelwärts" gelenkt werden, mit der Sakralarchitektur können durch die spezifische Lichtregie und Skulpturengruppen Assoziationen und Seherlebnisse provoziert werden (s.o.).

Der Blick nach oben

In unserer Studie zur Kinderfotografie zeigt sich eine Vorliebe sechs- bis neun-jähriger Kinder für eine Verortung, von der das Geschehen von oben herab und von unten nach oben betrachtet werden kann. Die Kinder lassen sich - bei freier Ortswahl - gern „oben" fotografieren, verbunden und erklärbar mit einem kindli-chen Bewegungsdrang (Klettern in Bäumen).

Die Erkundung einer Sichtweise von unten, die immer - soziologisch betrach-tet - von einer sicheren Position aus erfolgt und entwicklungsbedingt ist, zeigt ebenso dieses Interesse am Geschehen in der Höhe. In dem Blatt eines sechsjäh-rigen Mädchens zeichnet es sich von „oben" und betont diese Position mit dem Hinweis „ich". Der Junge, der seinen Freund oben auf dem Klettergerüst darstellt, fotografiert von unten nach oben.

III.3 Kunstraum – Innenraum

16 – Mausoleum Stadthagen, Auferstehungsmonument von Adriaen de Vries für Fürst Ernst III. von Holstein-Schaumburg, 1618-1620 Gestaltung Bronzegruppe Grabwächter, Foto Siebner 2011

Anders als in Gößweinstein - wo das Raumerlebnis durch ein von den Seiten und von oben in den Raum hereinfallendes, gestaltendes Licht das Empfinden einer auch rational wirkenden Raumkonzeption trifft - tritt der Betrachter in Stadthagen in einen

17 – Mausoleum Stadthagen, Auferstehungsmonument von Adriaen de Vries für Fürst Ernst III. von Holstein-Schaumburg, 1618-1620. Vorderansicht des auferstandenen Christus, Foto Siebner 2011

eng wirkenden siebeneckigen Raum (ca. 10 m Durchmesser) mit einem überwältigenden Auferstehungsmonument. Der Blick wird durch dessen geringe Distanz zum Eintretenden in die Vertikale über die nach oben weisende Kreuzesfahne Christi hinaus bis in die vom Tageslicht hell erleuchtete Kuppel und zu den sieben schmalen Fenstern geleitet. Der Blick schwebt auch hier «himmelwärts» dem Licht entgegen, von der innenarchitektonischen Konstruktion und Konzeption gelenkt. Stellt auch der Schüler ein Einzelmotiv dar, so weist die grafische Qualität darüber hinaus. Die durch die Figurengruppe der Wächter signalisierte Bewegung und die hierdurch bewirkte Anschauung im Um- und Innenraum führen zu einer Wahrnehmung eines charakteristischen Gesamtbildes; der Eindruck hierzu zeigt sich im fliegenden Engelsorchester.

18 - Skizze Bleistift, Junge 9 J., Mausoleum Stadthagen,
Adriaen de Vries Auferstehungsmonument, Ausschnitt
Engelorchester in der Kuppel, 2009

19 – Mausoleum Stadthagen, Auferstehungsmonument
von Adriaen de Vries für Fürst Ernst III. von Holstein-
Schaumburg, 1618-1620. Kuppel, Foto Junge 9 J. - wie
Abb. 18

Das Stadthäger Auferstehungsmonument des Fürsten Ernst III. zu Holstein-
Schaumburg des flämischen Meisters
Adriaen de Vries - (Mitwirkung in
Planung und Skulpturengruppe (1556-
1626) - Ausführung Ensemble Bronzefi-
guren 1613-1620) - mit dem siebeneckigen Grundriss und mit einer Deckenmalerei
des Anton Boten stellt ein einzigartiges Kulturdenkmal, ein Monument der Neuzeit
dar. Die Kuppeldekoration umfasst nicht - wie in Kirchen Roms aus dieser Epoche
- plastische Figuration (vgl. z.B. Antonio Gheradi (1644-1703), Capella Avila, 1680
Rom), sondern besteht aus der Malerei des Anton Boten, der die Engelsfiguren schuf.

Dieser Raum des Mausoleums, der von der Kirche aus betreten wird, ist bestimmt
durch die nach oben weisende, alles überragende Christusfigur. Säulenpaare in
vielfältigem Marmor und die Wandgestaltung nehmen die Aufmerksamkeit des
Betrachters zunächst wenig in Anspruch. Die innenarchitektonischen Elemente,
insbesondere die Bronzefiguren, leiten den Sehprozess bei der Raumbildung ein
und führen ihn maßgeblich zur Kuppel.
    Der Neunjährige zeichnet rasch, zu seinem Blick nach oben entsteht eine
Skizze, die den Kuppelraum an sich in seiner Räumlichkeit nicht berücksichtigt.

Der kindliche Zeichner mit dem zügigen, lockeren Strich lässt die Richtung
des Schauens nach oben erahnen, den die Christusfigur durch das Vexillum, die
Kreuzesfahne am drei Meter langen Stab anregt. Der Kuppelraum an sich wird
nicht in seiner Skizze als Räumlichkeit berücksichtigt. Das Motiv bestimmt die

Darstellung. In Sprache, Schrift, Fotografie und Skizzenfolgen zeigte sich an diesem Innenraum tendenziell ein von der Innenarchitektur und der Figuration bei Kindern provozierter Blick „himmelwärts". Das Gesamtbild des Figurenensembles eröffnet die durch Betrachtung und Neugier bestimmte Erkundung dieses Ortes.

Das Arrangement der Kunst unterstützt die Blickführung. Die Virtuosität der Figurengruppe im Raum wirkt „richtungweisend" für die Lesart, die in der Zeichnung deutlich wird. Der Schüler notiert zu seinem „Seherlebnis" den Schlusspunkt der Blicklinie bzw. der Blickführung in die weiterführende geschlossene Kuppel in ca. 24 Metern Höhe. Über die Christusfigur hinaus werden die musizierenden Engel, die sich in der Kuppel befinden, gezeichnet. Für ein Kind ist dieses Motiv von unten betrachtet weit entfernt, schwieriger zu erfassen und daher als interessenbezogenes Motiv zu werten. Sogar die Chitaronne (spätere Erzlaute mit Schalloch aus dem 17. Jh.), die in der Sicht nach oben eine Art Verlängerung der Kreuzesfahne darstellen könnte, wird in der Skizze berücksichtigt.

Das Seherlebnis zeigt sich im Gesamtbild des Raumkonzeptes in einer für den Schüler selbst überraschenden Zeichnung. Der kindliche Zeichner bemerkt die Begrenztheit der Hand, indem er Unzufriedenheit mit seiner Zeichnung feststellt. Er möchte sich mit diesem Werk weiter befassen, erkennt das Potential, seine Aufmerksamkeit ist geweckt. Die Vielfalt seiner Entdeckungen löst ein Denken zu den Möglichkeiten des Ausdrucks aus.

Nun wird der Innenraum in der Zeichnung noch nicht einmal angedeutet, mit dieser bewegten «Schwerelosigkeit» des zeichnerischen Motivs. Auch die Schwere der stehenden Bronzeskulptur wird nicht berücksichtigt. Vielleicht aber bringt der Schüler seinen Blick über die räumliche Anordnung - zu der über der Hauptfigur ausgestatteten Kuppel mit der farbigen Figuration - in der Zeichnung zum Ausdruck. Abhängig von dem räumlichen Arrangement fasst das Kind seinen Eindruck zusammen in seiner bewegten Skizzierung der „himmelwärts" fliegenden Engelgruppe, die durch seine Blickbewegung nach oben seine Entdeckung darstellt. Nicht Raumkonstruktion wird zum Fokus zeichnerischer Auseinandersetzung - ein bewegter Moment bestimmt das Bild, das für diesen spezifischen Raum kennzeichnend ist.
    Die Zeichnung des Schülers kann mehr, als sein Foto leistet. Er hat es bemerkt auf dem Fenster seiner Digitalkamera. Vielleicht aber nimmt er in seiner Zeichnung nur den virtuosen Impuls auf. den dieses Kunstwerk von Adriaen de Vries vermittelt. Die Bedeutung der Raumerfahrung für Kinder in Sakralbauten und die damit verbundene, durch das Motiv vermittelte Spiritualität kann hier nicht weiter aufgegriffen werden.

Der neunjährige Schüler fotografiert und zeichnet, seine einzige Fotografie dokumentiert sein Interesse am skizzierten Motiv des Engelorchesters. Mit Fiedler geht es um einen dynamischen Sehprozess, angeregt durch ästhetische Grundstrukturen der Kunst. Nicht passive, sinnliche Zugänge zur Kunst, sondern eine durch Erfahrung, Beobachtung, Anschauung und den zeichnerischen Akt erfolgte Annäherung regen das Kind an. Eine Kunstbegegnung ermöglicht eine über die duale Position von Sinnlichkeit und Verstand hinausgehende Einheit von Anschauung und Erkenntnis, wenn auch offen bleibt, inwieweit beides als Komplement oder Synonym betrachtet werden kann. Fiedlers Kritik am Kantschen Modell wirft hier Fragen auf. „Begriffstendenz des Sehens und sinnliche Erkenntnismöglichkeit gehen miteinander einher." Nach Fiedler ist das „Malen ... Zeichnen nicht nur instrumentell zu begreifen" (vgl. Fiedler in: Boehm 1991, S.198).

„Ausdruck, Appell und Darstellung" sind die Komponenten, die den Kontext von Bild und Sprache betreffen (vgl. Gombrich 1984 S.135, zit. Bühler). Gerade an obigem Beispiel der Lesbarkeit des Figurenensembles von Adriaen de Vries wird deutlich, dass bei der Kunstbegegnung durch Kinder das Appellpotential von Kunst in den Vordergrund tritt (vgl. ebd., S.149 ff). Zur Erkenntnisbildung wird jedoch schließlich die gegenseitige „Ergänzung von Sprache und Bild" (Gombrich ebd., S.139) notwendig. Nach Gombrich lässt sich die „Darstellungsfunktion" (vgl. ebd.) eines sprachgebundenen Zusammenhangs nicht in Bilder - auch nicht in eine Skulpturengruppe - für heutige Rezipienten übertragen. Unabhängig vom „Abstraktionsgrad der Sprache, der dem visuellen Medium abgeht" (ebd., S.136) - hier betrifft es die Kenntnis der Schriften zum Auferstehungsmonument -, lässt das Ensemble der Kunst dennoch einen treffenden Ausdruck zu einem Verständnis zu. Mit der Schülerzeichnung wird nicht nur eine „Sehleistung" signalisiert, sondern eine visuell bedingte Erkenntnisspur. Die charakteristische Skizze lässt eine - durch die Architektur vermittelte - Unendlichkeit des Raumes assoziieren. Die Ausdrucksqualität der Skizze geht hier über die sprachliche Ausdrucksebene des Kindes hinaus.

Das Grabmal des Stadthäger Mausoleums stellt mit seiner Bedeutsamkeit einen spezifischen Typus des Grabmales dar. Das Hauptmotiv, die Auferstehung Christi mit der Bronzeskulptur, überragt die sonst üblichen, in den Vordergrund gerückten Attribute und Motive des verstorbenen Fürsten wie Wappen, Symbolik der Tugenden und Ruhm. Die plastische Figurengruppe umfasst bei diesem freistehenden Grabmal dreizehn Skulpturen und sechs Reliefs mit Allegorien zum Leben des Fürsten. Nach Larsson (vgl. Larsson 2008, S.27 ff.) stellt das Stadthäger Beispiel das einzige dar, in dem die Auferstehung Christi als Ganzes ausgeführt bzw. konzipiert ist. Die Dynamik der Bronzefiguren, so der Grabwächter, ergibt sich hier durch eine Bewegungslinie der einzelnen Skulpturen, bei denen Körperhaltung und Kopfstellung mit der architektonischen Gesamtanlage zusammenwirken. Hier zeigen sich eine den Bronzeskulpturen eigene Linie, wie sie z. B. bei der Reiterstatue des Großen Kurfürsten am wuchtigen Sockel in den allegorischen Gestalten der in Ketten liegenden sehr bewegten Sklaven von Andreas Schlüter (1664-1714), bei Adriaen de Vries, am Herkules-Brunnen (1597-1602, Bronze) zu finden ist (vgl. Larsson 2008, S.97 ff.) und Spezifika des barocken Kunstwerkes - stark bewegte Figurengruppen. Die Spannung des Raumes bestimmend, wirken die Grabwächter im Mausoleum als fast manieristisches Figurenensemble verstärkt und umfasst durch das Lichtspiel. Diese lenken die optische Aufmerksamkeit des Rezipienten.

Nach den Evangelien führt das Bild der Auferstehung (vgl. Lukas 24 / Markus 16 / Johannes 20 / Matthäus 28) zu einer ähnlichen Zeichensprache im Bild und Monument, und zwar zu Zeichen wie einem leeren Sarkophag mit geöffnetem Deckel. Häufig sitzen Engel vor dem offenen Grabhaus oder auf dem Sarkophag, ohne diesen sichtbar zu machen, nur auf dem Deckel. Christus mit der Kreuzesfahne im Stadthäger Mausoleum - nicht als auferstandene Gestalt in den Wolken - ist als späteres Motiv häufiger dargestellt. Gleichzeitig erfährt das - früher nur als Ausschnitt, jetzt eher als Geschichte oder szenisch ausgestaltetes - Geschehen eine motivische Bereicherung, besonders vom 14. Jahrhundert an im plastischskulpturalen Ensemble. Hier stellen die Grabwächter, die weniger die schlafende „Gestik" spiegeln, in zunehmender Dynamik einen Kernpunkt der ausgestalteten Szenerie mit Frauen und Engeln dar. Das Stadthäger Monument ist - nach der Fortentwicklung des Themas durch z.B. Jörg Ratgeb oder M. Grünewald am Anfang des 16. Jahrhunderts - eher auf den Höhepunkt dramatischer Geschehensdarstellung im Skulpturalen (vgl. Grabwächter) hin zu betrachten und regt damit die Vorstellung und Phantasie des Betrachters im besonderen Maße an. Die plastische Darstellung als Mittelpunkt wirkt entsprechend wie eine Art Bühnenspiel.

Es wird das Wunder des christlichen Glaubens vorgestellt, ohne dies in Szene zu setzen, wohl aber wird dieses als außerordentlicher Moment dargestellt, was für kulturell Nichteingeweihte ikonographische Fragen aufwerfen muss. Das skulpturale Motiv der Auferstehung in Stadthagen zeigt einen kleinen Ausschnitt eines vollzogenen Geschehens. In der Malerei Hans Memlings (1435-1494), „Die sieben Freuden der Maria" (Alte Pinakothek München), ist das Leben Jesu in einzelnen Szenen mit der Auferstehung in eine Landschaftsdarstellung als Erzählung eingebettet. Der Auferstandene steht hier rechts neben einem verschlossenen Felsengrab mit Vexillum und schlafenden Wächtern. Eine Grabplatte verschließt den Felsen. In Dieric Bonts d. Ä. (1410/20-1475) Werk zur Auferstehung Christi (Alte Pinakothek München) steht Christus neben dem geöffneten Steingrab mit

Landschaftshintergrund und thematisch angedeuteter Szenerie und erwachten
Grabwächtern. Die Motivik der Auferstehung war im Wandel begriffen. Adriaen
de Vries konnte bei seinem Aufenthalt in Italien künstlerische Strömungen kennenlernen und für sein Ensemble auf entsprechende Erfahrungen mit Malerei und
Skulptur zurückgreifen. Die Gethsemane-Szene mit den Jüngern, wie wir sie in
der Malerei der Altarbilder finden, ist wie viele andere Details, die sich in dieser
Bilderfolge als Erzählung finden, nicht gezeigt. Der Moment der Auferstehung
spiegelt sich in der ausdrucksstarken Szene der eigentlich schlafenden Grabwächter
mit einer auf und ab schwingenden Bewegungslinie wieder. Dem Betrachter tritt
hier eher ein spannender Fokus entgegen, mit dem Aufmerksamkeit erregt wird. Die
Figurengruppe führt zu einem dynamischen Richtungsverweis an den Betrachter.
Mit Bezug auf die Bibel sind die Geschichten vom leeren Grab im Vordergrund
beschrieben, nicht die Auferstehung selbst. Christi Göttlichkeit ist mit der „re-
surrectio" ein umschriebenes Thema insofern, als es mit den Erzählungen zum
leeren Grab festgestellt wird. Das Vexillum ist das Zeichen des Geschehens. Der
Betrachter wird zum Zeugen. Das Wunder als abweichend vom erwarteten, realisti-
schen Geschehen wird dem nicht eingeweihten Betrachter der Figurengruppe kaum
erkennbar. Kinderäußerungen zeigen dies, aber auch ein Ahnen zur Besonderheit
der Szene in ihren Unterhaltungen mit den Fragen („ein Berühmter", „ein Sieger",
„er wird bewacht", ...). Aufgenommen wird von Kindern, die zur Erkundung des
Denkmals neugierig nach oben schauen, ein schließlich ganz weiter Blick. Die
Szene, das „leere Grab", erkennen sie nicht. Die Kunst leitet den Blick durch ihre
spezifische Komposition formal materialgebunden unabhängig von Inhalt und Aussage zur Auferstehung als soteriologisches Geschehen, das von kaum unterrichteten
Betrachtern nicht entschlüsselt wird, aber zum Staunen und Fragen führt, was ja
immer eine Ausgangsposition und ideale Ursache für schulische Lernprozesse
darstellt. Neugier weckt Vorstellung, die das Sehen eröffnet, was zu gedanklichen
Suchbewegungen führt, die hier nicht weiter aufgegriffen werden können.

Das Verhältnis von Figur und Raum verändert sich durch den jeweiligen Be-
trachterstandpunkt und die spezifischen Lichtverhältnisse im Raum. Bei einem
Umschreiten der jeweiligen Skulpturengruppe verändert sich mit dem Einzelmotiv auch das Beziehungsgeflecht der Bronzefiguren untereinander (Mausoleum
Stadthagen), aber auch der Blick auf den jeweiligen figurumschließenden Raum.
Es entsteht eine Folge von Eindrücken mit wechselnd optischer Aufmerksamkeit,
dies wird bei Kinderkommentaren deutlich.

Mit der vom Künstler und Kunstwerk provozierten Blickrichtung des Marmor-/
Bronzedenkmals und seiner Christusfigur mit der Kreuzesfahne eröffnet Adriaen de
Vries dem Eintretenden einen in die Kuppel - sozusagen „himmelwärts" gelenkten -

Blick zu einer Raumöffnung in den unbegrenzten Raum bis zu dem dort sichtbaren Engelmotiv, das durch von oben einfallendes Licht farbig konturiert hervortreten. Diese von christlich bestimmter Intention geleitete „optische Aufmerksamkeit" des Schauenden (vgl. Gibson, Bern ²1982) umfasst betrachter- und werkbezogene Aspekte. Die Kunstbegegnung führt zu tendenziellen grafischen Anmerkungen in Skizze, Wort und Fotografie von Kindern. Assoziationen zu den von Tiepolo dargestellten Kindern (u.a. im Treppenhaus Würzburg) als Beobachtende, Schauende stellen sich ein, wenn man Kinder bei dem Zugang zu diesem Baukunstwerk beobachtet. Raumkunst provoziert optische Aufmerksamkeit und „Rauminterpretation".

Die Begegnung mit Kunstwerken - hier mit dem gestalteten Innenraum von Adriaen de Vries - lässt verschiedene Prozesse des Sehens zu: vom herumstreifenden, ungerichteten Sehen („Umsehen") in diesem Raum ergibt sich der Fokus auf ein interessebezogenes Sehen und schließlich mit einer möglichen Aussage, Ausdruckskraft verbunden, eine möglicherweise gestaltende Reaktion - insgesamt ein aktives und „gestaltendes Sehen". Das durch die Kunst initiierte „Sehen" bzw. die durch sie provozierten Blickrichtungen und „Haltepunkte" eines überlegenden Sehens können sich im Prozess sprachbezogen, wie in der kindlichen Skizze, zeigen, die eine Notiz zum Erleben meint. Nach Fiedler beginnt „die Fähigkeit der Hand gerade dort, wo diejenige der Anschauung aufhört ...". Danach hat „die Sphäre der Sichtbarkeit nur dann ihre eigene Logik erlangt, wenn sie einen inneren Artikulationsprozess in Gang setzt und in Gang hält" (Fiedler ²1991, S.LXVI ff.). Die kontrastreichen Gestaltungen des Adriaen de Vries mit perspektivischen Verzerrungen binden den interessierten Blick und führen zu Fragen. Das angeregte Seherlebnis und der damit verbundene Sehprozess umfassen den geöffneten Raum als ein scheinbar Unendliches.

Bei der Betrachtung eines Kunstobjektes, Bildwerkes und der Architektur kann - nach Hildebrand - das „Sehen als ein(...) Faktor des anschaulichen Bildes" von dem „Sehen als einem Faktor der diskursiv-begrifflichen Orientierung unterschieden werden" (vgl. Konnerth 1909, S.107). Letzteres ist der Erkundung einer Skulptur oder einer Figurengruppe zuzuordnen, z.B. um die Evangelistengruppe in Gößweinstein wie die Wächter im Mausoleum mit dem manieristisch ausgestalteten Ensemble der „figura serpentinata" in ihrer dargestellten Körperbewegung zu erkennen, die im gesamtsinnlichen Konzept den Sehprozess physiologisch und emotional beeinflussen. Mit Bewegung gestaltet sich vorzugsweise bei Kindern die Entdeckung von Welt. Der den Skulpturen eigene Bewegungsimpuls zur Unterstützung einer innenarchitektonischen Gesamtwirkung führt zur Anregung von Blickrichtungen und möglichen, szenografisch ausgelösten Erzählungen, die kindlich festgehaltene Motive widerspiegeln.

Bei der Kunstbegegnung mit einem gestalteten Innenraum und Figurenensemble im Mausoleum in Stadthagen wird mit der „Raumauffassung der Kunst" das Interesse allein durch den Abstand zur „diskursiven Raumauffassung der täglichen Orientierung" angeregt - (s.o. Konnerth 1909, S.107 ff. / Hildebrand). Hinzu tritt gerade für den kindlichen Kunstrezipienten die Bedeutung einer „Nah-„ oder „Fernbetrachtung" (ebd.) aus physiologischer und psychologischer Sicht. Das „Fernbild" ist „ein Flächenbild, das sich nur aus den Elementen des Gesichts zusammensetzt, sich in einen Blick fassen lässt, kurz das Fernbild" (ebd.). Wahrnehmungsbedingt wird die contemplatio, die Anschauung, bei der Fernbetrachtung neben dem durch die Augenachsen bestimmten Blickwinkel durch Perspektive, Lichtverhältnisse, Helligkeit beeinflusst. Bei der „Nahbetrachtung" bei einer Figurengruppe in innenarchitektonischer Inszenierung spielt die körperliche Bewegungslinie im Ganzen wie die damit verbundene Bewegung des Sehorgans mit der „optischen Aufmerksamkeit" eine bedeutende Rolle zur Auffassung des Kunstwerks in seiner gesamten Anlage, Ausdruckskraft und Vermittlung einer interpretierenden Sehweise. „Die Auffassung des räumlichen Charakters vollzieht sich durch ein Abtasten des Gegenstandes, sei es nun durch den Tastsinn, sei es durch das Gesicht. Was das Bestimmende ist, ist die Folge der Bewegungsvorstellungen" (Konnerth, ebd.). „Ein Komplex bestimmter Bewegungsvorstellungen heißt eine plastische Vorstellung" (ebd.).

Rauminszenierungen wie die des Künstlers Balthasar Neumann und Körperdarstellungen des Barock wie der Renaissance, des Bildhauers und Künstlers Adriaen de Vries, beinhalten ein Potential zur Kunstbegegnung mit Kindern und eine Chance, ästhetisches Verhalten zu inszenieren.
Der Bewegungsimpuls der Skulpturen, innenarchitektonische Wirkung, die Anregung von Blickrichtungen und szenografisch ausgelöste Erzählungen, dieser Ereignischarakter binden ein kindliches Interesse.
Inwieweit historische, szenografische Arrangements in Innenarchitektonik und äußerem Erscheinungsbild Lernprozesse von Kindern anregen können, sollte weitergehend Gegenstand von Forschung werden.

Eine interdisziplinäre Sicht auf kindlichen Erkenntnisgewinn durch die Motivation der Kunstbegegnung lässt hierzu noch viel Spielraum. Sicher ist aber, dass die durch interessengeleitete Wahrnehmung gewonnene Erfahrung im „Kunstraum" - wie dieser sich innenarchitektonisch darbietet - in der Darstellungsweise von Zeichnung, Text und Fotografie spezifisch bemerkbar ist, auch wenn der Raum selbst nicht als perspektivische Darstellung, sondern eher in Details aufgegriffen wird.

Ausgehend davon, dass contemplatio mit dem Anschauen im Sinne eines gerichteten Blickes verstanden werden und über diese sinnliche Tätigkeit hinaus auch als Ergebnis einer gewonnenen Anschauung betrachtet sein kann, muss letzteres zu den dargestellten Beispielen von Sakralbauten und Kunstgestaltung in ihrer Wirksamkeit offen bleiben.

Inwieweit der Kunst allein die Anregung des interessierten Kinderblicks „himmelwärts" (s.u.) zuzuordnen und eine darüber hinausgehende Erkenntnis im ästhetischen Verhalten zu vermuten ist, bleibt aber offen. Auch inwieweit das ureigene Interesse der Kinder an der Raumerkundung durch Bewegung an sich ein gleiches Interesse und Erkenntniswege bei einer dynamischen Darstellungsweise auslöst, lässt weitere Fragen zur Wahrnehmung zu. Dabei spielen die kindliche Suche nach Details und die Freude an deren Entdeckung eine wichtige Rolle.

„Wird aber der Kunst gegenüber alles verworfen, was einem anderen Interesse als dem des Sehens entspringt, so scheint tatsächlich kein anderes Organ des Kunstverständnisses übrig zu bleiben als das sehende Auge" (vgl. Fiedler 1887 in Boehm 1991, S.198 ff.).

Erfahrung, bezogen auf rationales Denken, sowie Logik, Wahrnehmung, Beobachtung und Verstehen rücken bei einer Kunstbegegnung besonders räumlicher Arrangements und innenarchitektonischer Kompositionen und Gestaltungen in den Blick. Als Ausdruck und Eindruck ist Zeichnen ein Faktor der Verbindung sinnlicher Erkundung mit dem Denken und Deuten, wofür die Skizze ein Beleg ist.

Literaturverzeichnis

Aebli, H.: Denken: Das Ordnen des Tuns. Bd. 1 Stuttgart 1980

Aebli, Hans, Zwölf Grundformen des Lehrens. Stuttgart 1989 S.87 ff.

Arnheim, R.: Visual Thinking, Berkeley California 1969, London 1970, Köln 1972 (Anschauliches Denken zur Einheit von Bild und Begriff)

Bertram, Britta: Schülerprodukte zu historischen Lernorten. Eine Betrachtung und exemplarische Darstellung zur kulturhistorischen Dimension in der Primarstufe. Hildesheim 2010

Bergius, Rudolf: Psychologie des Lernens. Einführung in die moderne Forschung. Ulm 1971

Boehm, Gottfried (Hrsg.): Fiedler, Konrad, Schriften zur Kunst II, Text nach der Ausgabe München 1913/14 – Register zu beiden Bänden von Beate Florenz, München 1991

Bollnow, Otto Friedrich: Der erlebte Raum. In: ders., Mensch und Raum, Stuttgart 1963, S.16-18

Fiedler, Konrad: Über den Ursprung der künstlerischen Tätigkeit. 1887. In: ders., Schriften zur Kunst I. München 1913/14. In: Boehm, Gottfried (Hrsg.), Konrad Fiedler, „Schriften zur Kunst I. Eingeleitet von Gottfried. Boehm. München 1991 2. Aufl., München 1991, S. 261 ff.

Fiedler, Konrad: Zur neueren Kunsttheorie. 1913/14. In: Boehm, Gottfried (Hrsg.). ders., In: Konrad Fiedler, „Schriften zur Kunst II, Text nach der Ausgabe München 1913/14 Register zu beiden Bänden von Beate Florenz, München 1991, 2. Aufl.

Gibson, James J.: Die Sinne und der Prozess der Wahrnehmung. Ivo Kohler, Hrsg., Wien 1982, Bern 1973

Gombrich, Ernst H.: Bild und Auge. Neue Studien zur Psychologie der bildenden Darstellung. Stuttgart 1984

Gosztonyi, A.: Das Raumproblem., Studium Generale 10. 1957, S.532. In: Detlev Rost: Der Begabungsfaktor Raumvorstellung, Hamburg 1976, S.9 ff.

Hansmann, Wilfried: Balthasar Neumann. Köln 1999

Hildebrand, in Hermann Konnerth, Die Kunsttheorie Conrad Fiedlers, Eine Darlegung der Gesetzlichkeit der Bildenden Kunst, S. 107 ff. München u. Leipzig 1909

Holzkamp, Klaus: Lernen. Subjektwissenschaftliche Grundlegung. Frankfurt (Main) / New York 1993

Husserl, Edmund: Ideen, Husseliana III/I

Kattenstroth, Christian, Ästhetische Erziehung und Wahrnehmungstheorien. Eine erkenntnistheoreti-
   sche Untersuchung Beltz Forschungsberichte, Weinheim Basel 1983

Kettner, Johann: Balthasar Neumann in Gößweinstein. Das Baugeschehen nach den Schriftquellen.
   Münster, Hamburg 1993 In: Justus Müller Hofstede (Hrsg.): Bonner Studien zur Kunstgeschichte.
   Rheinische Friedrich-Wilhelms-Universität, Bonn, Band 5

Konnerth, Hermann: Die Kunsttheorie Conrad Fiedlers. Eine Darlegung der Gesetzlichkeit der Bildenden Kunst. Mit einem Anhang aus dem Nachlass Conrad Fiedlers. München und Leipzig 1909

Lange-Küttner, Christiane, Raumbegriff und Objektbeziehungen beim Kind. Die Entstehung des
   perspektivischen Zeichnens bei verhaltensgestörten und normalen Kindern. Eine empirische
   Untersuchung Frft. am Main 1989/ Europäische Hochschulschriften: Reihe 6, Psychologie; Bd.
   214, Frankfurt am Main, Bern, New York, Paris, 1989

Larsson, Lars Olof: „Das Mausoleum in Stadthagen, ein einzigartiges Denkmal frühneuzeitlicher Grab-
   kultur". In: Hrsg. Schaumburger Landschaft, Neue Beiträge zu Adriaen de Vries, Bielefeld 2008

Lowenfeld, Viktor: Vom Wesen schöpferischen Gestaltens, Frankfurt 1960

Merleau-Ponty, Maurice: Phänomenologie der Wahrnehmung. Aus dem Französischen übersetzt und
   eingeführt durch eine Vorrede von Rudolf Boehm In: Graumann C.F. und Linchoten J. (Hrsg.):
   Phänomenologische - Psychologische Forschungen. Bd.7, Berlin 1966

Neu, Till: Von der Gestaltungslehre zu den Grundlagen der Gestaltung, Ravensburg 1978 S.97 ff.
   („Räumlichkeit")

Neu, Till: Von der Gestaltungslehre zu den Grundlagen der Gestaltung. Von Ittens Vorkurs am Bauhaus
   zu wissenschaftlichen Grundlagenstudien: Eine lehr- und wahrnehmungstheoretische Annäherung.
   Ravensburg 1978

Otto, Gunter: Über Wahrnehmung und Erfahrung. Didaktik, Ästhetik, Kunst. In: Kunst & Unterricht,
   Heft 171/1993, S.16 ff.

Pestalozzi, J.H. (1801), Wie Gertrud ihre Kinder lehrt. Zürich: Rotapfel (1946)

Piaget, Jean: Die Entwicklung des Erkennens III. Das biologische Denken. Das psychologische Denken.
   Das soziologische Denken. Stuttgart 1973

Piaget, Jean: Psychologie der Intelligenz. Zürich 1966²

Piaget, Jean, Inhelder, Bärbel u.a.: Die Entwicklung des räumlichen Denkens beim Kinde, Stuttgart
   1971. Darin: Guillaume: La psychology de la forme.

Rost, Detlev H., Der Begabungsfaktor Raumvorstellung, Hamburg 1976

Rost, Detlev H.: Raumvorstellung, Psychologische und pädagogische Aspekte, 1977

Schaumburger Landschaft (Hrsg.) Neue Beiträge zu Adriaen de Vries, Bielefeld 2008

Schischkoff, Georgi Hrsg., Philosophisches Wörterbuch. Begründet von Schmidt, Heinrich, siebzehnte
   Auflage, Stuttgart 1965

Schmid, Max: Kunstgeschichte des 19. Jahrhunderts; Organisation. Leipzig: E. A. Seemann o. J., ca. 1914

Schuster, Martin: Die Psychologie der Kinderzeichnung. Berlin/Heidelberg/New York 1993

Schütz, Norbert, Die Raumdarstellung in der Kinderzeichnung, Eine empirische Studie an vier- bis
   sechsjährigen Kindern zur Erklärung der Entwicklungsphänomene. Essen 1990

Sedlmayr, Hans: Gestaltetes Sehen. In: Belvedere 8. 1925, S.65-73

Sully, J.: Studies of Childhood, London 1895, 1896. [Dt.: Untersuchungen über die Kindheit. Leipzig
   1897, 3. Auflage. 1909 S.323. In: Schütz, Norbert, Die Raumdarstellung in der Kinderzeichnung,

Eine empirische Studie an vier- bis sechsjährigen Kindern zur Erklärung der Entwicklungsphä-
nomene. Essen 1990 S.64 ff.]
Straus, Erwin: Vom Sinn der Sinne – Ein Beitrag zur Grundlegung der Psychologie, Berlin/Heidelberg/
New York 1978
Trautner, Hanns Martin: Lehrbuch der Entwicklungspsychologie Bd. 1, Göttingen/Toronto/Zürich 1978

Abbildungsverzeichnis nach Kapiteln des Aufsatzes

01-Skizze Filzstift, Junge 4 J. - 2009
02-Skizze Bleistift, Junge 7 J. - 2010
03-Skizze Bleistift, Junge 8 J. - 2010
04-Skizze Bunt-Bleistift, Junge 8J. - 2010

06-Skizze Bunt-Bleistift, Junge 6 J. – „Mein Kinderzimmer", 2010
05- Zeichnung Blei-/Buntstiftzeichnung, Mädchen 8,6 J. - Bootssteg Steinhude 2007

07-Zeichnung Bleistift, Mädchen 9 J. Schulbühne 2007
08-Zeichnung Bleistift, Mädchen 9 J. Schulbühne 2007
09-Zeichnung Bleistift, Mädchen 9 J. Schulbühne 2007

12-Zeichnung Buntstift, Mädchen 10 J. „Die Bühne" 2010
13–Fotografie Innenraum Wallfahrtskirche Gößweinstein (Balthasar Neumann (1687-1753 /Bau
1730-1739) Friederike Kohn 2010
14–Fotografie Innenraum Wallfahrtskirche Gößweinstein (Balthasar Neumann (1687-1753 /Bau
1730-1739) Friederike Kohn 2010
15–Fotografie Innenraum Wallfahrtskirche Gößweinstein (Balthasar Neumann (1687-1753 /Bau
1730-1739) Friederike Kohn 2010

10–Foto, Junge 9 J. „Da oben", 2010
11-Skizze Bunt-Bleistift, Mädchen 6 J. -2010

16–Mausoleum Stadthagen, Auferstehungsmonument von Adriaen de Vries für Fürst Ernst III. von
Holstein-Schaumburg, 1618-1620. Gestaltung Bronzegruppe Grabwächter, Foto Siebner 2011
17–Mausoleum Stadthagen, Auferstehungsmonument von Adriaen de Vries Vorderansicht des auferstandenen Christus, Foto Siebner 2011
18-Skizze Bleistift, Junge 9 J., Mausoleum Stadthagen, Adriaen de Vries Auferstehungsmonument,
Ausschnitt Engelorchester in der Kuppel, 2009
19–Mausoleum Stadthagen, Auferstehungsmonument von Adriaen de Vries für Fürst Ernst III. von
Holstein-Schaumburg , 1618-1620. Kuppel, Foto Siebner 2011

Abbildungsverzeichnis

01- Skizze Filzstift, Junge 4 J.-2009
02- Skizze Bleistift, Junge 7 J. - 2010
03-Skizze Bleistift, Junge 8 J. -2010

04-Skizze Bunt-Bleistift, Junge 8J. - 2010

05- Zeichnung Blei-/Buntstiftzeichnung, Mädchen 8,6 J. - Bootssteg Steinhude 2007

06-Skizze Bunt-Bleistift, Junge 6 J. – „Mein Kinderzimmer"2010

07-Zeichnung Bleistift, Mädchen 9 J. Schulbühne 2007

08-Zeichnung Bleistift Mädchen 9 J. Schulbühne 2007

09-Zeichnung Bleistift, Mädchen 9 J. Schulbühne 2007

10 – Foto, Junge 9 J. „Da oben", 2010

11- Skizze Bunt-Bleistift, Mädchen 6 J. -2010

12-Zeichnung Buntstift, Mädchen 10 J. „Die Bühne" 2010

13 – Fotografie Innenraum Wallfahrtskirche Gößweinstein (Balthasar Neumann (1687-1753 /Bau 1730-1739) Friederike Kohn 2010

14 – Fotografie Innenraum Wallfahrtskirche Gößweinstein (Balthasar Neumann (1687-1753 /Bau 1730-1739) Friederike Kohn 2010

15 – Fotografie Innenraum Wallfahrtskirche Gößweinstein (Balthasar Neumann (1687-1753 /Bau 1730-1739) Friederike Kohn 2010

16 – Mausoleum Stadthagen, Auferstehungsmonument von Adriaen de Vries für Fürst Ernst III. von Holstein-Schaumburg , 1618-1620 Gestaltung Bronzegruppe Grabwächter, Foto Siebner 2011

17 – Mausoleum Stadthagen, Auferstehungsmonument von Adriaen de Vries für Fürst Ernst III. von Holstein-Schaumburg , 1618-1620. Vorderansicht des auferstandenen Christus, Foto Siebner 2011

18 - Skizze Bleistift, Junge 9 J. , Mausoleum Stadthagen Adriaen de Vries Auferstehungsmonument , Ausschnitt Engelorchester in der Kuppel, 2009

19 – Mausoleum Stadthagen, Auferstehungsmonument von Adriaen de Vries für Fürst Ernst III. von Holstein-Schaumburg , 1618-1620. Kuppel, Foto Junge 9J. - wie Abb. 18

Dominik Krinninger
Alles an seinem Platz
Eine Skizze zur familialen Figuration von Bildung in einer Lego-Spielszene

Die folgenden Überlegungen sind dem Verhältnis von Raum und Bildung gewidmet. Raum wird dabei einmal als geometrisch-physikalische Konstellation verstanden, in der Bildungsprozesse sich unter jeweils spezifischen Bedingungen vollziehen. In dieser Hinsicht bewirkt Raum eine räumliche Situiertheit von Bildung. Raum ist aber auch in einem weiteren Sinne zu verstehen. Er ist nicht nur ein Behältnis für Menschen und Dinge und er strukturiert Bildungsprozesse nicht nur in geometrischer Hinsicht. Das Erleben des Raumes und seine subjektive Bedeutsamkeit, die immer auch auf der Intentionalität beruht, mit der wir uns an ihn richten, sind wichtige Aspekte in diesem Zusammenhang (vgl. Bollnow 1971). Zugleich sind der Raum und die Dinge in ihm nicht einfach nur da, sie richten ihrerseits eine spezifische Apellativität auf uns; sie enthalten eigene Sinnstrukturen und fordern zu einem bestimmten Gebrauch auf (vgl. Meyer-Drawe 1999). Schließlich bietet sich der Raum uns auch als Erfahrungsraum, in dem wir uns in sozialen Situationen einfinden und kulturellen Gehalten begegnen, die sich um uns und in uns entfalten; in unterschiedlicher Perspektive thematisieren dies Mannheim und Dewey (s.u.). Wenn man von einem in diesem Sinne erweiterten Raum-Begriff ausgeht, zeigt sich Bildung als Figuration, deren räumlich-zeitliche, soziale und kulturelle Dimensionen sich zu einem komplexen Zusammenhang fügen. Dieser figurative Charakter von Bildung soll in diesem Beitrag anhand einer Spielszene zwischen einem sechsjährigen Jungen und dem Lebensgefährten seiner Mutter, die im Rahmen eines an der Universität Osnabrück unter dem Titel „Familie als kulturelles Erziehungsmilieu" angesiedelten Forschungsprojektes dokumentiert wurde, etwas näher beleuchtet werden.

Für dieses Projekt ist die folgende Fragestellung leitend: Wie lässt sich das kulturelle Anregungspotenzial einer Familie differenziert beschreiben und welche unterschiedlichen Formen der Kulturtätigkeit sind dabei bedeutsam? Vor dem Hintergrund der jüngeren Diskussion um informelle Bildungsprozesse und die Familie als Bildungsort werden mit diesem Interesse drei exemplarische Erfahrungsfelder des familialen Alltags rekonstruiert, nämlich die Mahlzeiten, das Spiel und das Fernsehen. Besonderes Interesse gilt dabei dem originären Bildungssinn der Familie, der sie gegenüber dem formal organisierten Erziehungs- und Bildungssystem als komplementäres Feld der Kulturvermittlung auszeichnet. Das Projekt arbeitet mit einer eher geringen Fallzahl, nämlich acht Familien, bei und mit denen in ethnographischer Orientierung Material erhoben wurde: Familienfotos und Fotos zu den Erfahrungsfeldern, die die Familien selbst für das Projekt gemacht haben, offene Interviews und Beobachtungen sowie Videoaufzeichnungen zu den Mahlzeiten, vom Spiel und vom Fernsehen, die die Familien z.T. eigenständig angefertigt haben, die aber auch von Forscherinnen in den Familien erstellt wurden. Bei der Analyse dieser Materialen werden rekonstruktive und hermeneutische Verfahren verknüpft, um der doppelten Intention des Forschungsprojekts gerecht zu werden, in dem sich deskriptive und bildungstheoretische Interessen verbinden. Das Projekt zielt grundsätzlich nicht nur auf eine empirisch gehaltvolle Beschreibung der untersuchten Familien als kulturellen Erziehungsmilieus, sondern auch auf die Reflexion der diese Beschreibung tragenden theoretischen Konzepte. Auf der Grundlage der aufwändigen qualitativen Fallanalysen und Fallvergleiche hat die Untersuchung schließlich auch zum Ziel, ein empirisch fundiertes Theoriemodell der Familie als kulturelles Erziehungsmilieu zu erstellen.

Vor diesem Hintergrund wird im Folgenden zunächst kurz die Familie vorgestellt, bei der die hier betrachtete Spielszene aufgezeichnet wurde, sowie die videographierte Szene selbst etwas ausführlicher beschrieben (1). Danach wird das Verhältnis des sich im Spiel konstituierenden Spielraums zum Alltags- und Erfahrungsraum der Familie mit Bezug auf das Konzept der Heterotopie von Foucault (2) und hinsichtlich der Relationalität der verschiedenen Segmente der Familie als kultureller Gemeinschaft und der dort fungierenden unterschiedlichen symbolischen Ordnungen (3) diskutiert. Der Beitrag schließt mit einigen pragmatischen Reflexionen zur Wirksamkeit des familialen Erfahrungsraumes, die nicht nur, aber auch in seinen habituellen Dimensionen begründet ist (4).

1. Eine Momentaufnahme aus der familialen Spielkultur

Die hier im Zentrum stehende Szene wurde bei Familie C. aufgenommen. Zu Familie C. gehören fünf Personen. *Claudia*, die Mutter, wird 1976 in Stadt U. geboren. Sie ist Bauzeichnerin und arbeitet in einem Architekturbüro im Umland von Stadt P., einem regionalen Zentrum mit ca. 160.000 Einwohnern. 1999 lernt Claudia *Claus* kennen, mit dem sie 2003 Zwillinge bekommt. 2006 trennen sich Claudia und Claus. Sie teilen sich das Sorgerecht für ihre Söhne, die in der Regel jedes zweite Wochenende bei Claus sind; zudem werden „Vatertage" unter der Woche spontan abgesprochen. *Carsten* kommt 2003 ganz kurz vor seinem Bruder *Christian* auf die Welt. Beide besuchen die verlässliche Grundschule in S., einem Vorort von Stadt P. Sie spielen Fußball im örtlichen Verein und beschäftigen sich gerne mit Computerspielen, was ihnen erlaubt, aber auch reglementiert wird. Beide Kinder sind gerne beim Vater und verstehen sich auch mit *Carl*, dem neuen Partner von Claudia, gut. Carl wird 1968 in Stadt P. geboren und arbeitet als Diplomkaufmann im Controlling und IT-Bereich eines ansässigen mittelständigen Unternehmens. Er ist seit 2008 der neue Partner von Claudia und er verbringt den größten Teil seiner freien Zeit mit ihr und den Zwillingen. Er hat eine Eigentumswohnung in Stadt P., ist aber in der Regel in der Wohnung von Claudia und den Kindern. Claudia und Carl können sich vorstellen, eine gemeinsame Wohnung zu beziehen, aber zurzeit nutzen sie die Wohnsituation, um an „kinderfreien" Wochenenden in eine „andere Wohnung" umzuziehen und in der Familienwohnung „alles stehen und liegen zu lassen". Carl ist (wie auch an der Wohnsituation zu sehen ist) dabei, sich in die Familienkonstellation einzugliedern. Bisweilen treten etwas unterschiedliche Ansichten im Hinblick auf den Umgang mit den Zwillingen zwischen ihm und Claudia zutage. Während sie eine großzügigere und liberalere Orientierung an den Tag legt, wirkt er etwas strenger. Diese Differenzen führen aber nicht zu grundsätzlichen Konflikten. Das liegt auch an dem recht entspannten Umgang Claudias mit der relativ komplexen Familiensituation (geteiltes Sorgerecht mit Claus, neue Partnerschaft mit Carl, doppelte Bilokalität: die Kinder leben bei Claudia und Claus, das partnerschaftliche Leben mit Carl vollzieht sich in der eigenen Wohnung und bei ihm). Insgesamt erscheinen die Familiensituation und die Familienbeziehungen auch in ihrer Dynamik verlässlich; dazu gehört auch, dass Carl auf seine Weise großen Wert auf ein zugewandtes und klares Verhältnis zu Carsten und Christian legt.

Die im Ganzen knapp 20-minütige Videoaufnahme der Spielszene soll hier zunächst in groben Zügen beschrieben werden[1]: Zu Beginn der Aufnahme sitzen Claudia, Carl und Carsten in Carstens Zimmer auf dem Boden. Das Lego-Spiel hat bereits begonnen. Aus der räumlichen Anordnung und den ersten Interaktionen lässt sich schnell ein grundlegendes Arrangement ablesen: Auf dem Boden ist ein schwarzer, setzkastenähnlicher Kunststoffkasten zu sehen, in den Lego-Kleinteile sortiert sind, daneben steht eine grüne Kunststoffbox, in der ebenfalls Bauteile liegen. Einige Teile liegen auch auf dem Teppichboden verstreut. Vor Carsten ist ein Heft mit einer Bauanleitung platziert, wie sie den Lego-Baukästen beim Verkauf beiliegt. (Carsten baut eine Autofähre, das ist aus dem schon etwas fortgeschrittenen Baustadium bereits erkennbar; vielleicht setzt die Familie ein schon begonnenes Spiel fort oder die Aufnahme setzt nicht zu Beginn des Bauens ein.) Auf die Beschreibung ihres Sohnes hin, der dazu jeweils in die Konstruktionsanleitung sieht, suchen die Eltern – damit sind hier und im Weiteren, im Sinne einer sozialen Elternschaft, Claudia und Carl gemeint – aus den verschiedenen Kästen oder vom Boden die von ihm benötigten Bauteile aus und geben sie ihm, so dass er sie dann einsetzen kann. Kurz nach dem Beginn der Aufnahme kommt

---

1   Dabei handelt es sich um ein etwas vereinfachtes methodisches Vorgehen. In der Analysearbeit im Projekt erfolgt zunächst eine segmentanalytische Strukturierung längerer Aufnahmen und dann eine intensive Bearbeitung ausgewählter fokussierender Stellen (vgl. Bohnsack 2009, Dinkelaker/ Herrle 2009). Zudem verbinden wir diesen sozial-rekonstruktiven Zugang mit einem hermeneutischen Interpretationsansatz (vgl. Ricoeur 1972).

auch Christian ins Bild. Er inspiziert die auf dem Schreibtisch seines Bruders
aufgestellte Kamera und er hält seine Hand vor die Linse. Das geht eine Weile so
weiter und schließlich weisen ihn zuerst Claudia, dann auch Carl aus Sorge um die
Kamera und um die Aufnahme zurecht. Christian verzieht sich hörbar beleidigt
in sein Zimmer („Ich geh hier nie wieder im ganzen Leben rein!"). Nach einem
Poltern aus seinem Zimmer steht Claudia auf, um nach dem Rechten zu sehen,
so dass Carl und Carsten alleine weiter spielen. Carsten beschreibt die jeweiligen
Bauteile jetzt in einem Sprechgestus, der z.T. mehr an ein Selbstgespräch erinnert
als an Anweisungen für einen Spielpartner. Er spricht über das Anleitungsheft
gebeugt und richtet sich nur ab und zu auf, um Carl anzusprechen. Carl, der sich
mittlerweile auf dem Zimmerboden ausgestreckt hat und mit aufgestütztem Arm
auf der Seite liegt, reicht ihm die jeweiligen Bauteile aus den Kästen. Manchmal
unterstützt Carsten seine Beschreibungen mit auf einer imaginären Unterlage in
der Luft ausgeführten gestischen Zeichnungen.

Während zu Beginn der Aufnahme noch deutlich eine von der Kamera verursachte Befangenheit der gefilmten Personen wahrzunehmen ist, stört zu diesem
Zeitpunkt der besondere Rahmen der Situation (die Videodokumentation des
Spielens in der Familie für das Forschungsprojekt) Carl und Carsten nicht mehr. Sie
sind ins gemeinsame Spiel versunken; das verweist, wie auch das Vorhandensein
spezieller Aufbewahrungsbehältnisse und die eingespielte Aufgabenverteilung,
auf eine vorhandene Routine, auf einen regelmäßig gleichen oder ähnlichen
Ablauf des Lego-Spiels bei Familie C. Diese Routine hält das Spiel auch gegen
eine sichtbare Müdigkeit von Carl am Laufen (zudem hustet er einige Male; er
wirkt etwas erkältet). Im Laufe des gemeinsamen Spiels entwickelt sich eine
begleitende Unterhaltung zwischen Carl und Carsten. Es geht um den Tag in der
Schule, während dieses Gesprächs baut Carsten weiter an der Autofähre. Der
kurze, ruhige Dialog ebbt dann wieder ab und das Konstruktionsspiel wird von
Carsten ganz selbstversunken fortgeführt; manchmal kommentiert er einzelne
Konstruktionsschritte oder den Gesamtfortschritt seines Bauvorhabens. Carl
bleibt eine Zeit lang ausgestreckt liegen, richtet sich dann auf und beginnt auf
dem Teppichboden liegende Legoteile in die Kunststoffboxen zu sortieren. Nach
etwa zehn Minuten kommt Claudia zurück und bleibt kurz neben ihrem Sohn
stehen; dann steht Carsten auf, geht zur Kamera und liest die Aufnahmezeit ab:
„Achtzehn Minuten und fünfunddreißig Sekunden." Zwischenzeitlich hat ihm Carl
eine Reihe von benötigten Bausteinen zurecht gelegt und er geht zu seinem Platz
zurück. Claudia sagt jetzt, dass sich Christian und Carsten zum Fußballtraining
umziehen müssten, weil das in 15 Minuten beginnt. Daraufhin geht sie zur Kamera
und schaltet die Aufnahme ab.

2. Am Rand der Welt: Das Spiel als Heterotopie

Zunächst soll es darum gehen, was diese Szene über die Genese und Gestaltung eines Spielraums aussagt, der jenseits des familialen Alltagsraumes gelagert ist und zugleich mit diesem zusammenhängt. Denn auch wenn diese Szene auf den ersten Blick nicht alle (oft recht romantischen) Erwartungen an das Spiel von und mit Kindern erfüllt[2], so handelt es sich doch ganz zweifellos um eine Abfolge spielerischer Handlungen und Interaktionen. Was hier geschieht, geschieht offensichtlich nach bestimmten Regeln. Es gibt einen Bauplan, der anzeigt, was in welcher Abfolge zu tun ist. Die Lego-Bausteine sind auf eine spezifische Funktionsweise ausgerichtet; sie geben, ohne dass das ausdrücklich festgelegt werden müsste, durch ihre Eigenschaften vor, dass sie zusammenzufügen sind (ein Gebrauch etwa als symbolische Spielfiguren eines freien Spiels müsste sich über diesen Appellcharakter hinwegsetzen), und dass das in einer bestimmten Ordnung vorgesehen ist, denn die Bauteile weisen eine ausgeprägte Varianz auf, so dass sie nicht beliebig austauschbar sind. Und es gibt eine Rollen- bzw. Aufgabenverteilung, die im Spiel nicht zur Disposition steht, sondern ihm vorgängig ist und es so strukturiert. Neben dieser Dimension der Regelhaftigkeit (vgl. Scheuerl 1994) zeigt sich ein weiterer Aspekt, der das Geschehen klar als Spiel kennzeichnet. Carsten arbeitet sich zwar beharrlich in der Bauanleitung voran, aber dabei entsteht der deutliche Eindruck, dass es nicht um die Erledigung einer Pflichtaufgabe geht, sondern um eine besondere Qualität inneren Erlebens. Seine gelegentlichen Kommentare zum Baufortschritt führen deutlich vor Augen, dass ihm das Bauen Spaß macht. Zwischendrin macht er auch mimetische Geräusche (wenn er z.B. die bereits montierte Bug- und Heckklappe der Fähre ein paar Mal auf und zu macht) und seine Beschreibungen, die streckenweise im Gestus des Selbstgesprächs geäußert werden, gehen in einigen Momenten auch in einen singenden Ton über, in dem eine Lust am Lautmalerischen an den Tag tritt (vgl. Makabe 2010). Diese Verhaltensformen weisen deutlich auf eine am Objekt und der Tätigkeit sich entfaltende Selbstaufmerksamkeit von Carsten hin, die für den besonderen Modus des Spiels konstitutiv ist (vgl. Scheuerl 1994). Auch die räumliche Anordnung, in der sich Carsten und Carl einem geteilten Aufmerksamkeitszentrum zuwenden, und der Modellcharakter des Lego-Baukastens, mit dem eine ‚echte' Autofähre nachgebaut

---

2   Obwohl sich im gemeinsamen Spiel von Kindern und Erwachsenen kaum je eine symmetrische Rollenverteilung ergibt, so ist in diesem Fall die zurückhaltend-prüfende Haltung von Carl, der sich darauf beschränkt, Carsten auf dessen Beschreibungen hin Bauteile zu reichen, doch besonders ausgeprägt. Auch die erkennbar regelhafte Strukturierung des Spiels steht ein wenig quer zu einem Verständnis von Spiel, das dieses als grundsätzlich entlastet von solchen ‚Zumutungen' begreift. Schließlich kann die klare teleologische Ausrichtung irritieren; es geht um genau die Autofähre, die im Bauplan vorgegeben ist. Dazu müssen die einzelnen Konstruktionsschritte exakt befolgt werden und Abweichungen würden als Fehler gewertet, so dass ‚richtig' und ‚falsch' gespielt bzw. gebaut werden kann.

werden soll, verweisen darauf, dass hier gespielt wird. Im Prinzip der Repräsentation durch ein Modell fußt ein mimetischer Zug des Spielens: das Nachspielen
der Welt. Es lassen sich also einige Merkmale der Situation benennen, aus denen
ersichtlich wird, dass sich hier etwas in einem besonderen Raum vollzieht; einem
Spielraum, in dem sich nach spezifischen Regeln ein besonderes Erleben und
daraus besondere Erfahrungen entwickeln können.

Zugleich ist dieser Spielraum auch mit dem familialen Alltagsraum verknüpft.
Er ist durch eine zeitliche Ordnung gerahmt, die ihn abschirmt, die ihn aber auch
begrenzt (gespielt werden kann eben solange, bis es Zeit wird, sich zum Fußballtraining fertig zu machen). Darüber hinaus spielt die besondere Ausstattung mit
Spielzeug eine wichtige Rolle. Auch wenn das Spiel nicht auf ihm eigens zuge-
richtete Dinge angewiesen ist und man auch sehr gut mit etwas spielen kann, das
dafür nicht gemacht ist, so spielt für die jeweilige kulturelle Präformierung von
konkreten Spielpraxen die spezifische Materialität der zum Spiel gebrauchten und
dafür vorgesehenen Dinge eine wichtige Rolle. Das Legospiel bei Familie C. ist ein
Konstruktionsspiel. Zwar könnte man mit den Bauteilen und v.a. mit den fertigen
Objekten auch anders spielen, in der dokumentierten Szene jedenfalls steht ganz
klar das Bauen im Vordergrund. Das entspricht auch der über diese Szene hinaus
beobachteten und von den Eltern auch so beschriebenen Spielpraxis bei Familie
C. Das spezifische Arrangement betont außerdem ein planvolles Vorgehen bei
der Konstruktion. Es geht nicht um eigene Entwürfe oder um Objekte, die beim
Bauen entstehen, sondern um exakt die im Plan beschriebene Autofähre. Das
impliziert auch die schon angesprochene Matrix ‚richtig/falsch' als Grundstruktur
des Spiels. Carsten freut sich sichtlich, wenn er einen Schritt der Bauanleitung
korrekt abgeschlossen hat. Und schließlich ließe sich eine derartige Spielpraxis
kaum aufrechterhalten, wenn die Spielmaterialien nicht in einer bestimmten Ordnung bereitgehalten würden (Aufbewahrung der Anleitung, geregelter Rückbau
und systematische Aufbewahrung der Bauteile). In dieser Ordnung der Dinge ist
eine ganze Reihe von Aspekten des kulturellen Erziehungsmilieus bei Familie
C. symbolisch präsent. In der charakteristischen Regelhaftigkeit des Spiels, aber
auch darin, dass in der Beziehung zwischen Carsten und Carl als Spielpartnern die
pädagogische Beziehung gegenüber dem Mitspielen dominiert, zeigt sich, dass das
Spielen hier als Lerngelegenheit inszeniert wird. Dieses Arrangement lässt sich mit
Elementen in Verbindung bringen, die Familie C. als auch pädagogisch wirksame
Lebensgemeinschaft prägen – ohne dass diese Gleichgerichtetheit zwischen der
Spielsituation und dem Familienmilieu auf eine durchgehend intentionale Gestal-
tung zurückgehen muss. Die für die hier dokumentierte Art zu spielen konstitutive
Ordnung korrespondiert mit einer sichtbar sorgfältigen Aufstellung der Möbel und
einer – zumal bei einer Familie mit zwei sechsjährigen Kindern – augenfälligen
Aufgeräumtheit der Wohnung von Claudia und ihren Kindern. Lego als planvolles

Konstruktionsspiel (mit schematischen Konstruktionsplänen) steht zudem in einer engen Verwandtschaft zu Claudias beruflicher Tätigkeit als Bauzeichnerin. Und schließlich ist eine klare zeitliche Strukturierung ganz grundsätzlich ein wichtiges Prinzip der Organisation des komplexen multilokalen Alltags bei Familie C. (wer ist wann wo bei wem?); mit der entsprechenden Kontingentierung von Zeiträumen wird auch deren spezifische Nutzung konturiert (bestimmte Zeiten stehen für bestimmte Aktivitäten zur Verfügung).

Überschneidungen mit dem Alltagsraum der Familie finden sich nicht nur in der dinglichen Ordnung des Spiels. Auch in sozialer Hinsicht sind die Rollen beim Spiel nicht nur selbstreferentiell, sondern speisen sich aus den übergreifenden sozialen Strukturen, die sich bei C. entwickelt haben und entwickeln. Claudia sieht bei Christian nach dem Rechten, als der sich verärgert in sein Zimmer zurückzieht; sie behält den zeitlichen Ablauf im Auge und erinnert ihre Söhne am Ende der dokumentierten Szene daran, dass sie sich fürs Fußballtraining umziehen müssen. Sie ist auf diese Weise zwar nur während eines geringeren Teils der Szene direkt beteiligt (etwa fünf von knapp 20 Minuten), hat aber dennoch eine wichtige Funktion inne: sie erhält den Rahmen der Situation aufrecht, in dem Carsten und Carl dann miteinander spielen können. Insgesamt, so könnte man das zusammenfassen, vertritt sie das Mandat der Ordnung. Carl bewegt sich im Rahmen dieser Ordnung. Obwohl es keinerlei Körperkontakt gibt und auch die Kommunikation zwischen ihm und Carsten überschaubar bleibt, so wirkt die Szene doch auch sehr entspannt und es entsteht der Eindruck einer sicheren Passung zwischen Carsten und Carl und ihren jeweiligen Handlungsformen in der Situation. Durch diese Synchronizität ergibt sich für beide auch die Möglichkeit, Zugewandtheit in der klaren Rahmung einer geregelten Interaktion zu erfahren. Im Hinblick auf das soziale Gefüge der Familie erscheint das Spiel also einerseits als Abbild von gewachsenen Konstellationen, andererseits stellt es sich auch als ein Medium dar, in dem diese Konstellationen bearbeitet werden, es fungiert also auch als Raum für die Gestaltung sozialer Beziehungen.

Diese Aspekte fügen sich zu einem Bild, das den Raum des Spiels an den Grenzen zur Welt des familialen Alltags verortet. Aus pädagogischer Perspektive stellt sich hier nun insbesondere die Frage, inwiefern das Spiel Gehalte und Handlungsmuster der Familienkultur aufnimmt und als besonderer Modus des Zur-Welt-Seins eine besondere Weise ihrer Bearbeitung ermöglicht. Bei Foucault findet sich ein Konzept zur Beschreibung von Orten, die der Gesellschaft eingelagert sind, ihr aber nicht nahtlos zugehören und in denen andere Erwartungen und Verhaltensformen fungieren. Dieses Konzept ist an dieser Stelle hilfreich. Foucault nennt solche „anderen Orte" (Foucault 2001, S. 20) „Heterotopien" (Foucault 2001, S. 26). Beispielhaft führt er Schiffe, das Militär, aber auch den Brauch der Hochzeitsreise an und zeigt jeweils die spezifische Eigensinnigkeit dieser besonderen Situationen und Orte auf, aber auch, wie sie nicht zusammenhanglos neben anderen Lebensbereichen bestehen, sondern jeweils auch Funktionen erfüllen, die über sie hinausreichen. Für Heterotopien ist es demnach kennzeichnend, dass sie (als Raum im Raum) sich in der Überlagerung mehrerer Räume konstituieren. Ein- und Austritt in eine Heterotopie und ihre Konturierung als lokale Entität sind zeitlich und räumlich geregelt. Über „Zeitschnitte" (Foucault 2001, S. 32), also eine begrenzte Freisetzung aus alltäglichen Abläufen, wird der Übergang in einen besonderen Erfahrungsraum markiert, der nicht ohne weiteres betreten werden kann, sondern für den jeweils eigene Mechanismen der Öffnung und Schließung gelten (vgl. Foucault 2001, S. 34).

Diese Strukturmerkmale lassen sich auch in der beobachteten Spielszene auf-zeigen. Carsten und Carl erzeugen in der spezifischen Konstellation ihrer Körper im Zimmer von Carsten eine Art Umwertung des Fußbodens: er wird zum Spielraum. Diese Transformationseffekte zwischen physikalischem und symbolischem Raum verstärken sich durch das Lego-Modell und dessen Doppelcharakter: einerseits ist es ein konkretes, dingliches Spielobjekt, zugleich repräsentiert es eine andere Welt (der großen Schiffe und mächtigen Maschinen, vielleicht auch der Reisen und Abenteuer), die sich mit ihm – imaginär – erleben lässt. Es entsteht hier also auch ein Raum der Imagination, für den das Modell als Übergangsobjekt zwi-schen konkreter Außenwelt und Vorstellungswelt dient (vgl. Winnicott 1997; aus pädagogisch-bildungstheoretischer Perspektive auch Bürmann 2000). Auch die Zeitordnung, in die die dokumentierte Spielszene eingebettet ist, weist heterogene Züge auf. Während der Spielzeit geht es nicht darum, etwas Bestimmtes zu schaf-fen, diese Zeit ist von Zielerwartungen frei, es erscheint nicht relevant, ob Carsten einen bestimmten Zwischenstand bei seiner Konstruktion erreicht oder ob er gar damit fertig wird. Insgesamt ist die Spielzeit aber begrenzt und eingepasst in eine Organisation, die die beschränkten Zeitressourcen aller Beteiligten koordiniert. Dabei muss die Anwesenheit der berufstätigen Eltern und eine Abstimmung mit anderen, termingebundenen Aktivitäten (Fußballtraining) berücksichtigt werden. Ebenso weist auch die Regulierung der Teilnahme am Spiel auf dessen exklusiven Charakter hin. Carsten wird offenkundig inkludiert, das Spiel findet in seinem Zimmer statt und, so darf man annehmen, mit seinem Bausatz. Christian dagegen ist zwar zunächst mit anwesend, ist aber von Anfang an nicht am eigentlichen Geschehen beteiligt, sondern versucht aus seiner peripheren Position auf sich aufmerksam zu machen. Das gelingt ihm nicht, so dass er gekränkt in sein Zimmer verschwindet; sein Rückzug ist die Reaktion darauf, dass ihm der Zugang zum Spiel verwehrt bleibt. In dieser Rahmung der Spielsituation vollzieht sich die bei Carsten streckenweise aufscheinende Innenwendung seines Erlebens, die mit den beobachtbaren Ausdrucksformen innerer Resonanzen auch deutlich auf ästhetische Erfahrungsdimensionen der Spielsituation verweist. Carsten begleitet sich mit lautmalerischen, mimetischen Spielgeräuschen, er behandelt die halb fertige Autofähre nicht nur als Konstruktionsobjekt, sondern bewegt sie auch in einer imaginären Spielwelt, zugleich drückt sich diese Selbstaufmerksamkeit auch nach außen aus, das lässt sich an seinen expliziten Selbstkommentaren und dem bisweilen singenden Sprechgestus ablesen. Schließlich wird aber auch ein Funktionszusammenhang der Spielszene deutlich, der sich aus einer dezidiert pädagogischen Haltung von Carl – und wohl auch von Claudia – speist. Im spezifischen Spielarrangement ist ein regelrechtes Curriculum enthalten. Es geht um räumliches Vorstellungsvermögen, um konstruktives Denken und präzises Beschreiben.

3. Relationale Räume

Für eine pädagogische Perspektive auf das Spiel als Erfahrungsraum, in dem kulturelle Gehalte in einem spezifischen Modus bearbeitet werden, ist diese heterotope Binnenstrukturierung der familialen Kultur von großer Bedeutung. Um das ein wenig differenzierter zu fassen, ist an dieser Stelle zunächst einmal der Begriff des Erfahrungsraumes wenigstens kurz zu konturieren. Von Karl Mannheim stammt die in diesem Zusammenhang nützliche wissenssoziologische Unterscheidung zwischen ‚konjunktiven‘ und ‚kommunikativen‘ Wissensformen. Das kommunikative Wissen bezieht sich dabei auf den Bereich der Motive und Gründe unseres Handelns, die explizit angebbar und damit auch sprachlich kommunizierbar sind. Im Gegensatz dazu ist das konjunktive Handlungswissen der Akteure eher vorreflexiv und implizit in die Alltagspraxis eingelassen. In der wechselseitigen Entwicklung von Gemeinschaft und typischen Erfahrungen entstehen in kulturellen Gemeinschaften soziale Dispositionen, die das Verhalten der Einzelnen orientieren. „Das vergemeinschaftete Individuum richtet sich … nach diesen Vorstellungen…" (Mannheim 2003, S. 231). Das in diesem Sinne atheoretische, handlungsleitende Wissen wird in der Teilhabe an der Praxis einer Erfahrungsgemeinschaft (bspw. im familiären Alltag) erworben. So verstehen sich die Akteure (also die Familienmitglieder) z.T. unmittelbar, ohne den anderen erst interpretieren zu müssen. Sie bilden einen gemeinsamen konjunktiven Erfahrungsraum (vgl. dazu auch Bohnsack 2009, S. 18). Wichtig ist nun, dass Mannheim kein dualistisches Entweder-Oder zwischen kommunikativen und konjunktiven Dimensionen des Wissens entwirft, sondern auch Verschränkungen zwischen diesen Ebenen kennt. Kulturelle Gehalte können – in einem gewissen Rahmen – in Handlungen und Interaktionen jeweils explizit-kommunikativ oder auch implizit-konjunktiv zum Tragen kommen; so kann prinzipiell ein und derselbe Gehalt in einer Handlungsgemeinschaft in verschiedener Gestalt fungieren und damit zwischen den verschiedenen Sinnebenen transponiert werden. Diese Auffassung hilft bei der Klärung der Binnenstruktur

des familialen Erfahrungsraumes weiter. Der Spielraum von Carsten und Carl
stellt einen eigenen Erfahrungsraum dar, der zugleich mit anderen Segmenten des
Familienmilieus zusammenhängt. Insofern lässt sich hier von einer relationalen
Segmentierung sprechen. Für das Verhältnis zwischen konjunktiver und kommunikativer Ebene der Familie als Erfahrungsgemeinschaft spielt zudem die Vermittlung von Gehalten im Generationenverhältnis eine wichtige Rolle. Die Rahmung
der Situation durch Claudia und die Strukturierung des Spiels durch Carl scheint
einer pädagogisch intentionalen Haltung zu folgen und wäre demnach potentiell
auf einer kommunikativen Ebene anzusiedeln (das Elternsystem – familiensozio-
logisch gesprochen – erscheint hier als ein kommunikatives System); zugleich
wirkt das Spielarrangement auf Carsten aber nicht direkt-kommunikativ, sondern
eher indirekt-konjunktiv (in dieser Hinsicht zeigt sich die Familie als konjunktive
Gemeinschaft). Das familiale Milieu wird hier also darüber erfahrungsbedeutsam,
dass seine Segmente durch Relationen und Bewegungen verbunden sind und sich
in dieser Relationalität Übergänge von Gehalten zwischen kommunikativer und
konjunktiver Valenz vollziehen.

Die der konjunktiven und kommunikativen Handhabung zugrunde liegende
Transponierbarkeit von kulturellen Gehalten beruht ihrerseits auf einer Kompa-
tibilität verschiedener symbolischer Sinnstufen. Helmuth Plessner unterscheidet
grundlegend die symbolischen Ordnungen des Thematischen (hier fungiert
Wahrnehmung als unmittelbare Anschauung), des Syntagmatischen (Verstehen
vollzieht sich hier als Nachvollziehen der verweisenden Funktion signifikanter
Zeichen) und des Schematischen (das ist die Ebene begrifflicher Exaktheit) (vgl.
Plessner 1980). Als analytische Unterscheidung zielt dies ebenfalls nicht auf eine
strikte Trennung zwischen den verschiedenen symbolischen Ebenen ab. Plessner
beschreibt die Konkordanz zwischen Haltungen des Bewusstseins und solchen
des Körpers und hebt die „Sinnorganisation des Leibes" (Plessner 1980, S. 210)
als eine wichtige somatische Grundlage für mentale Bewusstseinsebenen hervor.
Dieses Ineinandergreifen von leibnaher Anschauung und kognitivem Verstehen ist
für ein bildungstheoretisches Verständnis der Beziehungen zwischen Handlungen
und Interaktionen in Situationen und dem in diesen Situationen generierten situ-
ationsübergreifenden Sinn grundlegend. In der Spielszene zwischen Carsten und
Carl lassen sich die Bandbreite und die Übergänge zwischen unterschiedlichen
symbolischen Formen geradezu paradigmatisch beobachten, es zeigt sich ein re-
gelrechter Sinnformenkreislauf: Eine wichtige grundlegende Orientierung stellt
die exakte Bauanleitung dar, die Carsten dann in die Beschreibung der jeweilig
benötigten Bauteile ‚übersetzt'. Wo ihm dies schwer fällt, behilft er sich mit
skizzenhaften Gesten, um visuell zu verdeutlichen, was er benötigt. Carl reagiert
darauf, indem er ihm ein konkretes Bauteil reicht. Das wiederum fügt Carsten in
seine anwachsende Konstruktion ein, die ihm zum einen als Übergangsobjekt in

die Vorstellungswelt dient, die zum anderen aber auch als Signifikat der Konstruktionsanleitung zu lesen ist. Die unterschiedlichen Segmente des familialen Milieus (der tendenziell eher der familialen Kinderkultur zuzuordnende Spielraum und die pädagogischen Ansprüche der Eltern) greifen hier also auch deswegen ineinander, weil mit den jeweiligen symbolischen Modi jeweils spezifische Gehalte bearbeitet werden, diese Gehalte aber eben auch transponiert werden können.

4. Wahrnehmung und Gewöhnung

Dass auf diese Weise kulturelle Gehalte über Segmente der familialen Gemeinschaft und Stufen der symbolischen Ordnung hinweg fungieren, damit lässt sich gewissermaßen die kulturelle Seite des familialen Erziehungsmilieus beschreiben. Die Frage danach, wie dieses Milieu bildend wirkt, muss aber auch die subjektive Seite berücksichtigen; in dieser Hinsicht geht es darum, wie sich die kulturellen Gehalte der Familie im Subjekt abbilden bzw. wie sich das Subjekt ein eigenes Bild von ihnen macht. Dazu ist es hilfreich, ein paar kursorische Aspekte zu Bewusstsein und Wahrnehmung als grundlegenden Dimensionen von Bildungsprozessen einzuholen. Wenn zuvor wissenssoziologische und symboltheoretische Referenzen herangezogen wurden, um zu beschreiben, in welcher Form und auf welchen Bedeutungsebenen kulturelle Bestände in der Familie kursieren, so soll für die Frage danach, wie sich die Familienmitglieder diese Bestände zueigen machen, eine phänomenologisch-pragmatistische Perspektive skizziert werden. Bewusstsein, so fasst James Edie in seiner Auseinandersetzung mit William James zusammen, ist immer ein auf etwas gerichtetes Bewusstsein: "Consciousness, according to James, is thus not another entity juxtaposed to the entities it knows, with an internal structure of its own, but is rather the 'function' of objectification; its forms and structure come from its objects." (Edie 1987, S. 42)[3] Ein Konzept, das Bewusstsein als Gerichtetheit auf – sei es konkrete, sei es abstrakte, jedenfalls gegebene – Gegenstände begreift und nicht als autarkes Erkenntnisorgan, weist der Wahrnehmung eine zentrale Rolle zu. Paradigmatisch für ein pragmatisches Verständnis der Wahrnehmung kann Deweys Begriff der ‚Perzeption' stehen, für den der Akt der Wahrnehmung immer auch in der Ordnung und Artikulation des Wahrgenommenen besteht. Wahrnehmung ist für Dewey ein vorreflexiver „... Abstraktionsvorgang, d.h. ein Extrahieren dessen, was von Bedeutung ist." (Dewey 1988, S. 69) Sie ist damit auch „... ein Zusammenfassen von Details und Besonderheiten, die physisch in eine erfahrene Ganzheit eingestreut sind." (ebd.) Wenn Sinn insofern nicht erst in der reflexiven Zuschreibung entsteht, sondern schon im

---

3 Das Thema der ‚Verteilungsgerechtigkeit', das berichten Claudia und Carl, spielt zwischen den Zwillingen eine große Rolle.

Akt der Wahrnehmung, so ist diese gleichwohl nicht nur ein spontaner Akt, sondern ruht auf immer schon erworbenen Wahrnehmungs- und Verstehensmustern auf, die mit den für uns gegebenen Gegenständen unser Bewusstsein strukturieren. Damit eröffnet sich ein Zusammenhang, der auf der einen Seite durch die Wahrnehmung einer in unterschiedlichen symbolischen Ordnungen anschaulichen bzw. repräsentierten Welt bestimmt ist, und bei dem auf der anderen Seite danach zu fragen ist, wie sich Wahrnehmungs- und Denkmuster in den Subjekten konstituieren. Die Antwort des Pragmatismus lautet, dass sich diese Dispositionen auf dem Wege der Gewöhnung bilden. Das ist einer der zentralen Aspekte, in denen sich Pragmatismus und Phänomenologie sehr nahe kommen (auch wenn sie ihre Einsichten in bisweilen sehr unterschiedlichem Jargon formulieren). Die differenzierte Auffassung und Wertschätzung von Gewohnheiten im Pragmatismus etwa, die sich bspw. in James' Unterscheidung zwischen 'knowledge about' und 'knowledge by acquaintance' (vgl. Edie 1987, S. 31) findet, zeigt große Überschneidungen zu phänomenologischen Beschreibungen des Lernens als einem Prozess, der sich auf ‚Physiognomien' bezieht und der darüber Muster erzeugt, die immer wieder ‚umgelernt' werden müssen (vgl. Meyer-Drawe 1984, 2008).

Die Bildung und der Gebrauch von Gewohnheiten spielen eine besonders herausgehobene Rolle im sozialphilosophisch-pädagogischen Denken von John Dewey. Menschliches Handeln, Denken und Verhalten entwickelt sich für Dewey aus dem sozialen Zusammenhang: „... die besondere Umgebung, in der ein Mensch lebt, führt ihn dazu, ein Ding zu sehen, und ein anderes nicht; sie veranlasst ihn, sich gewisse Pläne zu machen, damit er mit den anderen erfolgreich zusammenwirken kann; sie schwächt gewisse Meinungen und verstärkt andere... So erzeugt sie in ihm ein System von Verhaltungsweisen, von Dispositionen zum Handeln." (Dewey 2000, S. 27). Die soziale Atmosphäre erhält damit umfassende Bedeutung. „Das bloße Vorhandensein der sozialen Atmosphäre, in der das Individuum lebt, sich bewegt, existiert, ist die dauernde und wirksame Macht, die seine Betätigung dirigiert." (Dewey 2000, S. 48). Die Aneignung der in der sozialen Umgebung angelegten Dispositionen ist allerdings keine passive Anpassung. Eine solche statische Reproduktion ist für „...eine Gesellschaft, die nicht nur im Wandel begriffen ist, sondern diesen Wandel – zum Besseren – als ihren Lebenszweck betrachtet..." (Dewey 200, S. 113) gar nicht möglich. Erziehung als Wirkung der sozialen Umgebung meint für Dewey „beständige Neugestaltung, dauernden Neuaufbau, unaufhörliche Rekonstruktion" (Dewey 2000, S. 75). Dabei unterscheidet Dewey zwei Arten von *habits*: „Gewohnheiten nehmen teils die Form der Angepasstheit an – d.h. eines allgemeinen und dauernden Gleichgewichts der organischen Tätigkeiten mit der Umgebung –, teils die andere der aktiven Fähigkeit, das eigene Handeln unter neuen Bedingungen abzuändern und ihnen erneut anzupassen. Gewohnheiten der ersten Art bilden den Hintergrund des Wachstums; die der letzten

Art sind das Wachstum selbst. Aktive Gewohnheiten schließen in sich Denken, Erfindung und Initiative in der Anwendung von Fähigkeiten auf neue Aufgaben." (Dewey 2000, S. 79). So wie Erfahrungen zu Gewohnheiten gerinnen, so hat eine ganzheitliche Erfahrung auch die Kraft, die in bisher gemachten Erfahrungen formierten Haltungen und Einsichten zu verändern und andere Möglichkeiten aufzuzeigen. Wir machen „... *eine* Erfahrung, wenn das Material, das erfahren worden ist, eine Entwicklung bis hin zur Vollendung durchläuft. Dann und nur dann ist es in den Gesamtstrom der Erfahrung eingegliedert und darin zugleich von anderen Erfahrungen abgegrenzt." (Dewey 1988, S. 47; H.i.O.). Mit dieser Differenz geraten auch unsere Gewohnheiten in Bewegung. Kestenbaum hält dazu fest: „The experience is *an* experience, an integrated unified whole, because in interaction with the world, the habits constituting the self are formed into an new whole or configuration." (Kestenbaum 1977, S. 28; H.i.O.). Die Dinge der Umgebung spielen dabei eine wichtige Rolle; bei Diskussion der Frage, wie sie von äußerlichen Objekten zu Gegenständen unserer Erfahrung werden, unterscheidet Dewey zwischen *primary experience* und *secondary experience* (vgl. Dewey 1981, S. 15f.). Einerseits ist unsere Erfahrung ganz nahe bei den Dingen, sie erwecken einen Eindruck in uns, den wir ganz konkret und vor jeder Reflexion von ihnen haben und der sich wie ein Gefühl einstellt. „Denn Dinge sind in viel höherem Maße Objekte, die behandelt, benutzt, auf die eingewirkt, mit denen gewirkt werden soll, die genossen und ertragen werden müssen, als Gegenstände der Erkenntnis. Sie sind Dinge, die man *hat*, bevor sie Dinge sind, die man erkennt." (Dewey 2007, S. 37; H.i.O.). Andererseits werden dieselben Objekte auch zum Gegenstand unserer Reflexion, wenn wir unsere Wahrnehmungen und Handlungen bewusst vollziehen. Sie sind dann nicht mehr nur Teil der Umgebung, sondern auch in unserer Erfahrung. „Sie erklären die primären Objekte, sie befähigen uns, sie mit dem Verstand zu erfassen, statt einfach nur sinnlichen Kontakt mit ihnen zu haben." (Dewey 2007, S. 22). Im praktischen Vollzug einer Erfahrung gehören diese Dimensionen – der gefühlte Eindruck und unser Bewusstsein für diesen Eindruck – aber untrennbar zusammen.

Die wiederkehrende Begegnung mit bestimmten Verhaltensformen (Lesen der Bauanleitung, Beschreiben benötigter Bauteile, Bauen gemäß der Bauanleitung etc.) führt also dazu, dass diese sich aus dem Gesamtzusammenhang der Handlungsabläufe herausschälen und eine besondere Aufmerksamkeit der individuellen Wahrnehmung auf sich ziehen. Darüber werden sie zugleich zu „Dispositionen zum Handeln" (s.o.): „All habits are demands for certain kinds of activity; and they constitute the self. In any intelligible sense of the word will, they *are* will." (Kestenbaum 1977, S. 19.i.O.). Das Spiel von Carsten und Carl als „social medium" (Dewey) erfüllt in dieser Hinsicht mehrere Funktionen: es erzeugt Aufmerksamkeit (für die schematische Darstellung im Bauplan, für die Formulierung der eigenen Beschreibung, die Entsprechung zwischen Bauanleitung und konkreter Konstruktion etc.), es schult Gewohnheiten (des Verstehens einer schematischen Darstellung, der Transponierung in eine syntagmatische Formulierung, der systematischen Bearbeitung gestellter (Spiel-) Aufgaben etc.) und es schafft eine gemeinsame soziale Atmosphäre, die den beiden Spielpartnern eine spezifische Zugewandtheit in der Ordnung der Dinge ermöglicht.

Literatur

Bohnsack, R. (2009): Qualitative Bild- und Videointerpretation. Die dokumentarische Methode. Opladen und Farmington Hills.

Bollnow, O.F. (1971): Mensch und Raum. 2. Aufl. Stuttgart u.a.

Bürmann, I. (2000): Bildung als intermediäres Geschehen. Winnicotts Theorie des Übergangsbereichs in bildungstheoretischer Sicht. In: Neue Sammlung , Jg. 40, Bd. 4, S. 555-581.

Dewey, J. (1981): The later works, 1925-1953. Bd. 5: Experience and Nature. Hrsg. von J. A. Boydston. Carbondale und Edwardsville.

Dewey, J. (1988): Kunst als Erfahrung. Frankfurt a.M.

Dewey, J. (2000): Demokratie und Erziehung. Eine Einleitung in die philosophische Pädagogik. Aus dem Amerikanischen von E. Hylla. Hrsg. und mit einem Nachwort versehen von J. Oelkers. Weinheim.

Dewey, J. (2007): Erfahrung und Natur. Frankfurt a.M.

Dinkelaker, J./ Herrle, M. (2009): Erziehungswissenschaftliche Videographie. Eine Einführung. Wiesbaden.

Edie, J. M. (1987): William James and Phenomenology. Bloomington.

Foucault, M. (2001): Andere Räume. In: Ders.: Shortcuts. Frankfurt a.M., S. 20-38.

Kestenbaum, V. (1977): The Phenomenological Sense of John Dewey: Habit and Meaning. Atlantic Highlands: N.J.

Krinninger, D. (2009): Freundschaft, Intersubjektivität und Erfahrung. Empirische und begriffliche Untersuchungen zu einer sozialen Theorie der Bildung. Bielefeld.

Krinninger, D./ Schubert, V. (2009): Raum als Dimension und Medium von Bildung. Erziehungswissenschaftliche Grundlagen. In: Gaedtke-Eckardt, D.-B./ Kohn, F./ Krinninger, D./ Schubert, V./ Siebner, B. (Hrsg.): Raum – Bildung: Perspektiven. München, S. 17-37.

Makabe, H. (2010): Erinnerung im ‚Zwischenreich'. Über das Interesse Paul Klees an Kinderzeichnungen und Kindersprache. In: Dietrich, C./ Müller, H.-R. (Hrsg.): Die Aufgabe der Erinnerung in der Pädagogik. Bad Heilbrunn, S. 257-276.

Mannheim, K. (2003): Strukturen des Denkens. Frankfurt am Main.

Meyer-Drawe, K. (1984): Lernen als Umlernen. Zur Negativität des Lernprozesses. In: Lippitz, W./ Meyer-Drawe, K. (Hrsg.): Lernen und seine Horizonte. Phänomenologische Konzeptionen menschlichen Lernens – Didaktische Konsequenzen. Frankfurt a. M., S. 19-45.

Meyer-Drawe, K. (2008): Diskurse des Lernens. München.

Plessner, H. (1980): Die Einheit der Sinne. Grundlinien einer Ästhesiologie des Geistes. In: Ders.: Gesammelte Schriften 3: Anthropologie der Sinne. Frankfurt a.M. 1980, S. 9-315.

Ricoeur, P. (1972): Der Text als Modell. Hermeneutisches Verstehen. In: Bühl, W. L. (Hrsg.): Verstehende Soziologie. München, S. 252-283.

Scheuerl, H. (1994): Das Spiel. Untersuchungen über sein Wesen, seine pädagogischen Möglichkeiten und Grenzen. Bd. 1, 12. Aufl. Weinheim und München.

Winnicott, D.W. (1997): Vom Spiel zur Kreativität. 9. Aufl. Stuttgart.

Iris Kolhoff-Kahl
My home is my castle
Wie wir wohnen, und wie wir wohnen könnten

Wenn das Haus wie in der Redewendung zur Trutzburg wird, entsteht eine deutliche Grenzlinie zwischen privatem Wohnraum und öffentlichem Raum. Juristisch ist in Artikel 13 des Grundgesetzes verankert, dass die Wohnung eines Menschen unverletzlich ist. Ein Recht auf eine eigene Wohnung ist jedoch kein Grundrecht, obwohl jeder Mensch ein persönliches Territorium braucht, um sich zurückziehen oder wohnen zu können. Denn der Mensch ist nicht nur neugierig Wandernder, sondern auch ein ruhend Wohnender (vgl. Bollnow 1963).

Wohnen stammt vom gotischen „wunian" ab und bedeutet: bleiben, sich aufhalten, zufrieden sein, zum Frieden gebracht oder in ihm bleiben. Es bewahrt vor Schaden und Bedrohungen, schont den Menschen vor äußeren Einflüssen. Und nur, wenn wir das Wohnen vermögen, können wir auch bauen, bzw. schaffen wir Häute, Kleider und Häuser, die das Wohnen oder Leben ermöglichen (vgl. Heidegger 1959, 149ff.).

Beiläufig „heideggerianisch" fragt die Firma Ikea in ihrer Werbung „Wohnst du noch, oder lebst du schon?" und trifft damit einen Kernpunkt des Wohnraums, den viele Philosophen und Soziologen analysieren. Die Wohnung oder das Haus seien die Bühne konkurrierender Lebensstile, meint der Soziologe Pierre Bourdieu. Der Philosoph Heidegger konstatiert nach den einschneidenden Wohnentwurzelungen von Millionen von Menschen während des Zweiten Weltkriegs das „Wohnen als ‚In-der-Welt-Sein' ". Oder Wohnen bedeutet: „an eine bestimmte Stelle hingehören, in ihr verwurzelt und zu Hause sein. (…) einen abgeschlossenen Bereich der Geborgenheit (…), in dem sich der Mensch vor der bedrohlichen Außenwelt zurückziehen kann." (Bollnow 1963). Dies kann ein Zelt oder Palast oder das im Folgenden imaginierte Kopfweiden-Baumhaus als kindlicher Eigenraum sein.

Home sweet home!

Weite Wiesen und Kopfweiden begrenzen die Havel, Störche stelzen durch die feuchten Wiesen, Schwalben schwirren in der Luft und Frösche geben ein Quakkonzert. Ein fantastischer Spielplatz für Kinder in der freien Natur, auch für meine Tochter im letzten Sommerurlaub.

Eine ausgewählte Kopfweide hatte ausladende Äste, die in der Fantasie meiner Tochter die Terrasse ihres Hauses darstellten, an den Wurzeln befand sich eine tiefe Ausbuchtung für den Keller, der mit einem gefundenen Fischernetz versperrt wurde. Ein Ast diente als Küche mit Blick auf den Fluss, das Wohnzimmer hatte viel Sonnenlicht. Das Kinderzimmer lag ganz oben im Baum, weil das Hochklettern so Spaß macht. Direkt darunter befand sich das Schlafzimmer der Eltern. Ich stand in dem riesigen imaginierten Garten, mit Kletterbäumen und Gemüse- sowie Blumenbeeten. Eine fantasievoll skizzierte Idylle, ein romantisches Arkadien? Ein subjektiver Kindertraum oder ein kulturell „gewohntes" Muster, das meine Tochter sich im Laufe ihres Lebens gebildet und in ihren Körper eingeschrieben hat, weil ihre Wahrnehmung darauf aus ist, verbindende Elemente des Wohnens und der zugehörigen Räume zu erkennen, um sich in der Welt, in die sie hineingeboren wurde, zurecht zu finden?

Ästhetische „Wohn"-Muster-Bildungen

Wie können solche in den Körper eingeschriebene Wohnraumerfahrungen ästhetisch im Schulunterricht erforscht werden? Wie können Menschen das Wohnen und Hausen nicht nur als Trutzburg von Privatheit oder „My home is my castle" erfahren, sondern vielfältige Wohnmuster erfinden und sich damit ästhetisch bilden? Vor dem Hintergrund der „Ästhetischen Muster-Bildungen" (Kolhoff-Kahl 2009) haben sich Paderborner Lehramtsstudierende der Fächer Kunst und Textil verschiedensten Aspekten des Wohnens im WS 2009/10 im Seminar „My home is my castle" genähert, um alltagsästhetisch-biografisch, kulturwissenschaftlich und künstlerisch ihre „ge**wohn**ten" Muster gegen den Strich zu bürsten. Jede/r Studierende erforschte in diesem Prozess über sechs Monate lang einen selbst gewählten Wohnraum unter folgenden Aspekten: Hülle, Haus, Fassade, Grundriss, Schwelle, Zimmer, Möbel, Wohntextilien.
    Den „Ästhetischen Muster-Bildungen" liegt ein auf Wahrnehmungstheorien sowie konstruktivistischen, kreativitäts- und bildungsorientierten Theorien basierendes pädagogisches Handlungskonzept zugrunde. In diesem Modell wird Lehren und Lernen in folgendem Bildungskontext aufgespannt:
    Wenn im biologischen Sinn eines Gregory Bateson, „Ästhetik, die Aufmerksamkeit für das Muster, das verbindet, ist", dann kann man philosophisch weiterdenken und formulieren: Jeder Mensch muss tagtäglich in seiner Wahrnehmung Muster oder Ordnungen erkennen, um überleben zu können. Indem er sich zum einen individuell, zum anderen kulturell verortet, also für bestimmte Muster entscheidet, nimmt er selektiv wahr (vgl. Watzlawick 1990). Diese Selektion ist wichtig für unser tägliches Überleben und wir sind gute Mustererkenner und assimilieren die Welt in unsere Wahrnehmungsmuster. „Wie wohnst **du** denn?" ist ein bezeichnender Satz, der von eigenen internalisierten Wohnmustern auf andere schließt oder vor-urteilt, denn „Gewohnheit kommt von Wohnen. Wohnen vom Gewohnten." (Selle 1993, 70). Und das, was uns täglich in der Wohnung umgibt, prägt unsere „Leibwahrnehmung" (vgl. Merlau-Ponty 1966), ob wir das

wollen oder nicht. Durch unseren Körper sind wir überhaupt erst in der Lage, Wahrnehmungsmuster von Wirklichkeit zu erzeugen und die Wohnumgebung unseres Körpers spielt dabei eine wichtige Rolle. Es ist ein großer ästhetischer Unterschied, ob jemand in einem Zelt als Nomadenkind aufwächst oder in einem Zwei-Zimmer-Appartement im 34. Stockwerk einer Großstadt. Wer im Zelt aufwächst, hat andere Selektionen getroffen und damit auch andere „blinde Flecke" (Welsch 2006) erzeugt als ein im Hochhaus lebender Mensch.

Hier setzt das kreative Musterbilden zum Wohnen an. Menschen sind sehr beharrliche Gewohnheitswesen, aber gleichzeitig äußerst neugierig und können nicht nur Muster erkennen, sondern auch bilden. Um das zu tun, brauchen wir Störungen oder Perturbationen, bzw. müssen all die Kontingenzen (Schmidt 2008), für die wir uns im Alltag unserer Wohnprogramme nicht entschieden haben, weil wir aus der Situation heraus notwendig blind sein mussten, wieder zur Verfügung stellen. Und je offener eine Lernumgebung ist, je mehr kulturelle Reservoirs den Lernenden zur Verfügung stehen, desto differenzierter werden die neuen Musterbildungen, bzw. können die kreativen Möglichkeiten der Kontingenzbearbeitung ausgeschöpft werden.

Ziel der ästhetischen Muster-Bildungen ist, rund um thematische Wissens- und Handlungsfelder – hier die Wohnräume - , die wir alltagsästhetisch für uns gemustert haben, nun all die Perspektiven und Möglichkeiten des Andersseins zu öffnen, die wir noch nicht erforscht haben und so zu ästhetischen Erfindern werden. Skizzenhaft werden aus den Seminarforschungen einige ästhetisch forschende Zugangsweisen zum Wohnen vorgestellt.

Die „gewohnten" Muster alltagsästhetisch-biografisch reflektieren

30 Lehramtsstudierende stellten anhand von mitgebrachten Fotos vor, in welchen Wohnverhältnissen sie selbst groß geworden waren. Ein auffallend biografisches Wohnmuster von angehenden Kunst- und Textillehrer/innen, von denen 80% aus dem Paderborner Raum kamen, ergab sich. 27 waren in Einfamilienhäusern groß geworden, zwei in geräumigen Altbauwohnungen und eine Studierende in einer Plattenbauwohnung in Ostdeutschland. So einheitlich hatte sich niemand den ästhetischen Haus-„Musterkoffer" (Seydel 2005, S. 75) angehender Lehrer vorgestellt – beinah alle waren in einer wohlbegüterten Mittelschicht aufgewachsen. Ihre Häuser hatten ihnen Sicherheit und Geborgenheit in Kindheit und Jugend gegeben, wie auch einen relativ uniformen Wohnhabitus bzw. einen bestimmten Wohnlebensstil vermittelt.

Als die Studierenden ihre Häuser oder Wohnräume, zu denen sie forschen wollten, vorstellten, schlug ihr musternder Blick erneut zu: fast 70% hatten wieder ein Einfamilienhaus gewählt. Ein bewohnter Bauwagen, eine behindertengerechte Wohnung, eine Kapelle, ein Caféhaus und einige Wohnungen waren dabei. Es fehlten nicht nur nomadische Wohnformen wie Zelte, Wohnwagen oder Hotels, sondern auch andere sesshafte Wohnformen wie Paläste, Klöster, Burgen oder Gefängnisse.

All die blinden Flecke oder Möglichkeiten des Anders-Wohnens, die durch standardisierte Wohnformen des Eigenheims entstanden sind, wurden vor dem Hintergrund kulturwissenschaftlicher Raum- und Wohntheorien diskutiert und auch mit Hilfe von Künstlerstrategien gegen den Strich gebürstet:

Der französische Soziologe Pierre Bourdieu beschreibt Eigenheimsiedlungen als „Falle", die „meist auch eine Terrasse hat" denn das „Eigenheim besitzt am Ende den Eigenheimbesitzer" (Bourdieu 1998). Der Familientraum vom Eigenheim am Stadtrand kann leicht in einen Alptraum von Wohnmontonie, Abgrenzung durch Gartenzäune und Fenstervorhänge, „Mama-Taxis" und finanzieller Verschuldung sowie Vereinzelung führen. Der physisch neu gewonnene Wohnraum lässt sich nur schwierig in einen entsprechend lebbaren neuen sozialen Habitus überführen. Der Künstler Stefan Mauk öffnet einen subversiven Blick auf die Eigenheimsiedlungen am Stadtrand mit all ihren versprochenen Träumen: „Nr. 69; Neubau eines Reihenhauses (vgl. Kunstforum international. Bd. 184/2007, S. 92). Das Objekt liegt innerhalb eines Neubaugebietes an einer verkehrsberuhigten Ausfahrtsstrasse.

Die Bauherren hatten sich für den Bau eines Eigenheims entschieden, da sie ihre Kinder nicht in der Stadt grossziehen wollen. Den Innenausbau des Hauses erbrachten sie mit Unterstuetzung einiger Freunde in Eigenleistung. Vom eingesparten Geld moechte der Ehemann einen Zweitwagen fuer die Frau anschaffen, den sie fuer den woechentlichen Grosseinkauf benötigt. Kurz nach Fertigstellung des Gebaeudes hatte die Stadtplanung alle Neubauvorhaben gestoppt, um die weitere Ausdehnung der Ortsgrenze zu verhindern. Das hierdurch nicht mehr bebaubare Nachbargrundstück wollen die Bauherren voruebergehend in ihre Gartengestaltung miteinbeziehen. Die bereits aufgestellten Holzzäune sollen abgebaut und zum Bau eines (…) auf dem Nachbargrundstück genutzt werden." Ganz anders die Tatort-Häuser von Peter Piller (vgl. Kunstforum international. Bd. 184/2007, S. 95). Sie kommen als „normale" Eigenheime daher, so wie sie überall in Deutschland in einem Vorort stehen könnten. Sie wurden jedoch zum Tatort krimineller Energien, wie eine kurze Zeitungsnachricht vermeldet. Der Volksmund würde kommentieren „Der schöne Schein trügt…" oder „Unter jedem Dach ein Ach." und schon beginnt die Wahrnehmungsstörung und wir fangen an, unser Fühlen, Denken und Handeln bezogen auf unsere Alltagsnormen vom Hausen zu verändern. Viele der Studierenden berichteten, sie wären nach der Seminarstunde mit einem ganz anderen Blick auf Häuser und Wohnformen durch die Straßen gegangen, hätten auf Details geachtet, nach Mustern und Abweichungen gesucht und diese reflektiert. Ihnen war die kulturell verursachte „Wohn-Brille" mit ihrem eingeschränkten alltagsästhetischen Blick bewusst geworden.

Die eigene Wohnheimat, das, was den Studierenden bisher Sicherheit, Orientierung und Halt geboten hat, wurde als eine Verstrickung von kulturellem Wohngedächtnis und biografischer Wohnerfahrung bzw. Wohnidentität analysiert, die ein sicherer Boden für ästhetische Forschung und von dort ausgehende kreative Muster-Bildungen sind.

Bedeutsam ist es für Textil- und Kunstlehrpersonen, sich dieser biografisch und kulturell geprägten „Wohn-Brille" bewusst zu werden und sie kritisch zu hinterfragen, wie z.B. in Erwin Wurms „House attack", wo ein Fertighaus das Wiener Museum angreift (http://lifewithoutbuildings.net/wurm3.jpg), Standard gegen Unikat?

(Abb.1 Jung von Matt: Deutsches Wohnzimmer 2007)

Eine Seminaridee war geboren und hatte infiziert: „My home is my castle" ästhetisch so zu erforschen, dass eine differenzierte Skizze von Wohnmöglichkeiten entsteht.

Die „gewohnten" Muster kulturwissenschaftlich-rational einbetten
Alltagsästhetisch-biografische Reflexionskompetenzen bezüglich des eigenen Wohn-Musterkoffers sind eingebettet in ein kulturelles Wohngedächtnis (Assmann 1988). Mit kunst- und kulturwissenschaftlichen Methoden erforschten die Studierenden zu jedem ihrer gewählten Themen Zugänge zum kollektiven Wohnwissen oder zu den Speichergedächtnissen (Assmann 1999) mit Hilfe von Archiven, Internet, Bibliotheken und Museen etc.

Am Beispiel der modernen Couchecke, die wir in fast jedem Wohnzimmer finden, erforschte eine Studierende, woher dieses Möbel überhaupt stammt und wie es zu dieser Standardgruppierung von Wohnzimmerschrankwand, Couchecke und Tisch gekommen ist. Vergleichende Studien von Wohnzimmern in der europäischen Historie zeigten, dass die Couchecke im 17. Jahrhundert gar nicht bekannt war. Erst die Trennung von Arbeit und Wohnen hat zu einer zunehmenden Einfunktionalisierung der Räume geführt. Ungefähr mit Beginn der Industrialisierung hat diese

Entwicklung begonnen und einschneidend dafür war die Trennung von Wohn- (sala) und Schlafbereich (camera), die sich nun auch in bürgerlichen Kreisen durchsetzte. Das Bett und der Kleiderschrank, schließlich auch das Canapé wanderten damit aus dem Wohnzimmer heraus. Die Kommoden im Wohnzimmer erinnern daran, dass hier früher einmal Wäsche verstaut wurde (Warncke 1979). Auch das Esszimmer wanderte aus der Wohnstube und nahm Tisch und Stühle mit. Die Wohnzimmerschrankwand ist so Ausstellungsfeld für private Sammlungen geworden. In den funktionalen Leerraum des Wohnzimmers zog nun die Sofa- oder Couchecke ein, wie eine geschlossene Zelle oder eine Figur nomadischer Eingeschlossenheit, Symbol für die Behaglichkeit und Geborgenheit vor der Außenwelt, was die Künstlerin Herlinde Koelbl mit einer Fotoserie zu „Das deutsche Wohnzimmer" (1980) eindrucksvoll festgehalten hat. Ganz anders funktionierte das Sofa der Aufklärungszeit, das wie eine geöffnete Zelle den kommunikativen Kern des Salons bildete. Ebenso anders ordnete sich die „Gute Stube": eine degradierte Form des Salons, mit großem Tisch in der Mitte, einem Sofa und Stühlen rundherum. Woher die heutige Couchecke nun genau stammt, konnte aus den Quellen nicht eindeutig ermittelt werden. Aber viele historische Wurzeln und kulturelle Bedeutungen, die sich in der Couchecke verbinden, wurden zusammengestellt und zeigten auf, wie durch den Wandel der Möbel und ihrer Nutzung, die „Ordnung der Dinge" unsere Erfahrungen und Ausdrucksmöglichkeiten bestimmen, denn „jedes Wohnzimmer enthält – darin einem Museum vergleichbar – Restbestände von erledigten Funktionen, die anschaubar geworden sind." (Warnke 1979, S. 675). Die Couchecke erzählt noch von folgenden Ordnungen und Funktionen (Warnke 1979):
- symbolisiert Trennung von Schlafen, Wohnen und Essen in einzelne Zimmer
- löst die „Gute Stube" auf
- greift die kommunikativen Aspekte des Salons auf, aber in abgeschlossener Familienform
- schließt spielende Kinder aus, die in Kinderzimmer verwiesen werden
- gefriert den privaten Blick auf die Öffentlichkeit der Flimmerkiste

Die behauptete Zentralstellung der Couchecke mit Sofas, Stehlampe und Couchtisch als Herzstück des Wohnzimmers, identisch mit der Zimmerecke löst sich in den letzten Jahren mehr und mehr auf. Die Couch ist zum großen „L" mutiert, steht oft mitten im Raum oder nennt sich jetzt auch Lounge, ein Sitz-Liegemöbel, auf dem in einem Übergangszustand auf das nächste Ereignis gewartet wird: kein Symbol von Zuhause-Sein, sondern eher ein Zeitüberbrücken (vgl. Richter 2008).

Seit einigen Jahren ist eine Gegenbewegung eingetreten, die das Wohnen wieder in die Küchen, Bäder, Schlafzimmer ja sogar in die Außenwelten treibt. Couchecken in Wohnküchen, in Schlafräumen und in Gärten, Cocktailbars mit Sitzlandschaften, treiben das Wohnzimmer mit dem Sofa bis auf die Straße. In Robert Behars und Rosario Marquardts "The Living Room" (2001 http://www.architonic.com/ntsht/-form-follows-fear-in-conversation-with-roberto-behar-and-rosario-marquardt/7000470) treffen sich private Couchsphäre und öffentliche Straße in einem Stadtteil von Miami. Diese ungewöhnliche Musterbildung, eine überdimensionierte Wohnzimmerecke mit Vorhängen und Stehlampen, ornamentaler Tapete und symbolisch aufgeladenem roten Sofa aus vielen Talk-Shows, lädt zum Umstellen der „Ordnung der Dinge"

Abb. 2 Zimmer ohne Ikea Möbel   Abb. 3 Zimmer mit Ikea Möbel

ein. Die Bedeutung der Dinge, hier Möbel und Zimmer im „normalen" Alltag, wird durch die Neukombination bewusster. Diskurse über Kulturprogramme beginnen und die Möglichkeiten des Andersseins werden entdeckt.

Die „gewohnten" Muster künstlerisch-pragmatisch umstellen
ist ein dritter bedeutsamer Zugang zum Wohnen, der die alltagsästhetisch-biografischen und kulturwissenschaftlichen Forschungen vertieft.
Mit der Strategie des „Parasitierens und Infizierens" (Kolhoff-Kahl 2009) üben sich Studierende, einen Eindringling in ein bekanntes Wohnmuster zu setzen, um so festgefügte Wahrnehmungen zu irritieren und neue Muster möglich werden zu lassen. Parasitieren im antiken Verständnis bedeutete, ein Gast von draußen kommt an den Tisch und wird zum Gastmahl dazu geladen. Als Preis erzählt er von dem Leben draußen und gibt so der Tischrunde neue Themen und Orientierungen. Michael Serres (1980) hat den Parasiten als einen wichtigen Veränderungsmotor von Kultur angesehen. Und nichts anderes tut der Künstler Ruppe Kosselleck mit seiner parasitären Kunst, wenn er zwischen die Frauen-, Familien- und Kinder-Fotos in den Billy-Regalen der Bielefelder Ikea-Filiale sein Konterfei mit Glatze und Schnitzel oben drauf schmuggelt, um unseren Blick stutzig werden zu lassen. Immer nur schöne Frauen, spielende Kinder und Landschaften in unseren Wohnzimmerregalen? Eine „Ikeaisierung" (Düllo 2000, S. 92) unseres Wohnkonzepts, das uns zu Dauerjugendlichen macht?

Diesen Ikea Parasit, der sich subtil in Millionen Einrichtungen eingenistet hat, thematisiert eine Studierende anhand ihres eigenen Zimmers fotografisch. Jedes Mal, wenn sie in die Hände klatschte, verschwand auf dem Foto ein weiteres Ikea-Accessoire.

Oder die Studierenden „transformieren und reframen" (Kolhoff-Kahl 2009). Sie tauschen Kontexte aus, rahmen den Inhalt neu, setzen Wohnformen und Gegenstände in andere Materialien um, verändern die Techniken, die Oberflächen.

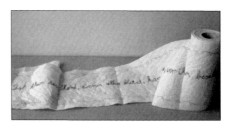

Abb. 4

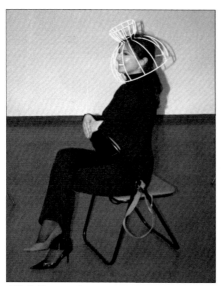

Abb. 5 Abgesetzt 1

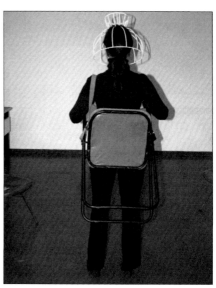

Abb. 6 Abgesetzt

So wurde eine Küchenrolle von einer Studierenden zum Thema Wohntextilien aufwändig von Hand mit dem Spruch bestickt: „Ist klein der Herd, wenn alles blitzt, kann glücklich sein, wer ihn besitzt." Langsames, mühsames von der Hand sticken, auf einem Wisch- und Wegwerf- Material. Weiblichkeit im Laufe von 100 Jahren zwischen „Wisch und Weg" und „Langes Fädchen faules Mädchen"?

„Performieren und Inszenieren" (Kolhoff-Kahl 2009) ist eine weitere künstlerische Strategie, die im Sinne der Muster-Bildungen leicht neue Muster bilden lässt. Zieh deine Möbel an und geh! Könnte das Motto zu dieser Performance lauten. Die Studierende hatte sich von Hussein Chayalans After Word Kollektion inspirieren

Abb. 7

Abb. 8

Abb. 9

lassen. Warum nicht Möbel ständig dabei haben, wenn man auf der Flucht ist, nomadisch lebt oder einfach mal unterwegs ausruhen will? Schließlich sind Möbel mobil im Gegensatz zu Immobilien.

Und dann wird künstlerisch viel **„bricoliert und erfunden"** (Kolhoff-Kahl 2009). Aus Vorgefundenem Neues kreieren oder alte Muster zu neuen verbinden. In der Seminarstunde zum Thema Fassade oder „Kleider der Häuser" entwickelte eine Studierende die Fassadenbox. Sie nutzte eine leere CD-Box, die sie innen mit weißem Papier hinterlegte. Sie klebte sie aus Zeitschriften und Werbungen immer neue Motive, Muster und Farben, die sie vor das weiße Papier und hinter das Plastik schob. „Verkleiden Sie Ihr Haus und finden Sie eine neues Outfit: alter Meister-Stil, City-Map, flotter Strick, Pizza-Service, Großstadt-Skyline…

Home is the place you left...

Wir brauchen das Gewohnte und wir haben als Lebewesen die Fähigkeit, mit unseren Sinnen Muster und Ordnungen zu erkennen, um im Alltag leichter überleben zu können. So sind unsere im wahrsten Sinne des Wortes gewohnten Muster ein wichtiger Teil unseres biografischen und kollektiven Identitätsgefühls.

Aber mit der Mustererkennung oder Einrichtung im Gewohnten alleine ist es noch lange nicht genug. Blieben wir ständig bei ihr, würde sie zum Korsett, zur Einengung oder zum vorurteilenden Tunnelblick. Im Sinne der ästhetischen Bildung heißt der Auftrag, aus Alltagsmustern zum Wohnen und Hausen neue Muster zu bilden, ihre kulturwissenschaftliche Einbettung zu erforschen und zu analysieren und sie künstlerisch-gestalterisch zu transformieren. Wir brauchen das Gewohnte nicht nur, um Sicherheit und Ordnung zu erfahren, sondern auch um Neues zu erfinden. „Home is the place you left" spricht für das Paradox der Musterbildung: Wir brauchen Gewohntes oder unser „castle", um kreativ zu werden und uns in Musterbildungen hineinzuwagen. Es braucht gewohnte Muster, um neue Wohnmuster zu bilden. Und je mehr wir zum Wohnen forschen, desto deutlicher wird unsere Heimat oder kulturelle Wohn-Brille, aus der wir kommen und desto reizvoller und interessanter werden all die anderen Möglichkeiten, die sich im Feld von Wohnen und Hausen auftun.

So entstehen Muster an Muster. Denken, Fühlen und Handeln verändern sich je nach Fragestellung, Interessen und Ideen. Die Kompetenzen sind ästhetisch forschende, die sich transversal zwischen Alltag, Kunst und Wissenschaft (Kämpf-Jansen 2000) bewegen und immer wieder Neues und Ungewöhnliches oder den anderen Blick hervorbringen.

Literatur

Assmann, A.: Erinnerungsräume. Formen und Wandlungen des kulturellen Gedächtnisses, München 2006 (3. Auflage, erste Auflage 1999).

Bollnow, O. F.: Mensch und Raum. Stuttgart 1963.

Bourdieu, P. (u.a.): Der Einzige und sein Eigenheim, Schriften zu Politik und Kultur, 1998.

Brüderlin, M.; Lütgens, A. (Hrsg.): Interieur – Exterieur, Wohnen in der Kunst, Kunstmuseum Wolfsburg, Hatje-Cantz-Verlag, Ostfildern-Ruit 2008.

Carstensen, J.; Düllo, T.; Richartz-Sasse, C. (Hrsg.): Zimmerwelten, wie junge Menschen heute wohnen, Essen 2000.

Düllo, T.: „Ikeaisierung" der Wohnwelt, wie uns ein Wohnkonzept zu Dauerjugendlichen macht, in: Carstensen, J.; Düllo, T.; Richartz-Sasse, C. (Hrsg.): Zimmerwelten, wie junge Menschen heute wohnen, Essen 2000, 92-99.

Habermas, J. (Hrsg.): Stichworte zur geistigen Situation der Zeit, Bd. 2, Politik und Kultur, Frankfurt 1979.

Heidegger, M.: Bauen, Wohnen, Denken, in: Vorträge und Aufsätze, Pfullingen, (2. Auflage).

Kämpf-Jansen, H.: Ästhetische Forschung, Wege durch Alltag, Kunst und Wissenschaft, Köln 2000.

Koelbl, H.; Sack, M.: Das deutsche Wohnzimmer. Frankfurt 1980.

Kolhoff-Kahl, I.: Ästhetische Muster-Bildungen, München 2009.

Merlau-Ponty, M.: Phänomenologie der Wahrnehmung, Berlin 1966.

Richter, R.: Wohnen nach Warnke, von der Couchecke zur Lounge, in: Brüderlin, M.; Lütgens, A. (Hrsg.): Interieur – Exterieur, Wohnen in der Kunst, Kunstmuseum Wolfsburg, Hatje-Cantz-Verlag, Ostfildern-Ruit 2008.

Schmidt, S.: Selektivität und Kontingenz konstituieren sich gegenseitig. In: Kunstforum international, Denken 3000, Bd. 190 März-April 2008.

Selle, G.: Die eigenen vier Wände, Zur verborgenen Geschichte des Wohnens, Frankfurt am Main, Campus Verlag, 1993.

Serres, M.: Der Parasit, Frankfurt am Main 1987.

Seydel, F.: Biografische Entwürfe, Ästhetische Verfahren in der Lehrer/innenbildung, Köln 2005.

Warnke, M.: Zur Situation der Couchecke, in: Habermas, J. (Hrsg.): Stichworte zur geistigen Situation der Zeit, Bd. 2, Politik und Kultur, Frankfurt 1979.

Watzlawick, P.: Wie wirklich ist die Wirklichkeit?, München 1990, (18. Auflage).

Ute Karlavaris-Bremer

KARLOS MALRAUM
Eine literarische Skizze

Im alten Haus Geruch von Terpentin und Ölfarben. Endlich. Karlo malt.

Wieder einmal stelle ich fest wie wohl ich mich fühle bei diesem Geruch. Er bedeutet Aufregung und Ruhe zugleich und die Gewissheit, er ist zuhaus, mein Maler.

Warum malt Karlo im Keller? fragen uns oft Besucher. Ein Atelier gehört doch nach oben, muss weit über den Dächern sein mit Blick in die Wolken. – Nun, wir entschlossen uns, das oberste Stockwerk des Hauses, Mansarde und große Terrasse, den Gästen zu lassen. Der Blick von hier oben reicht weit über die Kvarnerbucht bis zu den umliegenden Inseln, doch Karlos berühmte weite Himmel entstehen nahe zur Erde.

Hier, im Untergeschoss des Hauses, ist sein Malraum, kein Atelier im üblichen Sinne, sondern - fern jeglicher Boheme- und Künstler-Schaffens- Idylle - sein Arbeitsplatz. Der Ort, an dem er malt. Genauer gesagt: wo er mit Ölfarbe malt, denn die Aquarelle entstehen an anderen Orten.

Wie gern stieg ich hinunter zu ihm, auf der steilen Steintreppe, das Tablett mit Mokka und Keks in der Hand, hinunter in einen Raum voller Konzentration und Ruhe. Völlig vertieft in das Malen, bemerkte er mich oft nicht, hatte sowieso die Gewohnheit, vor einer Pause das Angefangene erst zu Ende zu bringen.

Auch jetzt sehe ich ihn wie er fest und zugleich entspannt vor der Staffelei steht, im Dialog mit seinem Bild. Er kehrt mir den Rücken zu, doch ich fühle wie sein Blick eintaucht in die Leinwand, die frischen Pinselstriche der Landschaft prüfend abtastet, die Fläche des Himmels in sich aufnimmt. Dann greift er zum Pinsel, wählt eine neue Farbe und trennt mit einem energischen Schwung das Meer vom Himmel.

Erst jetzt war Zeit für den Mokka; ich saß meist auf den Treppenstufen, er auf Stuhl oder Bett, und es fiel uns nie auf, dass es keinen Tisch gab im Raum. Für mich war hier ein Ort der Nähe, unserer Gespräche über seine Bilder aber auch des stillen Betrachtens, und es war beglückend zu erleben wie ein neues Bild entstand.

Besucher sah man nicht oft in Karlos Malraum, selbst gute Freunde hatten ihn selten dort erlebt. Für unsere Katzen allerdings war das Fenster im Atelier, das immer offen stand, der einzige Weg in des Nachbars Garten. Sie sind auch heute noch die ständigen Besucher von Karlos Malraum. Ob sie ihn auch vermissen?

Wie wirkte dieser Raum auf diejenigen, die nicht gleich nach oben gingen, in die Wohnküche sondern geradeaus, durch die Galerie hinunter ins Atelier und den Maler dort suchten, seine Bilder sehen wollten, manchmal sogar erwerben. Einige habe ich gefragt und gebeten ihre Eindrücke aufzuschreiben. Es ist interessant wie unterschiedlich und doch auch ähnlich diese Erinnerungen sind.

Raum-Erlebnis-Skizzen könnte man diese kurzen Texte nennen. Jeder soll für sich stehen und sprechen:

Schon der Weg von der Haustür zum Atelier ist eindrucksvoll – der schöne Eingangsbereich mit dem alten Gewölbe macht einen neugierig auf die Vergangenheit dieses Hauses und seiner Bewohner.

Man tritt durch eine weitere schöne, alte Tür und bleibt erst einmal stehen, blickt geradeaus durch die Fenster auf Weinranken und Baumwipfel, kann in der Ferne das Blau des Meeres erahnen. Rechts alte, rote Ziegeldächer, darüber das leuchtende Blau des Himmels über Istrien.

Zwischen den Fenstern behüten dunkle Holzregale bibliophile Schätze – unzählige Kunstbände und viele Sach- und Fachbücher in mehreren Sprachen.

Die Galerie vor den Regalen ist schmal, ebenso die Steintreppe, die an der rechten Wand hinunter führt, vorbei an der Wasserpumpe und am Holzlager.

Unten geht der Blick aus den Fenstern ins Grüne – Obst und Gemüse wachsen hier zum Greifen nah.

In der einen Ecke stand früher ein schönes, altes Bett – auch Künstler brauchen schöpferische Pausen.

Auf dem Steinboden liegen Strohteppiche, geschützt von Lagen Zeitungspapiers – Ölfarben machen sehr hartnäckige Flecken. Auch hier gewölbte Decken und Wandnischen, ein Kanonenofen für den Winter. Überall an den Wänden, auf den Tischen, auf dem Bett Skizzen und Notizen. Dazwischen Paletten, Pinsel, Farbtuben und -flaschen, über allem hängt ein leichter Terpentingeruch.

Im (gar nicht so großen) Raum verteilt stehen mehrere Staffeleien mit mehr oder weniger fertigen Gemälden. Was mich hier vor allem beeindruckte, waren und sind die unglaublich unterschiedlichen Blautöne des Meeres und des Himmels auf fast allen Gemälden.

Unwillkürlich schaute ich nach draußen – wenn Karlo dieses Leuchten hier ins Atelier gebracht hatte, musste es doch draußen fehlen – aber der istrische Himmel leuchtete wie zuvor.[1]

Es ist nicht der übliche Weg – ich gehe nicht nach rechts die Treppe hinauf in die große Wohnküche, nein ich gehe gerade aus durch die Galerie. Ein bisschen

---

1   So erinnert sich Regina Lenz, Gesamtschullehrerin in der Nahe von Giessen.

durcheinander ist alles hier, man könnte meinen es geht in den Keller – aber nein: Es riecht nach Ölfarbe und ein bisschen nach Katzen, und dann sehe ich Karlo an seiner Staffelei; ich muss die steile Treppe hinabsteigen, kann dabei geradeaus blickend das Tageslicht, einen Garten sehen, und ich schau mich gleich ein wenig um im Atelier - ein kleiner Ofen, ein ganz altes bemaltes grünes Bett, ein kleiner Sessel und dann, das Licht fällt darauf, die Staffelei - und kann sehen was Karlo da gerade malt.

Auf einer großformatigen Leinwand ein himmlisches Blau und auch eine grüne und weiße Linie.

Nach oben ist der Raum offen, drei Etagen befinden sich darüber und ich weiß, dass ich von der Terrasse einen wunderschönen Blick auf die Bucht von Opatija habe. Hier unten lenkt nichts ab vom Blau und vom inneren Blick. Die Farbtuben in Reichweite, gleich neben der Staffelei, alles genau dort wohin es gehört – griffsicher.

Im anschließenden Gewölbe öffnen sich kleine Türen, – was gibt es dahinter eigentlich? – Das ist alles nicht so wichtig!

Wichtig ist das Licht, die Leinwand, Karlo! Das Atelier – Karlos Malraum![2]

Karlos Atelier – das geschlossen- offene Mikrokosmos eines Künstlers, der alles an seiner Sicht auf die Welt und die Kunst misst und ihr unterordnet. Hier korrespondiert alles vollkommen mit Autor und Werk. Nicht zufällig ausgewählt, hat es seinen bestimmten Platz und wird mit Sorgfalt genutzt. Jetzt, wo der Künstler nicht mehr da ist, genügt die Sprache seiner Gegenstände und Bilder um über ihren Besitzer zu erzählen. Mancher Künstler muss seinen Raum, d.h. die Poetik seines Raums verstecken, doch Karlavaris kann stolz auf sie sein und für andere ein Vorbild.

Von der Handbibliothek gelangt man auf einer Steintreppe mit einem alten Holzgeländer ins Epizentrum, den Kern der Künstlerwerkstatt. Hier dominieren das nötige Malwerkzeug und Material, Skizzen, mit Stecknadeln an der Korktafel befestigt, abgenutze Paletten, Farbtuben und Pinsel bester Qualität, aber es gibt auch andere notwendige Gegenstände wie Radio, altes bemaltes grünes Bett, Ofen, Kühlschrank, Mülleimer und verschiedene Ethnosachen.

Doch der Mittelpunkt des Geschehens ist die Staffelei, auch sie nach dem Maß des Künstlers, völlig im Geiste des Schaffenden, und auf der Staffelei das letzte Bild, erst begonnen, nur die erste Schicht der Untermalung … Ohne

Größenwahn und billige Effekte wurde hier in aller Stille mit grosser Konzentration in einem geistigen Dialog mit der sogenannten kleinen und großen Welt gearbeitet. Karlavaris gab dem Bestehenden in seiner Malerei eine Form, das war

---

2   Text von Anneli Peters, Musikerin aus Papenrode, Karlos Schwägerin.

ihm Gebet, Leidenschaft und Genuss. Wie bei einem alltäglichen Beruf machte er sich an die Arbeit, völlig darin aufgehend.

Schaut man sich richtig um in seinem Malraum, wie viel könnte man darin ablesen, müsste eintauchen in die Geschichten der stummen Zeugen seines Schaffens, sie unbedingt bewahren. [3]

Immer wenn ich ihn in Kastav besucht habe, in seinem Haus, das typisch für die Bauart Istriens ist, haben wir weit gefächerte Gespräche von der Politik bis zur Kunst geführt.

Am Ende der Gespräche sind wir immer in seinem Atelier gelandet.

Sein Atelier war in zwei Ebenen konzipiert. Der obere Teil war eine Art Galerie. Eine schmale einläufige Treppe führte zum unteren Teil, wo das eigentliche künstlerische Schaffen statt fand.

Es war alles so maßstäblich, menschlich und harmonisch zwischen den Staffeleien mit den Bildern, die in Arbeit waren, dem kleinen Gusseisenofen, der Liege und einem kleinen Fenster mit Blick in den Garten.

Ein schmaler Gang mit Regalen für die Bilder bildete anschließend einen neuen offenen Raum, für mich die „ Schatzkammer" des Ateliers.

Hier hütete der Meister sein umfangreiches Werk. Es war immer ein besonderes Erlebnis, die Bilder mit Kommentaren des Künstlers zu begutachten.

Die Krönung aber war, wenn es mir gelungen ist ein Bild von ihm zu erwerben.

Er war sehr großzügig und verstand meine große Euphorie für seine Kunst.

Leider ist das alles Vergangenheit geworden und Bogomil Karlavaris hat uns für immer verlassen. [4]

Nach langer Fahrt endlich angekommen, erwartet uns eine Oase der Ruhe mitten in Kastav.

Ein Haus voller Geschichte und Erinnerungen, stets offen für Gäste und Besucher. Es gibt tausend Gründe immer mal wieder vorbeizuschauen und zu verweilen.

Zentraler Ort, obwohl räumlich nicht im Zentrum, das Atelier, jahrelange schöpferische Wirkungsstätte des Künstlers, Meisters und Hausherrn.

Holzempore mit Regalen voller Bücher, lange Treppe hinunter ins Atelier, Bett, Truhen, Bilder, Farben, Pinsel, Staffelei, zahlreiche Bilder, Sonnenstrahlen, Blick in den Garten

Durchs offene Fenster springt die Katze herein und sucht ihren Weg durchs Haus.

Manchmal wirkt die Szenerie wie ein Gemälde von Spitzweg.

---

3   Impressionen von Milan Živanović, Journalist, Dichter und Maler aus Novi Sad. (Übersetzung . U.K.-B.)
4   Erinnerung von Nenad Maširović, Architekt aus München.

Ich denke aber auch an so profane Dinge wie
Aufbau eines Weinregals – Instandsetzung der Wasserstation – Holz hacken und stapeln – Ofenrohr erneuern – quietschende Türen ölen – Fenster kitten – Weinpresse zwischenlagern –Werkzeug- und Materiallager, eine Fundstelle für alles, was man irgendwann noch mal gebrauchen kann.[5]

Bei jedem Wetter geöffnetes Fenster als Ein- und Ausgang für die Katzen. Malerischer Lichteinfall mit Katze auf der Fensterbank.
Heller, hoher Raum mit Zugang in die Katakomben; Küche und Dunkelkammer erst auf den 2. Blick sichtbar.
Feiner Farb- und Lösungsmittelgeruch und Karlo liegt auf dem kleinen Sofa, geschlossene Augen und sagt: komm nur, ich sehe Dich.[6]

Es ist lange her, als ich in der zweiten Hälfte der achtziger Jahre zum ersten Mal in das Atelier von Bogomil Karlavaris kam. Seither bin ich noch oft mit dem Malerfreund in den tief unten im Haus liegenden Atelierraum hinab gestiegen. Man kam aus dem dunkleren Oben hinunter ins Licht. Seit Bogomil tot ist, lebt

---

5   Assoziationen von Rainer Lenz, Ingenieur aus Giessen.
6   „Ein paar Gedank zum Ateleier" von Ingrid Wulf, gute Freundin des Hauses aus Kiel.

dieser Raum in der Erinnerung an ihn und seine Bilder in mir fort. Ich habe ihn in seinem Atelier fast nie an der Arbeit gesehen, er war dort der Freund, der mir Bilder zeigte, fast wie ein Angestellter des großen Malers. Ich erinnere mich an seine langsamen, bedächtigen Bewegungen, wenn er zwischen die Reihen der Bilder hineinging, die, wie schmale hohe Bücher, in großen Regalen aneinander lehnten. Vorsichtig nahm er sie heraus und stellte sie dann so auf, dass man sie alle sehen konnte, und weil es immer mehr wurden, war es, als würden sie miteinander einen episodischen Raum von Beziehungen herstellen. Heute weiß ich, dass diese Bilder die Idee, oder der Traum, oder die Utopie des verlorenen Jugoslawien sind. In dem kleinen hellen Raum, in den das Licht Istriens hereinfiel, stellte der Maler, Bild für Bild, den Zauberatlas einer verlorenen Welt zusammen, so wie nach dem Zerfall der Habsburgermonarchie in den Romanen Robert Musils, Joseph Roths oder Hermann Brochs die Welt von gestern verwandelt wurde in etwas, das weiter reicht als die unzulängliche vergangene Wirklichkeit. In dem kleinen Raum leuchtete, auf jedem Bild in einem andern Blau, der große Himmel Jugoslawiens. Über Karstmauern, der Kurve einer Küstenstraße, hinter einem istrischen Dorf, über den Feldern der Wojwodina, und als blaugoldener Hintergrund über Eisenbahngleisen. In jeder Mauer, in jedem Fußballfeld, jedem Straßenstück und jedem Geviert des Landes, von des Malers Hand erschaffen, steckt der unverlierbare Traum von Weite und zugleich Verbundenheit, die friedliche Idee der Kunst, dass das Einzelne in einem gelungenen, größeren Zusammenhang freier wird und schöner leuchtet.[7]

---

7   Mit „Herzblut" geschrieben von Hans Höller, Professor für deutsche Literatur an der Universität Salzburg.

Porta del Paradiso, Florenz. Foto Stephan Eckardt

Raum ist ein performativ erstelltes Koordinatensystem bedeutsam auf-
geladener Felder. Insofern hat dies viel mit gedanklichen Entwürfen und
imaginären Vorstellungen zu tun. Dies verweist darauf, dass Lebenswelt
kein Tatbestand ist, sondern ein gestaltbares Phänomen. Dies gilt auch
für bereits bestehende Architekturen, deren spezifische Wirkung und Atmosphäre sich erst durch die individuellen Vorstellungen der Bewohner
entfalten, wodurch eine Nutzung jenseits der planerischen Phantasien des
Architekten entsteht.

Der Leitsatz des amerikanischen Architekten Louis Sullivan, wonach die
Form eines Gegenstandes aus seiner Funktion abzuleiten sei („form follows
function")[1], ist demnach abzulehnen und in sein Gegenteil zu verkehren.
Die Architekturgeschichte ist voll von solchen Irrtümern.

Anja Mohr schlägt einen ungewöhnlichen außerschulischen Lernort vor:
den Bunker. Schüler sollen sowohl künstlerische Forschungsstrategien
als auch fachspezifische Ansätze erfahren, denn: Außergewöhnliche Orte
bedürfen außergewöhnlicher Maßnahmen!

Die alltägliche Welt ist durchzogen von bedeutungsvollen Wegmarken
(Hinweisschilder, Wegkreuze, Gedenksteine, Denkmäler...), die sowohl
Übersicht herstellen, als auch das „kollektive Unbewusste" visuell fest-
schreiben. Jutta Ströter-Bender analysiert in ihrer Studie das Beinhaus
von Verdun und verknüpft baugeschichtliche Untersuchungen mit einer
ethnographischen Betrachtung.

Das Anfertigen von auditiven Raumskizzen kann ein differenziertes Wahrnehmen bewirken und macht Raumwahrnehmung reflektierbar, so das Fazit
von Kerstin Asmussen.

Literatur

Sullivan, Louis (1896): The tall office building artistically considered. Lippincott's Magazine.
3/1896.

---

[1] „Es ist das Gesetz aller organischen und anorganischen, aller physischen und metaphysischen,
aller menschlichen und übermenschlichen Dinge, aller echten Manifestationen des Kopfes, des
Herzens und der Seele, dass das Leben in seinem Ausdruck erkennbar ist, dass die Form immer
der Funktion folgt. (Sullivan 1896).

Anja Mohr

Außergewöhnliche Räume bedürfen außergewöhnlicher Maßnahmen

In der Bildungsforschung geraten immer mehr die räumlichen Bedingtheiten der menschlichen Entwicklung in den Fokus. In der Schulbauforschung wird nach den Bezugspunkten gefragt, die den „Lernraum Schule" auf unterschiedliche Art und Weise konstituieren wie Bauformen, Farben oder Dekor. Untersuchungen deuten darauf hin, dass Architektur von Kindern und Jugendlichen normalerweise überhaupt nicht beachtet wird, außer sie ist besonders auffällig oder stört. Zwar nehmen Heranwachsende einen grundsätzlichen Zusammenhang zwischen den eigenen Befindlichkeiten und der umgebenden Architektur noch nicht wahr, Untersuchungen zeigen jedoch, dass sie sehr schnell für das Thema gebaute Umwelt zu sensibilisieren sind (vgl. Gadient 2009, S. 38). Der im folgenden Beitrag vorgestellte Lernraum befindet sich außerhalb der Schule und mag als ein Ort zum Lernen zunächst ungewöhnlich erscheinen. Es handelt sich um ein Gebäude, das die meisten Gießener Bürger kennen dürften, allerdings nicht unbedingt im Kontext der Bildung.

Das Projekt: „Mit Kunst Geschichte entdecken"

In direkter Umgebung der Gesamtschule Gießen-Ost und dem Institut für Kunstpädagogik in Gießen steht ein ehemaliger Fernmeldebunker aus dem zweiten Weltkrieg, der heutige Sitz des Musik- und Kunstvereins (Muk). Durch die räumliche Nähe der drei beieinander liegenden Institutionen ergeben sich optimale Kooperationsmöglichkeiten zur Durchführung von außerschulischen Projekten. Im Zentrum des Projektes „Mit Kunst Geschichte entdecken" steht das ästhetisch-künstlerische Erforschen des ehemaligen Fernmeldebunkers. Die an dem Projekt beteiligten Oberstufenschülerinnen und Schüler der Gesamtschule Gießen-Ost sollen bei der Erkundung dieses kulturhistorischen Ortes tiefer gehende Einblicke in künstlerische Forschungsstrategien und fachspezifische Ansätze erhalten (in Zusammenarbeit mit der Kunst- und Geschichtslehrerin Katja Seidel). Während sich die Persönlichkeit des Forschers bei quantitativen Methoden nicht widerspiegeln soll, ist künstlerisch-ästhetische Forschung ausdrücklich subjektorientiert, d.h. die ästhetisch Forschenden bleiben immer hinter der Forschung sichtbar. Die Schülerinnen und Schüler sind mithin eng in die künstlerischen Forschungsprozesse eingebunden (vgl. Kämpf-Jansen 2001). Ein spezieller Ansatz des Projektes ist die direkte Einbeziehung von Studierenden der Kunstpädagogik in die Forschungs- und Vermittlungsarbeiten. Sie entwickeln im Vorfeld didaktische Konzepte, mit

denen die Schülerinnen und Schüler die historischen Wurzeln und die spezielle
Architektur und Ästhetik des Militärbunkers erkunden können.

Der Bunker...

Der in Teilen denkmalgeschützte Fernmeldebunker aus dem zweiten Weltkrieg hat
im Laufe der Geschichte bereits mehrere Umdeutungen erfahren (vgl. Grether/
Kampe 1997). Die Kriegs- und Nachkriegszeit haben zu tief greifenden Veränderungen in seiner Funktion und Bedeutung geführt. Einst als Hauptquartier des
Oberkommandos des Heeres (OKH) geplant, wurde der Bunker trotz häufiger Ver-
legungsbefehle (letztendlich soll es 28 Terminänderungen gegeben haben) nicht als
Hauptquartier genutzt. Die genauen Gründe hierfür bleiben im Dunkeln. Vermutlich im Juni 1940 wurde der Bunker als Nachrichtenbunker in Betrieb genommen.
Sehr wahrscheinlich ist, dass 1941 junge Mädchen als Nachrichtenhelferinnen, so
genannte Blitzmädchen, als Ersatz für die im Krieg gefallenen Soldaten ausgebildet wurden. Größere Bedeutung erlangte der Fernmeldebunker in der allerletzten
Phase des Krieges 1944, als der Stab des Führungsnachrichtenregiments Quartier
bezog und die so genannte Ardennenoffensive vorbereitete. Am 28. März 1945
war der Krieg in Gießen zu Ende. Während die Stadt zu großen Teilen in Trümmern lag, blieb die Bunkeranlage weitgehend unversehrt. Von 1945-1992 wurden
US-Einheiten stationiert und die Kaserne in „Rivers-Barracks" umbenannt. Nach
Abzug der Truppen 1992 erhielt die Tauchabteilung eines Gießener Sportvereins
die Genehmigung, die Bunkeranlage mit den beiden komplett unter Wasser stehenden Kellergeschossen zu sichten und zu kartieren. Bei den Erkundungen des
Bunkers zeigte sich dieser als leere Bauhülle. Die einstigen fernmeldetechnischen
Anlagen waren bereits weitgehend demontiert. Seit 1995 fungiert der Bunker als
Sitz des Musik- und Kunstvereins Gießen. Einige Räume sind an bildende und
darstellende Künstler vermietet. Der Verein organisiert kulturelle Veranstaltungen,
Konzerte, Ausstellungen und große Partys.

... kein Ort wie jeder andere

Von der Öffentlichkeit und vor allem von den Jugendlichen, die den Bunker häufig
bereits durch Veranstaltungen kennen, wird kaum wahrgenommen, dass es sich
beim Sitz des Musik- und Kunstvereins um einen ehemaligen Militärbunker aus
der nationalsozialistischen Zeit handelt. Wie auch? Um bei Luftangriffen nicht als
Militäreinrichtung geortet zu werden, wurde der Bunker als normales Wohnhaus
getarnt. Ein Spitzdach, zwei Schornsteine, Fenster und eine mit Holz verkleidete

Stahltür deuteten von außen auf ein ziviles Gebäude hin. Erst im Inneren verweisen massive, dicke Betonwände, lange dunkle Flure, große Druckluftklappen und enge, ausgetretene Treppen auf architektonische Besonderheiten. Kaum wahrzunehmen ist die bautechnische Trennung des äußeren Baus mit 40 cm Wandstärke und der

Abb. 1: Fernmeldebunker außen
Abb. 2: Fernmeldebunker Keller

inneren Kernarchitektur, die mit 100 cm Wandstärke den eigentlichen Schutz bei Luftangriffen bot. Im Bunkerinneren wurden die beiden über der Erde liegenden Stockwerke im Laufe der Zeit modernisiert. Die komplett unter der Erde liegenden beiden Kellergeschosse sind dagegen noch im Originalzustand erhalten, wobei das zweite, acht Meter unter der Erde liegende Kellergeschoss komplett unter Wasser steht. Ein eigentümlicher Geruch lässt im ersten Kellergeschoss eine merkwürdig morbide Atmosphäre entstehen.

Der Sitz des Musik- und Kunstvereins birgt große Gegensätze in sich. So zeigt sich, dass dort, wo früher Angst und Bedrückung herrschten, heute Ausgelassenheit und Freiraum angesagt ist. Während die oberen Geschosse für die Öffentlichkeit zugänglich sind und modernisiert wurden, verharren die beiden Kellergeschosse in ihrem ursprünglichen Zustand und verwehren sich des öffentlichen Zutritts. Hier scheint die Zeit einfach stehen zu bleiben. In dem ehemaligen Fernmeldebunker prallen die beiden Pole „Früher" und „Jetzt" direkt aufeinander und werden in seltsamer Art und Weise vereint. Foucault nennt solche Räume „Heterotopien". Es sind „andere Räume", die im Gegensatz zu den Räumen stehen, in denen wir leben. Da Heterotopien die Gesellschaft im Kleinen abbilden oder aber als deren Gegenbild fungieren können, werden sie zum Spiegel der Gesellschaft und bieten damit die Möglichkeit der Reflektion und Hinterfragung von kulturellen Praxen und sozialen Normierungen [vgl. Foucault].

Projektvorbereitungen: Einfach reingehen und schauen genügt da nicht

Wie kann ein Gebäude, das sich derartig von unserer Alltagserfahrung abhebt, in seinen unterschiedlichen gesellschaftspolitischen, sozialen, kulturellen und ästhetischen Dimensionen erkundet und erfahren werden? Welche individuellen und vor allem produktiven Zugänge stehen zur Verfügung, um ein solches Netzwerk zu untersuchen? In der Kunst und in kunstpädagogischen Kontexten kann über das „Mapping" eine intensive Annäherung erfolgen, indem Räume in verschiedenen Medien und durch unterschiedliche künstlerische Methoden kartografisch aufgeschlüsselt und repräsentiert werden (vgl. Busse 2007). Für die bisher durchgeführten Projekte entwickelten die Studierenden in vorbereitenden Seminaren unter einer ganz bestimmten Forschungsfrage jeweils unterschiedliche künstlerische Ansätze und Strategien. Dabei bestimmten die spezielle Architektur und die frühere bzw. aktuelle Nutzung des Bunkers die künstlerischen Herangehensweisen. Für die jeweiligen Ansätze erarbeiteten die Studierenden in einem zweiten Schritt ein didaktisches Konzept und stimmten dieses auf die spezifische Lerngruppe ab. Im Sinne des offenen, künstlerischen Projektes galt es für die Studierenden einen Spagat zu meistern: Sie mussten bei den Schülerinnen und Schülern offene, experimentelle Arbeitsprozesse und eine subjektive Annäherung zulassen ohne den Blick für die Forschungsfrage zu verlieren (wobei sich natürlich in solchen Prozessen sogar die Forschungsfrage verschieben kann). Dies bedeutete, dass die Schritte der Schülerinnen und Schüler immer wieder kontextualisiert werden mussten (vgl. Buschkühle 2007). Als sehr produktiv erwies sich die Einteilung der Schüler in kleine Gruppen, die dann von jeweils einer Studentin/einem Studenten betreut wurden. Um den Bogen zur heutigen Nutzung zu spannen hatten die Jugendlichen am Ende eines jeden Projektes die Möglichkeit, die im Musik- und Kunstverein ansässigen KünstlerInnen (MusikerInnen, darstellende und bildende KünstlerInnen) in ihren Ateliers zu besuchen und deren Arbeit im Rahmen eines Workshops kennen zu lernen.

Projektbeginn vor Ort: Warming up im kalten Keller

Untersuchungen zeigen, dass Architektur wahrnehmbare Wirkungen auf Menschen hat, denn die „baulichen Charakteristika, die Materialien, Farben, Formen, die Lichtführung, die Binnenstruktur von Räumen, Raumgröße und Raumhöhe beeinflussen sowohl das körperliche als auch psychische Wohlbefinden in vielfältiger Weise" (Forster 2009, S. 55). Rittelmeyer konkretisiert die leiblichen Komponenten möglicher Auswirkungen: „Je nach Formen und Farben werden Spannungs- und Entspannungsgefühle, Gefäßdurchblutung, Blickbewegungen und andere physiologische Parameter in einer jeweils besonderen Weise provoziert" (Rittelmeyer 2009a, S. 14). Was in „normalen" Schulgebäuden auf subtile Art und Weise greift, ist im Kellergeschoss des Bunkers direkt spürbar: Während den zu Beginn eines jeden Projektes stattfindenden Wahrnehmungsübungen äußern die Schülerinnen und Schüler sehr häufig Emotionen wie Beklemmung, Unbehagen und Unsicherheit. Obwohl die Übungen immer in der Gruppe und bei eingeschaltetem Licht durchgeführt werden, bewirken die dicken, grauen Wände, der etwas modrige Geruch und beständige Temperaturen um 8 Grad eine beängstigende Atmosphäre. An dieser Stelle wird den Jugendlichen der Zusammenhang zwischen den eigenen Befindlichkeiten und den umgebenden baulichen und räumlichen Strukturen sehr anschaulich bewusst. Das Raumgefühl ergibt sich aus dem Zusammenspiel von außengerichteten Sinnen (z.B. Seh- oder Hörsinn) und innengerichteten Sinnen (z.B. Eigenbewegungssinn, Temperaturempfindung) (Rittelmeyer 2009b, S. 60). Im Fall des Bunkers scheint das Wissen um den militärischen Hintergrund des Gebäudes und die Vorstellung einer Kriegssituation die Emotionen noch um ein Vielfaches zu verstärken.

Außergewöhnliche Räume bedürfen außergewöhnlicher Maßnahmen: Performance und Malerei...

Beim ersten Projekt (2007) stand vor allem die spezielle Ästhetik und Architektur des ersten Kellergeschosses im Focus. Eine Schülergruppe, die die Kellertreppe ins Zentrum ihrer Erkundung stellte, fragte nach den architektonischen und atmosphärischen Merkmalen dieser Treppe. Die Schülerinnen und Schüler entwickelten Bewegungsabläufe, mit denen das Enge und Bedrückende der Treppe und der Höhenunterschied in performativen Aktionen mit dem Medium der Stimme und dem ganzen Körper zum Ausdruck gebracht wurden (Abb. 3: Performance). Mit den Bewegungen konnte die Treppe als Verbindung von Unten nach Oben, von Dunkel nach Hell, von Früher zu Jetzt, von Schutz zum Ausgeliefertsein leiblich erfahren werden.

Abb. 3: Performance

Da alle Aktionen auf Video aufgenommen wurden, konnten die Schülerinnen und Schüler die Wirkungen ihrer Handlungen direkt überprüfen.

Eine andere Gruppe versuchte die Atmosphäre des Bunkers mit spontanen malerischen Aktionen auszudrücken. Die Schwere und Mächtigkeit, die von den meterdicken Mauern ausgeht, die Kälte, Feuchtigkeit und Dunkelheit insbesondere des Kellergeschosses fanden Ausdruck in dunklen Farben und dickem Farbauftrag. Demgegenüber wurde das Leben im Hier und Jetzt, die Ungezwungenheit, mit der wir uns in der heutigen Gesellschaft bewegen können, mit hellen Farben und Flächen dargestellt. Für diese Herangehensweise wurden die Wände zweier Kellerräumen komplett mit dicker Pappe ausgekleidet (Abb. 4: Malerei).

...digitale Fotografie und Collagearbeit...

Die Gruppe "Digitale Fotografie" nahm sich der Architektur des Bunkers von innen und von außen an. Der eher emotionalen und subjektiven Ebene der Malerei wurde hier jedoch eine nüchterne, scheinbar teilnahmslose Perspektive entgegengesetzt, wie sie z.B. in den Industriebauten von Bernd und Hilla Becher Ausdruck findet. Obwohl die beiden oberen Geschosse des Bunkers modernisiert wurden, sind an vielen Stellen noch zeitgeschichtliche Belege zu finden. Auf der Suche nach ursprünglichen Dokumenten wurden die Schülerinnen und Schüler fündig: Sie fotografierten Rohre, Druckluftklappen, Schleusen, alte, herunterhängende Kabel, verrostete Schlösser und Türen (Abb. 5: Fotografie).

Einen ganz anderen Ansatz verfolgte eine Schülergruppe, die zwei Kellerräume zu einer Art Informations- und Dokumentationsraum umgestaltete. Sie näherte sich dem Thema Nationalsozialismus über unterschiedliche Informationsquellen: Hier wurden Texte gelesen, Bilder aus dem Internet und aus Büchern interpretiert (z.B. Propagandaplakate) und Quellen recherchiert. Die zu einer Art Collage auf dickem Karton zusammengestellten Bilder und Texte sind das Ergebnis einer vertiefenden Auseinandersetzung mit deutscher Geschichte (Abb. 6: Collage).

...Improvisationstheater und Lichtinstallation...

Auch bei dem 2008 durchgeführten Projekt blieb der Focus auf dem ersten Kellergeschoss. Beim Ansatz „Improvisationstheater" ging es darum, den eigenen Körper in Bezug zur Gruppe und zum umgebenden Raum zu setzen. Gemeinsam mit den Studierenden erarbeiteten die Schülerinnen und Schüler kurze performative Sequenzen, mit denen sie das Publikum bei der Vernissage direkt konfrontierten.

Abb. 4: Malerei

Abb. 5: Fotografie

Abb. 6: Collage

Abb.7: Improvisationstheater

Mit fast unmerklich voranschreitender Bewegung und sonorem Summen näherten sie sich als geschlossene Gruppe dem sich ebenfalls im Raum befindlichen Publikum, wodurch sich dieses immer mehr an die kahlen Wände gedrückt sah. Da die Schülerinnen und Schüler dabei die Köpfe gesenkt hielten, verweigerten sie sich einem Blickkontakt. Eine anonyme und bedrückende, fast bedrohlich wirkende Situation entstand und man bemerkte die Erleichterung des Publikums, als die performative Aktion stoppte (Abb.7: Improvisationstheater).

Bei der Gruppe „Lichtinstallation" lag der Schwerpunkt bei der Inszenierung von Räumen durch Licht. Angeregt durch die Licht-Raum-Installationen der Künstlerin Jeongmoon Choi gelang es den Schülerinnen und Schülern mit Schwarzlicht und aufgeklebten Bändern und Fäden nicht vorhandene Räume zu illusionieren und vorhandene Räume zu modulieren. Ein Bereich der Lichtinstallation bezog sich z.b. auf den zwar geplanten, jedoch nie gebauten unterirdischen Verbindungsgang zwischen zwei Bunkeranlagen. Bei normalem Kunstlicht zeigte sich lediglich eine mit Bändern beklebte Fläche. Bei Schwarzlicht allerdings erschien der Weg real: Die perspektivische Verkürzung simulierte die ersten Meter durch den Gang (Abb. 8: Lichtinstallation). Mit der gezielten Verwendung der Materialien konnten Raumeindrücke verstärkt oder negiert und räumliche Bezugspunkte verdeckt oder hervorgehoben werden. Mit einer Zeitschaltuhr versehen, wurden die Räume innerhalb einer Sekunde tatsächlich zu „anderen Räumen".

...Kooperation mit einem Fotokünstler

Ein Novum des 2010 durchgeführten Projektes war die Zusammenarbeit mit dem Siegener Fotokünstler Thomas Kellner, wodurch der Schwerpunkt im Projekt auf fotografische Verfahren als forschende künstlerische Strategie gelegt wurde. In seinen großformatigen Fotografien dekonstruiert Kellner unterschiedliche Arten von Architektur zunächst, um sie danach wieder neu zu konstruieren. Kellner bildet Bauwerke weniger im Sinne einer dokumentierenden Fotografie ab, son-dern verändert, kommentiert und inszeniert die Gebäude zu einer neuen visuellen Erfahrung. Die Gebäude scheinen zu zerbrechen und hin und her zu tanzen. Auf internationalem Parkett agierend setzt sich Thomas Kellner fotografisch mit be-rühmten Bauwerken wie der Golden Gate Bridge in San Franzisco, dem Eiffelturm in Paris, dem Kolosseum in Rom oder der chinesischen Mauer auseinander (s. http://www.tkellner.com/). Mit der Einbeziehung eines renommierten Künstlers sollte jedoch keinesfalls versucht werden, dessen Arbeitsweise zu kopieren. Es ging vielmehr darum, Kellners Ansatz der Dekonstruktion und Rekonstruktion als Verfahren aufzunehmen und auf die Gegebenheiten vor Ort zu transformieren. Nach unterschiedlichen Übungen, in denen es um einen subjektiven Zugang zum Gebäude und seinem Umfeld ging (z.B. Frottagearbeiten an der Fassade oder se-lektierende Wahrnehmungsübungen mit einem Papprahmen), konnten die Schüle-rinnen und Schüler den Bunker in fünf Themenbereiche aufschlüsseln: Emotionen, historische Nutzung des Bunkers, heutige Nutzung des Gebäudes, Architektur/ Raum und Individuum. Gleichzeitig wurde der Bunker in fünf unterschiedliche räumliche Bereiche segmentiert: Erdgeschoss, Fassade, Keller, 1. Obergeschoss und Außengelände. Die Themen und Orte wurden im weiteren Projektverlauf

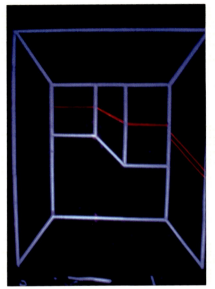

Abb. 8: Lichtinstallation   Abb. 9: Kameraaufnahmen-Arbeitsprozess

Abb. 10: Tableau-Historische Nutzung

in den Arbeitsgruppen mit der Kamera „abgetastet", d.h. jeder Ort wurde unter einem bestimmten Thema betrachtet und fotografisch in Szene gesetzt (Abb. 9: Kameraaufnahmen-Arbeitsprozess). Im letzten Projektabschnitt wurden die einzelnen Ansätze nach ästhetischen Aspekten weiterentwickelt und die Fotografien schließlich zu Tableaus, Collagen, Friesen und Powerpointpräsentationen neu kombiniert (Abb. 10: Tableau-Historische Nutzung). Durch die Segmentierung und anschließende Neukombination der unterschiedlichen Perspektiven entstand ein umfassendes und neues, aber auch kritisches Bild von der ehemaligen Bunkeranlage und dem heutigen Sitz des Musik- und Kunstvereins (weitere Bilder dieses Projektes sind auf der Homepage von Thomas Kellner zu finden: http://www.tkellner.com/index.php?id=3660).

„Abtauchen in eine andere Zeit"

Für die Besucher von kulturellen Veranstaltungen gibt der Bunker seine frühere Nutzung nicht preis. Erst bei einer intensiveren Durchdringung gelingt es, hinter die Fassaden zu schauen und seine „Tarnung" aufzudecken. Für die Schülerinnen und Schüler war das intensive Arbeiten in Gruppen über viele Stunden hinweg, das „Abtauchen in eine andere Zeit", wie eine Schülerin es nannte, sehr spannend. Die ästhetische Auseinandersetzung mit dem Nationalsozialismus an einem Ort, der selbst ein kulturhistorisches Zeugnis ist, empfanden die Schülerinnen und Schüler als eindringlich und bewegend. Dass sie den Bunker, der in ihrer nächsten Umgebung steht, bereits aus anderen Kontexten kannten, ohne jedoch seine historische Bedeutung wahrgenommen zu haben, stimmte viele nachdenklich und brachte einige zu der Überlegung, inwiefern es vielleicht in ihrem eigenen Stadtteil noch andere Orte und Gebäude gibt, die im Laufe der Zeit eine Umdeutung erfahren haben. Durch die intensive ästhetisch-künstlerische Auseinandersetzung der Schülerinnen und Schüler *mit* dem Gebäude und *in* dem Gebäude konnten nicht nur Einsichten in künstlerisch-ästhetische Forschungsmethoden, sondern auch vertiefende Erkenntnisse zur Architektur und Kulturgeschichte des Bunkers gewonnen werden.

Projektperspektiven: „Forschungskarte Schullandschaft"

Vorstellbar ist, weitere Gebäude im Stadtgebiet auszuwählen und sie mit Schülergruppen ästhetisch zu erkunden. So dürften im nahen Umkreis jeder Schule diverse, im Umbruch befindliche Orte und Räume zu finden sein, die ihre Historie und die Spuren ihrer Vergangenheit erst bei einem intensiveren, zweiten Blick freigeben und damit zum Gegenstand für ästhetisches Erkunden werden. In Gießen z.B. ist der Neue Kunstverein in einem kleinen Pavillon untergebracht, der 1937 eigentlich als Kiosk-, Toiletten- und Umspannanlage am Rand des Friedhofs erbaut und nach dem Krieg als typisches Wasserhäuschen genutzt wurde (http:// kunstverein-giessen.de/ort.htm). Möglicherweise haben einzelne Schulen selbst eine gewisse Umdeutung erfahren, die es zu erkunden gilt. Die unterschiedlichen Ansätze und Ergebnisse könnten in einer „Forschungskarte Schullandschaft" zusammengestellt werden.

Literatur

Buschkühle, Carl-Peter (2007): Bildung im künstlerischen Projekt. http://www.schroedel.de/kunst-portal/bilder/forum/200711_text_Buschkuehle.pdf

Busse, Klaus Peter (2007): Vom Bild zum Ort: Mapping Lernen. Norderstedt/ Köln.

Forster, Johanna (2009): Raumwirkungen – Das Beispiel Schulbau. In: Gaus-Hegner, Elisabeth/ Hellmüller, Andreas/ Wagner, Ernst/ Weber-Ebnet, Jan (Hrsg.): Raum erfahren – Raum gestalten. Architektur mit Kindern und Jugendlichen. Athena Verlag. S. 55-58.

Foucault, Michael (2006): Von anderen Räumen. In: Jörg Dünne/ Stephan Günzel: Raumtheorie. Grundlagentexte aus Philosophie und Kulturwissenschaften. Suhrkamp.

Gadient, Hansjörg (2009): Ein Zugang zur Architektur. In: Gaus-Hegner, Elisabeth/ Hellmüller, Andreas/ Wagner, Ernst/ Weber-Ebnet, Jan (Hrsg.): Raum erfahren – Raum gestalten. Architektur mit Kindern und Jugendlichen. Athena Verlag. S. 38-40.

Grether, Michael/ Kampe, Hans Georg (1997): Deckname „Hansa". Die Bunker im geplanten Hauptquartier des OKH in Gießen. Dr. Erwin Meißler Verlag.

Kämpf-Jansen, Helga (2001): Ästhetische Forschung. Köln.

Rittelmeyer, Christian (2009a): Qualitätskriterien schülergerechter Schulbauten. Ein Einblick in die internationale Schulbauforschung. In: Bund Deutscher Architekten BDA Ruhrgebiet (Hrsg.): Lernraum Schule. 1. Marler Symposium zu Architektur & Pädagogik, S. 4-19.

Rittelmeyer, Christian (2009b): Architekturwahrnehmung von Kindern und Jugendlichen – Am Beispiel der Schulbauten. In: Gaus-Hegner, Elisabeth/ Hellmüller, Andreas/ Wagner, Ernst/ Weber-Ebnet, Jan (Hrsg.): Raum erfahren – Raum gestalten. Architektur mit Kindern und Jugendlichen. Athena Verlag, S. 59-61.

Jutta Ströter-Bender

Verdun
Das Beinhaus von Douaumont (Ossuaire de Douaumont)

„Wenn man in der Gegend um Verdun umherfährt, hat das Beinhaus etwas Unvermeidliches. Man wünschte, es niemals gesehen zu haben..., dieses... fürchterliche Monument...". (Bally 2010, Z1)

„Gericht". Die Schlacht von Verdun

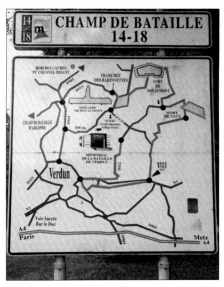

Abb. 1 Areal der Schlachtfelder von Verdun

Im 1. Weltkrieg starben zwischen 1914-1918 mehr als 17 Millionen Menschen, davon 10 Millionen Soldaten und 7 Millionen Zivilisten. Die Spuren dieses Weltkrieges prägen bis heute in Form von Kriegsopferdenkmälern öffentliche Räume in den kriegsbeteiligten Nationen. In den Gedächtnissen zahlreicher Familien sind – wenn auch überlagert von den dramatischen Ereignissen des 2. Weltkrieges (1939-1945) – mehr oder weniger verschwommene Erinnerungen an Großväter, Urgroßväter und andere Verwandte wach, die im 1. Weltkrieg an zahlreichen Fronten kämpften, traumatisiert, verwundet oder getötet wurden. Einzelne Regionen, vor allem an der ehemaligen Nord- und Westfront in Frankreich und Belgien sind bis in die Gegenwart von den Schlachten und Verwüstungen des 1. Weltkrieges gezeichnet. An diesen Fronten starben 2 880 000 Soldaten aus Frankreich, Belgien, dem Commonwealth und Deutschland (Desfossés, Jacques, Prilaux, 2008, S. 67).

Im Besonderen wurde durch die Schlacht von Verdun eine ganze Region mit ihren Landschaftsformationen und Dörfern umgestaltet. Diese Schlacht, von dem Generalstab der deutschen Truppen zum Jahresende 1915 als das „Gericht" an der festgefahrenen französischen Westfront geplant, dauerte 300 Tage, vom 21. Februar 1916 bis Ende Dezember 1916. Sie forderte auf französischer, deutscher und englischer Seite mehr als 700.000 Opfer (ca. 300.000 Gefallene, 400.000 Vermisste und Verwundete) als Konsequenz der sogenannten Strategie einer „Ausblutungsschlacht" (Ettighofer 1976, S. 19).

Auch zahlreiche Kunst- und Kulturschaffende waren als Soldaten in dem Geschehen um Verdun involviert. So fiel bei einem Erkundungsgang auf den Schlachtfeldern von Verdun am 4. März 1916 der Künstler Franz Marc (Jahrgang 1880). „Seit Tagen,, so schrieb er an seine Frau Maria zwei Tage vor seinem Tod, „seh ich nichts als das Entsetzlichste, was sich Menschengehirne ausmalen können." (Marc 1982, S. 150) Der spätere Bauhauslehrer Oskar Schlemmer (1888-1943) kämpfte als Kriegsfreiwilliger bei Verdun und wurde später bei Lille verletzt. Am 3. November 1915 notierte er in seinem Tagebuch: „Alle Traditionen sind zerbrochen." (Schlemmer 1958, S. 43) Der Frankfurter Abiturient Gottfried Diehl (1896-1955) wurde 1916 beim Sturm der deutschen Truppen auf die Festung Douaumont bei Verdun schwer verwundet. Seine traumatischen Erfahrungen führten ihn im Lazarett zur Entscheidung, Künstler zu werden. Er verfasste in der Genesungsphase eine Anzahl von Versen, die nach Kriegsende in der expressionistischen Gedichtmappe „Schatten" veröffentlicht wurden (Schmidt-Fürnberg, 2000, S. 20):

„Wieder ist der Wechsel in den Zeiten – Herbstwind klaget fiebrig heiss, Schwarze Vögel rasend kreisen, der Berge Stachel kündet Leid."

Verwundete Erde

Einer der bekanntesten Zeugen der Schlacht von Verdun, Paul Ettighofer (gest.

Abb. 2 Museumsvitrine im Turmaufgang

1976) hat einen minutiösen Bericht über die grausame Kriegsführung verfasst (Ettighofer 1976, S. 298). Allein die Munitionsmasse aus den Rüstungswerken für die Schlacht von Verdun benötigte (von deutscher Seite aus) 2700 voll beladene Güterzüge, die aneinandergereiht eine Länge von 1.280 km ergeben hätten. Das Getöse der Schallwellen, die von den massiven Explosionen der Artilleriegeschütze an der Front verursacht wurden, konnte in einem weiten Radius gehört werden – je nach Windrichtung bis Paris, Straßburg, Köln. Die Artilleriefeuer wälzten gigantische Erdmassen hin und her und verlagerten Hügel und Täler. Im Erdreich der Kampfzonen befinden sich noch heute pro Hektar mehr als 50 Tonnen Stahlsplitter.

„Du hast oftmals, während der Feuerpausen, wahllos eine Handvoll Erde gegriffen und sie zum Zeitvertreib analysiert. Und in jeder Handvoll Verdun-Erde fandest du einen größeren oder kleineren Gegenstand, den es vor der Schlacht in diesem Gelände nicht gegeben hatte – einen Knopf, ein Stück Uniform, einen Stahlsplitter, oftmals auch einen Knochensplitter, dann Haare, Lederstückchen, Gewehrgeschosse, Spuren verschütteten Essens oder Kot...". (Ettighofer 1976, S. 300)

Gedenkkultur

Das Gedenken an diese gravierenden historischen Ereignisse und ihre Opfer gilt inzwischen als europäisches Kulturgut und wird durch Museums- und Denkmalspfade in den ehemaligen Schlachtfeldern bewahrt und weitergegeben. Eine „Archäologie des 1.Weltkrieges" (Archéologie de la Grande Guerre) nimmt sich in Frankreich seit den achtziger Jahren der wissenschaftlichen Sicherung und Dokumentation von materiellen Überresten der militärischen Auseinandersetzung und der Bergung und Identifikation von Gebeinen an.

Abb. 3 Ausflugsziel für Familien

Sie begreift sich als Beitrag zur kollektiven und individuellen Erinnerungskultur, die durch Artefakte verortet und aktiviert werden kann (Desfossés, Jacques, Prilaux, 2008).

Auf den ehemaligen Schlachtfeldern des rechten Meuse-Ufers, auf einem Anhöhenkomplex über Verdun, erschließt sich, fast 100 Jahre später, ein gewaltiges musealisiertes, zum Teil parkähnliches Areal der wichtigsten Kampfzonen, von Bally auch als „Park des wahnsinnigen Gärtners" bezeichnet (Bally 2010, Z1). Es ist umgeben von einem verwilderten, düsteren Niemandsland, einer „No-Go-Area". Wälder haben die ehemaligen Frontbereiche mit ihren Schützengräben und Einschusslöchern überwuchert. Bis heute ist der Boden voller Kriegsreste,

Gebeine und Munition. Seine Begehung ist verboten und zieht Abenteurer, Hobby-Archäologen und Militaristen an.

Mehr als 600.000 BesucherInnen begeben sich jährlich (Steinecke 2007, S. 162f.) auf den Spuren der privaten Familiengeschichte wie aus vielfältigen anderen Intentionen in das offizielle Gelände der Gedenkstätten mit seinen Weganlagen, Festungsmauern, Ruinen, Denkmälern, einem Kriegsmuseum und dem sogenannten Beinhaus, dem Ossuaire de Douaumont, zentrales Symbol für Verdun und das „Herz des Schlachtfeldes" (Petermann 2007, S.159). Vor dem Ossuaire breitet sich im Verbund mit anderen Soldatenfriedhöfen ein Gräberfeld mit Kreuzen für 16.142 französische Soldaten aus. Allein im Bereich von Verdun werden im Jahr mehr als 70 inoffizielle wie offizielle Gedenkzeremonien veranstaltet (Petermann 2007, S. 127).

Baugeschichte des Ossuaire de Douaumont

Abb. 4 Ossuaire de Douaumont

Sandra Petermann dokumentiert in ihrer Studie zu Ritualen und Rauminszenierungen im kollektiven Gedenken der Schlacht von Verdun ausführlich den aktuellen Forschungsstand zur Entstehungsgeschichte des Beinhauses, der zentralen Gedenkstätte für die Opfer, Toten und Vermissten von Verdun (Petermann 2007, S. 108f.).

Nach dem Ende des Krieges (11. November 1918) wurden auf den ehemaligen Schlachtfeldern von Verdun Hunderttausende von Knochenteilen geborgen, die größtenteils nicht mehr identifiziert werden konnten. Sie wurden provisorisch auf den überfüllten Friedhöfen der Umgebung begraben.

Wenn die Nationalität der Gefallenen noch identifiziert werden konnte, wurden die Gebeine streng nach ihrer Herkunft geordnet. Zugleich begannen nach dem Ende der Kämpfe Plünderer und Souvenir-Jäger, die Schlachtfelder und die sterblichen Überreste der Soldaten nach verwertbaren Überbleibseln zu durchsuchen (Desfossés, Jacques, Prilaux, 2008, S. 67).

Es bildete sich im Rahmen dieser Ereignisse eine Initiative, für die Angehörigen und Kameraden der Kriegsopfer eine Stätte des Trauerns, des Gedenkens und des

Gebetes zu errichten und den nicht identifizierbaren Gebeinen einen würdigen
Aufbewahrungsort zu schaffen. Der Bischof von Verdun, Mgr. Ginistry, der die
Schlachten und die Zerstörung von Verdun zuvor erlebt hatte, setzte sich bereits
1919 mit General Valentin (Kommandant in den Schlachten von Verdun) und
Prinzessin Henri de Polignac (einer Kriegerwitwe) dafür ein, auf dem Gebiet der
Schlachtfelder am Kamm der Festungsanlagen von Douaumont eine Gedenkstätte
zu errichten, dort, wo die schwersten Kämpfe stattgefunden hatten. Dies entsprach
insbesondere auch den Wünschen des Marschalls von Pétain (Petermann 2007, S.
109). Zahlreiche Spenden aus dem In- und Ausland ermöglichten die erste Grund-
steinlegung für eine kleine Kapelle am 22. August 1920, bestimmt als Gebets- und
Andachtsort für die Angehörigen. Dann folgte auf dem Terrain die Errichtung des
Beinhauses von Douaumont.

Die Architekten des Beinhauses, Léon Azéma (1888-1978), Max Edrei (1879-
1972) und Jacques Hardy hatten 1921 den Wettbewerb (von 56 eingereichten
Entwürfen) für das Monument gewonnen, in dem sie mit ihrem architektonischen
Konzept die Jahrhunderte alte europäische Tradition der sogenannten Ossuairen
(Beinhäuser) aufgriffen (Chaplain 2004). Dabei handelt es sich, meist in direkter
Verbindung mit einer Kapelle, um ein Gebäude, in welchem Gebeine nach einer
Umbettung aufbewahrt werden (um Platz auf dem Gräberfeld zu schaffen) und
zugleich zur Schau gestellt werden. „Ihre wichtigste Funktion liegt darin, dass
der Betrachter sich den erbarmungswürdigen Zustand der Toten vor Augen füh-
ren muss...Zudem dienen sie als ´Ersatzorte´ des Trauerns für Hinterbliebene".
(Petermann 2007, S. 28f.)

Die Architekten folgten bei ihren Planungen den konkreten funktionalen Vorgaben durch ihre Auftraggeber: Ausreichend Räume für die riesigen Knochenberge
zu schaffen und ihre Lagerung mit Formen religiöser, öffentlich-militärischer und
privater Gedenkkultur, mit Aufmärschen, Ritualen und Ehrungen zu verbinden.
Eine Grabstätte zum Gedenken aller vermissten Soldaten sollte somit entstehen.
In der ästhetischen Konzeption folgte der Entwurf dem zeitgemäßen Stil der sakralen Architektur des französischen und belgischen Art Déco, der in Anlehnung
an internationale Entwicklungen schwere, kantige Formen ornamental in anspie-
lungsreichen Phantasiegebilden neu zu definieren versuchte (Berents 1998, S. 133).
Auf dem Territorium der Gedenkstätten von Verdun wurde nach langjähriger
Bauzeit am 7. August 1932 das gigantische Mahnmal unter großer öffentlicher
Anteilnahme eingeweiht. Sorgfältig aus grauem Granitstein im Stil antiker römischer Bauten zusammengefügt, erstreckt sich, einen hohen Turm flankierend,
auf der Anhöhe des Gräberfeldes das monumentale Langhaus von 137m Länge
mit seinen abgerundeten Seitenschiffen. An der Außenseite des Bauwerkes befinden sich in Stein gemeißelt die 147 Wappen derjenigen Städte, welche Geld
für das Monument gespendet hatten. Das Gebäude zählt in seinem Souterrain 46

sarkophagähnliche Beinkammern aus Granit, die jeweils einem Hauptsektor der
Schlachtfelder von Avocourt bis Eparges zugeordnet sind. Diese Kammern, die
Kapellen gleichen sollen, beherbergen die sterblichen Überreste von ca. 130.000
unbekannten französischen und deutschen Soldaten, die vorwiegend durch Spreng-
körper getötet wurden. Durch Glasscheiben wird es möglich, von Außen in die
Knochenberge hineinzusehen.

Abb. 5 Portal der Kapelle

Die Stockwerke darüber öffnen sich
für eine katholische Kapelle, in der
Mitte, im „Herzen" des Gebäudes
gelegen. Der Kapelle ist mit ihrem
stillen Andachtsraum jedoch sehr
viel weniger Fläche gegeben als den
flankierenden, riesigen Sälen mit
schweren Tonnengewölben, welche
als nationale Gedächtnisräume für
militärische Ehrungen und die regelmäßigen Gedenkzeremonien bestimmt
sind. Orangefarbige Fenster tauchen
diese Hallen in ein gedämpftes, irre-
ales Licht. In der Mitte des Gebäudes
erhebt sich der hohe, schmale, weithin
sichtbare Glockenturm (46m), der
einer Totenleuchte gleichen soll. Er
beherbergt über einem Empfangszen-
trum mit Kino in seinen Aufgängen
kleinere Museumskammern und weit
oben eine Aussichtsplattform. Seine
Glocke „Bourdon de la Victoire" ge-
nannt, wird dreimal täglich sowie zu Gedenkzeremonien geläutet. 1936 ertönte
diese Glocke auch zum ersten internationalen Versöhnungsbekenntnis von ehemaligen Beteiligten der Schlacht von Verdun. Hunderttausend frühere Frontkämpfer
legten in einer bewegenden Zeremonie einen Schwur für die Bewahrung des
Weltfriedens ab, der damals allerdings noch ohne Folgen blieb (Ettighofer 1976, S.
307f.).1984 fand im Ossuaire unter der Anwesenheit des damaligen französischen
Präsidenten François Mitterand und dem Kanzler der Bundesrepublik Deutschland
Helmut Kohl ein feierliches Versöhnungstreffen beider Nationen statt, sodass der
Stätte im Rahmen der europäischen Einigungsgeschichte nach dem 2. Weltkrieg
ein bedeutender Stellenwert zukommt.

Schwert, Granate und Bunkerarchitektur

Die Interpretationen und Assoziationen zu der architektonischen Wirkung des Beinhauses sind vielfältig, je nach Blickwinkel und Perspektive drängen sich bereits bei einem Rundgang durch das riesige Areal eine Fülle von ästhetischen Reaktionen und Zuschreibungen auf. Das Gewirr von Stilen und historischen Zitaten sowie die düstere Massivität der Räume wecken das eigentümliche Gefühl, aus der Realität des Alltags herauszufallen und mit Unbehagen, Verstörung und Entsetzen zwischen fremden und vertrauten Elementen, Collagen von mittelalterlichen Festungsmauern, Science-Fiction Szenen wie archaischen Fragmenten hin und her zu changieren.

Der phallische Turm des Gebeinhauses wurde in seinem Profil einer Granate nachempfunden. Seine Flächen sind in jeder Himmelsrichtung mit dem reliefartigen Profil von vier markigen Kreuzen als Zeichen des Friedens wie als Sinnbild für das Sterben der Gefallenen geschmückt. Dadurch soll ein direkter Hinweis auf die häufigste Todesart auf dem Schlachtfeld gegeben werden, die martialische militärische Ästhetik wirkt dennoch ungebrochen und dominant (Petermann 2007, S. 110).

Andere sprechen bei der Konzeption des Grundrisses wie bei der Fernwirkung des Ossuaire und seinem raketenförmigen Turm von der Silhouette eines Schwertgriffes, dessen Klinge in der (blutgetränkten) französischen Erde steckt. „Diese Idee, man muss es sagen, beruht auf einer gänzlich faschistischen Ästhetik, und deren Last spürt man sogleich, auch wenn man zunächst nicht recht weiß, woher das Unbehagen kommt, das man verspürt, wenn man in diesen Komplex eintritt, der in erster Linie wie ein Feld todbringender Wellen wirkt… in dieser mittelalterlichen Rhetorik des Schwerts und im Bezug auf den Boden liegt eine echte Vorwegnahme der nationalistischen Ästhetik à la française, eines Stils, den Vichy aus Mangel an Mitteln nicht zu entfalten vermochte…". (Bally 2010, Z1)

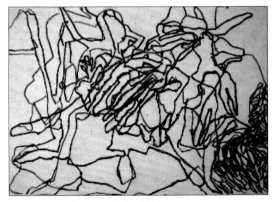

Abb. 6 Eva Weinert - Gebeine 2010

Die bedrohliche Silhouette des Beinhauses, welches neben seiner Zuordnung zur Art Déco Architektur auch als eines der Hauptwerke des französischen Expressionismus genannt wird, legt ebenso Verbindungen zur französischen Kolonialarchitektur dieser Epoche nahe, zumal die Architekten auch in diesen Feldern tätig waren und diverse Inspirationsquellen mit orientalisierenden und archaischen Elementen aufgriffen. Die Fernwirkung der Tempelanlage von Angkor Watt drängt sich auf, aber auch Assoziationen an eine tempelartige Bahnhofsarchitektur, deren düstere Ästhetik an einen „Bahnhof des Todes", eine „Kathedrale des Grauens" oder an eine „Arche zum Jenseits" erinnert, vor allem, wenn in den Herbstmonaten die Nebel über das Gelände ziehen. Hier „wird dem Besucher wirklich bewusst, dass Verdun schrecklich war." (Petermann 2007, S. 111)

Ebenso aber werden in den schweren, festen Rundungen und dichten Mauern der Seitenschiffe Elemente aus der Ästhetik der Bunkerarchitektur aufgegriffen. Kimpel verweist auf die Feldforschungen von Paul Virilio und seine 1975 erstmalig vorgenommenen Interpretationen von Bunkern als mythische Räume (Kimpel 2009, S. 5). In seiner Philosophie des militärischen Raumes vergleicht Virilio Bunkeranlagen mit sakralen Räumen der Antike, vor allem in Bezug auf die Organisationsformen von altägyptischen und etruskischen Gräbern und Bauten. Neu wahrgenommen und interpretiert durch einen „archäologischen Blick" formulieren sich Analogien zwischen archetypischen Raumkonzeptionen der Totenbestattung und der militärischen Bunker-Architektur (Virilio 1992).

Der gigantische „Knochenspeicher" von Douaumont übersteigt in seiner Monumentalität das Anliegen der privaten und öffentlichen Trauer und kollektiven Erinnerung, den ursprünglichen Ausgangsgedanken für seine Errichtung. In seinem architektonischen Vokabular und seiner ästhetischen Inszenierung gibt er eine historische „Zwischenzeit" wider, eine Phase, die zwischen zwei Weltkriegen liegt. Diese Jahre sind geprägt von der Suche nach angemessenen, zeitgemäßen und dennoch traditionsbezogenen Formen einer Erinnerungs- und Gedenkkultur, nach Fragen der Aufarbeitung der unfassbaren Verluste und Deutung der Ereignisse. Franz Marc schrieb 1916 in Verdun: „Immer kaut man an dem immer rätselvolleren Rätsel herum, wie dieser Krieg nur möglich ist? Europäer!" (Marc 1982, S. 148)

In seinen gesellschaftlichen und privaten Kontexten stellt das Beinhaus einen gigantischen, materialisierten „Zwischenraum" dar, in dem sich die Lebenden und Toten begegnen, Krieg und Frieden präsent sind sowie Opfer und Täter. Es ist „der einzige Ort, wo man tatsächlich etwas fühlen kann." (Interviewpartner zitiert bei Petermann 2007, S. 140)

Zugleich repräsentiert das Beinhaus durch seine äußere Fassung, mit seinen Museumskammern, Rauminszenierungen und durch seine symbolbeladene, markante Ausstattung direkt und unmittelbar ein ungebrochenes militaristisches und nationalistisches Gedankengut. In den täglich neuen Einträgen der Gästebücher werden noch heute dankbar die französischen Kriegshelden als Retter des Vaterlandes gefeiert. Zugleich erweist sich die Gedenkstätte mit ihren funktionalen und sachlich aufgebauten Raumkonzeptionen, mit der Integration der „Kammern des Todes", dem Museumsshop und dem Besucherkino in der Vorderhalle zum Turmeingang als ein modernes, perfekt funktionierendes Besucherzentrum, gerüstet, täglich Tausende von Gedenktouristen zu empfangen, emotional einzustimmen und durchzuschleusen.

„Die Traurigkeit kommt erst nach und nach, und wird dann aber so überwältigend, dass man den Ort fluchtartig verlässt." (Bally 2010, Z1)

Abb. 7 Kriegergedächtnisdenkmal-Etain

Literatur

Bally, Jean-Christophe: Im Park des wahnsinnigen Gärtners, In: Frankfurter Allgemeine Zeitung, 27.März 2010, Nr.73, Z 1-2.

Berents, Catharina: Art Déco in Deutschland. Das moderne Ornament, Offenbach, 1998.

Bertin, Francois: Mémoires d´Objets. Histoires d´Hommes. 1914-1918, Rennes, 2007.

Chaplain, Philippe: Lèon Azema, Architècte 1888-1978, Bourg-la-Rène, 2004.

Desfossés, Yves; Jacques, Alain; Prilaux, Gilles: L´archéologie de la Grand Guerre, Rennes, 2008.

Ettighofer, Paul C.: Verdun. Das Große Gericht, Wiesbaden und München, 1976.

Kimpel, Harald (Hrsg.): Bunker-Ästhetik, Marburg, 2009.

Marc, Franz: Briefe aus dem Feld, Neu herausgegeben von Klaus Lankheit und Uwe Steffen, München, 1982.

Petermann, Sandra: Rituale machen Räume: Zum kollektiven Gedenken der Schlacht von Verdun und der Landung in der Normandie, Bielefeld, 2007.

Schlemmer, Tut (Hrsg.): Oskar Schlemmer. Brief und Tagebücher, München, 1958.

Schmidt-Fürnberg, Dana: Gottfried Diehl - Die Kraft der Farben, 2000.

Stäbler, Armin: Das Gesicht des Krieges: Kriegsfototagebuch des Leutnants Armin Stäbler 1914-1918. Leinfelden-Echterdingen, 2006.

Stamp, Gavin: The Memorial to the Missing of the Somme, 2004.

Steinecke, Albrecht: Kulturtourismus: Marktstrukturen, Fallstudien, Perspektiven, Oldenburg, 2007.

Virilio, Paul: Bunker-Archäologie, München, 1992.

Kerstin Asmussen

Raumskizzen anwenden

Die Flensburger Hörpunkte: „Akustisches Brillendesign" und Training für die Ohren

„[H]ören ist ein ausgesprochen aktiver und kreativer Vorgang: Aus der Fülle der uns umgebenden Geräusche und Klänge selektiert unser Ohr. Der Mensch hört nicht etwas, das von außen auf ihn eindringt, sondern er schafft aktiv und individuell das, was er hört in einem Zusammenspiel von in ihm liegenden Fähigkeiten mit einem äußeren akustischen Angebot. Das Ohr ist ein ‚Informationen suchendes Wesen'. Die akustische Welt, wie wir sie wahrnehmen, ist unsere Erfindung und für diese Wahrnehmung sind wir selbst verantwortlich" (Kapteina 2001, S. 23 – 24).

Was passiert, wenn das Ohr in Anlehnung an Kapteina als *Informationen suchendes Wesen* im Stadtraum agiert? Wie ist es, einen Ort zu *erhören*? Lehramtsstudierende der Universität Flensburg haben den Versuch gemacht: Im Wintersemester 2008/2009 und im Sommersemester 2009 inszenierten sie im Rahmen der Lehrveranstaltung „Hörführungen – Experimenteller Umgang mit Vermittlungsformen" punktuelle Hörwelten zu ihrer Studienstadt. Das entstandene Hörangebot richtet sich an die Erstsemester der Universität Flensburg, aber auch an alle Interessierten, die sich die Stadt Flensburg mit den Ohren erschließen wollen. Die Hörführung kann im Internet unter http://www.hoerpunkte.de angehört oder als Download während einer Stadtbegehung vor Ort ausprobiert werden. Im vorliegenden Band soll das Projekt ein Beispiel geben, wie in Vermittlungskontexten aktiv Raum skizziert werden kann.

Von Künstlern verführt: Das Spiel mit der „akustischen Brille"

In der Vermittlung sind Hörführungen im Kommen. Das Projekt der Flensburger Hörpunkte beinhaltet einen experimentellen Umgang mit dieser Vermittlungsform. Audioguides (Hörführungen) sind ursprünglich ein typisches Vermittlungsangebot aus dem Museum. Die tragbare Wissensvermittlung für die Ohren erobert aber mittlerweile zunehmend auch den öffentlichen Raum. Insbesondere in der touristischen Fremdenführung hat die museale Vermittlungsform Anklang gefunden. Bekannt ist beispielsweise der MauerGuide zur Berliner Mauer. Wer im Internet sucht, stößt schnell auf zahlreiche Audio-Stadtführungen für den Mp3-Player. Und in Schleswig-Holstein gibt es seit Ende Mai 2010 den ersten vertonten Fernwanderweg für Radtouristen in Deutschland, den Wikinger-Friesen-Weg zwischen Nord- und Ostseeküste (Mehr Informationen finden sich im Internet unter www.

wikinger-friesen-weg.de (letzter Zugriff August 2010). Die Tondateien des Audioguides stehen dort kostenlos zum Download zur Verfügung. Der Ausstellungs-
kurator Andreas Spiegl vergleicht die Nutzung einer Hörführung im Museum mit
dem Gebrauch eines Mobiltelefons. Die starke Ähnlichkeit mit einer gewohnten
Wahrnehmungsstruktur, der Mobiltelefonie, erklärt nach seinem Verständnis das
Erfolgsgeheimnis der Hörführung. Dabei gehe es nicht nur, um die Behebung von
Wissenslücken: „[Der Audioguide] wird zur akustischen Brille, die dem Auge hilft,
wahlweise und sukzessive klarer, schärfer, tiefer und weiter zu sehen. Was zuvor
unbekannt war, verwandelt sich mit dem Kommentar in Wiedererkennbares. Man
lernt zu sehen, was man hört oder anders herum: Mit dem Audioguide lernen die
Ohren zu sehen und die Augen zu hören" (Spiegl 2005, S. 96).

Auch Künstler und Museumspädagogen haben erkannt, dass Hörführungen
mehr sein können, als eine rezeptiv verwendbare Vermittlungsform. Die Ausstel-
lungskuratorin und Kunstkritikerin Luisa Ziaja spricht folgerichtig in Verbindung
mit Audioguides von einem „Vermittlungsmedium" (Ziaja 2005, S. 96) und fragt
nach dessen Möglichkeiten und Grenzen. Was lässt sich alles anstellen mit dieser
„akustischen Brille" (Spiegl 2005, S. 96)? Eine humorvolle Antwort darauf liefert
die Künstlerin Andrea Fraser. Als ,akustische Brillenträgerin' verliebt sie sich im
Guggenheim-Museum in Bilbao prompt in eine Säule. Vor den Augen ungläubiger
Museumsbesucher beginnt sie die Säule zärtlich zu betasten, zu umarmen und zu
liebkosen (vgl. von Gressenstein 2005, S. 10). Frasers Performance „Little Frank
and his Carp" (2001) wirkt auf den ersten Blick abstoßend. Gegner der Hörführung
mögen sich bestätigt fühlen: Die Inszenierung offenbart all zu deutlich die Hörigkeit
der Audioguidenutzer. Bei genauerer Betrachtung wird jedoch gerade die Stärke
des Mediums betont: Fraser erlebt den Ausstellungsort wesentlich intensiver und
sinnlicher als die umstehenden Museumsbesucher. Der Audioguide vermag es, ihre
Aufmerksamkeit auf das Unscheinbare zu richten. Die Säule ist ein Gegenstand,
an dem sie ohne den akustischen Begleiter vermutlich achtlos vorübergegangen
wäre. Die Hörführung gibt ihr die Möglichkeit, das Unscheinbare mit allen Sinnen wahrzunehmen. KünstlerInnen, wie das Künstlerpaar Lewandowsky oder das
Künstlerduo Janet Cardiff und George Bures Miller hingegen agieren als ,akustische
Brillen-Designer'. Sie fassen Wahrnehmung in befremdliche Brillengläser, um sie
anderen Menschen mitzuteilen und zu präsentieren. Janet Cardiff und George Bures
Miller inszenierten eine Vielzahl von „Audio Walk"-Projekten. Ihr Konzept: „The
virtual recorded soundscape has to mimic the real physical one in order to create a
new world as a seamless combination of the two" (Cardiff 2005, S. 15). Um eine
möglichst realistische Hörwelt als Gegenwelt zur Realität zu inszenieren, bedienen
sich Cardiff und Miller der Stereophonie. Die Audio Walks sind bis ins Detail
geplant. Es sind Konzepte veröffentlicht, die deutliche Spuren eines langwierigen
Planungs- und Umsetzungsprozesses aufweisen (vgl. Cardiff 2005, S. 52 – 62).

Im experimentellen Umgang wird die Hörführung zum künstlerischen Ausdrucksmittel im Rahmen einer aktiven Medienarbeit. Der Begriff der Aktiven Medienarbeit gehört zum Fachvokabular der Medienpädagogik. Der Medienpädagoge Fred Schell prägte u.a. diesen Begriff, den ich wie folgt definiere: Aktive Medienarbeit heißt, einen Rahmen zu schaffen, in dem Lernende ausgehend von eigenen Interessen, Themen und Erfahrungen unter begleitender Anleitung in Projektarbeit „learning by doing" eigene mediale Produkte erstellen und veröffentlichen können. Museumspädagogen haben sich das Vorgehen der Künstler Cardiff und Miller zum Vorbild genommen. Es gibt Schülerprojekte an Museen, z.B. im Kunsthaus Bregenz (KUB Bregenz: Schülerprojekt Audioguide Architektur (http://www.kunsthaus-bregenz.at/html/welcome00.htm? k_schueler_audioguide.htm, letzter Zugriff August 2010) oder in der Pinakothek der Moderne in München (Pinakothek der Moderne: Audiopi.lot (http://www.pinakothek.de/pinakothek-der-moderne/, letzter Zugriff August 2010), die eine aktive Medienarbeit mit Hörführungen als Zugang zu Kunst und Museum anwenden. Auch in Schulen hat die aktive Medienarbeit mit Hörführungen Einzug gehalten: Kinder der Galilei-Grundschule in Berlin-Kreuzberg haben im fächerübergreifenden Unterricht einen Audioguide zu ihrer Schulumgebung erstellt. Dabei lernten sie nicht nur ihre Heimat besser kennen, sondern verbesserten auch ihre Sprachkenntnisse" (Katja Virkus 2008 (http://www.lehrer-online.de/audioguide.php, Letzter Zugriff: August 2010), heißt es auf der Internetplattform www.lehrer-online.de.

In diesem Sinne wurden Flensburger Studierende im Rahmen der Flensburger Hörpunkte zu Stadtraumforschern und ‚akustischen Brillen-Designern'. Ausgestattet mit leuchtend blauen Medienkoffern des Offenen Kanal Westküste zogen sie aus, um Stadtraum mit den Ohren wahrzunehmen und aufzuzeichnen. Die Aufgabe bestand darin, in Kleingruppen oder allein einen Ort im öffentlichen Raum der Stadt Flensburg auszuwählen, diesen im Verlauf des Semesters mit den Ohren zu erkunden und abschließend zu vertonen. Wie entsteht ein Hörpunkt? Einen genauen Projektablauf gibt es auf der Projektseite www.hoerpunkte.de zu lesen.

Mit den Ohren skizziert: Stadtraum auf den Punkt gebracht

Die Raumskizze ist nach meinem Verständnis eine Übersetzungsleistung, die an Raumwahrnehmung und somit an ein „vor Ort"-Erlebnis gekoppelt ist. „Durch das Ohr kommt die Welt zum Menschen", so der Psychologe Jürgen Hellbrück (1993, S. 15). Er beschreibt das Ohr als einen ständig empfangsbereiten und nicht ausschaltbaren Empfänger äußerer Informationen. Ob Sprache, Musik, Krach oder Lärm – das Ohr vermittle dem Menschen höchst gegensätzliche Eindrücke (Hellbrück 1993, S. 14). Allerdings ist unser Organismus in der Lage, das Gehörte in Teilen zu filtern, um eine Konzentration auf bestimmte Laute zu ermöglichen (vgl. Schafer 1988, S. 19).

So unterscheidet R. Murray Schafer beispielsweise zwischen „Grundtönen", „Signal-
lauten" und „Orientierungslauten", die aus seiner Sicht für ein bestimmtes (Um)Feld
charakteristisch seien und die je Individuum und Kulturkreis unterschiedlich wahrgenommen würden. „Grundtöne", so der Musikprofessor, „hört man nicht immer heraus;
sie werden überhört aber nicht übergangen, denn sie werden zu Hörgewohnheiten, die
sich unbewusst festsetzen" (Schafer 1988, S. 19). Signaltöne allerdings seien Laute, die
besonders aufmerksam gehört werden, wohingegen Orientierungslauten eine charak-
terisierende Funktion zukomme (vgl. Schafer 1988, S. 17). Sie prägen besonders das
Geräuschprofil eines Ortes. Stadtraum in aktiver Medienarbeit hörend zu skizzieren,
hat insofern ein besonderes Potential. Denn das aktive Hören beinhaltet ein bewusst
auf den Hörsinn konzentriertes Wahrnehmen und somit ein spezifisches ästhetisches
Raumerleben. Dieses Raumerleben ist zum einen geprägt durch den Eindruck, der
entsteht, wenn eine Geräuschkulisse zunächst aufgenommen und verinnerlicht wird.
Schafer beschreibt den Eindruck entsprechend als einen nach innen gerichteten, ord-
nenden Fokus auf eine zu empfangende Information. Es ist der Moment in dem eine
Person lauscht und die Klänge und Geräusche auf sich wirken lässt bis allmählich ein
inneres Bild entsteht – der Eindruck. Zum Anderen kennzeichnet der Ausdruck das
Raumerleben. Der Ausdruck nach Schafer ist ein nach außen gerichtetes Konstrukt
der eigenen Hörwahrnehmung. Die Fähigkeit beides zu verbinden definiert er in Anlehnung an Otto Laske als *sonologische Kompetenz* (vgl. Schafer 1988, S. 192 – 193).
„Sonologische Kompetenz vereint Eindruck mit Erkennen und macht es möglich,
Lautwahrnehmungen zu formulieren und auszudrücken" (Schafer 1988, S. 315). Genau
diese Fähigkeit wurde den Studierenden abverlangt, die ihre Raumwahrnehmung vor
Ort mit „Warm up für die Ohren" (Lins 2005, S. 60 – 64) und individuellen Hörex-
perimenten schärften, um sie dann im Mp3-Format zu verarbeiten. Das Skizzenhafte
und die Qualität der Skizze sehe ich dabei in der Konzentration auf das Wesentliche.
Mit den Flensburger Hörpunkten wurde Raumwahrnehmung auf den Punkt gebracht:
Zum einen durch den Fokus auf das Hören an einem festgelegten Ort, zum anderen
durch die Orientierung an der Hörführung als Vermittlungsform und der sich daraus
ergebenden Zeitbeschränkung auf maximal drei Minuten pro Hörbeitrag.

Wenn die Nacht zum Tag wird: Ein „vor Ort"-Erlebnis

Wie ist es nun einen Ort zu erhören? Nicht veröffentlicht sind die Tagebucheinträge
der Studierenden, die im Projektverlauf teilweise direkt vor Ort entstanden sind. Sie
dokumentieren das Aktive Hören. Die Studierenden lauschten mehrheitlich mit einer
zuvor selbst festgelegten Zeitvorgabe und teilweise mit geschlossenen Augen. Eine
Gruppe nutzte zur zeitlichen Orientierung die Countdown-Funktion auf dem Handy.
Es wurde gezielt zu verschiedenen Tageszeiten, bei unterschiedlicher Wetterlage und

an verschiedenen Plätzen des Ortes gelauscht. Die dabei entstandenen Aufzeichnungen sind hauptsächlich geprägt durch die Schwierigkeit, eine Hörwahrnehmung in Worte zu fassen und erhalten dadurch eine eigensinnige Note. In langen Aneinanderreihungen aus Geräuschquellen, klangvollen Verben, Vergleichen, Geräusch imitierenden Wortneuschöpfungen, Angaben zur Lautstärke und Adjektiven, die auf persönliches Geräuschempfinden verweisen, wurde gehörte Raumwahrnehmung umschrieben. Die Suche nach passenden Worten, die sich in den einzelnen Aufzählungen spiegelt, ist nach meinem Verständnis Zeugnis einer kognitiven Bewegung. Das „vor Ort"- Erlebnis wird verarbeitet und zu einer Erfahrung gefestigt. Denn erst in der Aufzeichnung wird das vielfältige Spektrum der Hörwahrnehmung offensichtlich. So wurde im Rahmen der Flensburger Hörpunkte nicht nur im Endergebnis, sondern auch auf dem Weg dorthin Raum skizziert und dies durchaus auch experimentell:

Das Audiotagebuch zum „Flensburger Nachtleben" umfasst sechs Audiodateien im Mp3-Format, eine Mischung aus Monolog und Soundscape. Der Student Dennis Hamann hat sie mit seinem Handy vor, nach und während eines Diskobesuchs am Flensburger Hafen aufgenommen (Das Tagebuch zum Flensburger Nachtleben und das dazugehörige Transkript ist unter dem Menüpunkt „Hörpunkte hören! - Flensburger Nachtleben" auf der Projektseite www.hoerpunkte.de im Internet veröffentlicht). Ein Diskobesuch am Tag ist ungewöhnlich. Aber genau darin besteht das Experiment: Der Student möchte wissen, wie der von ihm gewählte Ort am Abend und am Tag klingt. Dabei problematisiert er den Ort als einen besonders lauten Ort, an dem viele Geräusche aufeinandertreffen. Sein Untersuchungsgegenstand ist Lärm. Diesen erwartet er nicht nur am Abend, sondern auch am Tag. Er vermutet lautstarken Autolärm, der möglicherweise andere Geräusche, beispielsweise der nahe gelegenen Förde, überdecken könnte. Irritierend ist die vermutlich unbewusste Gegenüberstellung von Sehen und Hören in seiner Vorüberlegung: „dann möchte ich halt sehen, wie sich das tagsüber anhört und halt auch vor allem abends". Interessant ist, dass der Student das *sehende Hören* vor Ort tatsächlich zur Methode macht, zu einer Methode, die ihm eine Hörforschung selbst dann ermöglichen soll, wenn charakteristische Geräusche vor lauter Lärm nicht hörbar sind: Der Student nimmt vor Ort gezielt mit den Augen wahr, während er für das Hören ein Aufnahmegerät einsetzt. Auf diese Weise ist es ihm möglich, typische Geräuschquellen zu fokussieren und zu kommentieren. Die Kommentare ergänzen den Geräuschmix, den das Aufnahmegerät einfängt. Das Auge wird zum orientierungsstiftenden Filter. Insofern kann von einer Strategie zur differenzierenden Suche im Lärm gesprochen werden, die im Fallbeispiel von einer inneren, zuvor reflektierten Erwartungshaltung gelenkt wird. Das Ergebnis ist eine Tondatei, eine Audiografie als Speicher der kommentierten Raum- und Lärmerfahrung. Diese nutzt der Student zur späteren Reflexion. Er schlussfolgert: „tagsüber ist Disko eigentlich keine Disko, sondern einfach nur ein von der Lautstärke und Kulisse her ganz gewöhnlicher Ort an irgendeiner Straße."

Zum Schluss: Raum – Skizzen – Qualität

Zusammenfassend finden sich folgende Qualitäten einer Raumskizze im Ver-
mittlungsprozess: Das Anfertigen von Raumskizzen, insbesondere von auditiven
Raumskizzen, kann vor Ort ein konzentrierteres und differenzierteres Wahrnehmen
bewirken. Sonologische Kompetenz ist gefragt, um den Eindruck in einen Aus-
druck zu übersetzen. Aber auch Medienkompetenz, wenn es darum geht in aktiver
Medienarbeit mit dem Vermittlungsmedium der Hörführung zu experimentieren.
Die Aufzeichnung kann vor Ort zur orientierungsstiftenden Strategie werden, mit
der die eigene Wahrnehmung gezielt gesteuert und/oder erweitert werden kann.
Dies zeigt das abschließende Beispiel. Last but not least: Die Aufzeichnung macht
Raumwahrnehmung reflektierbar.

Literatur

Cardiff, J./ Schaub, M. (2005): Janet Cardiff: The walk book; [on the occasion of the Exhibition „Janet
     Cardiff: Walking thru at Space in Progress", Thyssen-Bornemisza Contemporary, Vienna (April
     20 - June 26, 2004)]. Köln: König.
Gressenstein, von R. (2005): Andrea Fraser. Künstler. Kritisches Lexikon der Gegenwartskunst.
     Ausgabe 69, Heft 5. Weltkunst.
Hellbrück, J./ Ellermeier, Wolfgang (2004): Hören. Physiologie, Psychologie und Pathologie. 2.,
     aktualisierte und erw. Aufl. Göttingen: Hogrefe. S. 14-17.
Kapteina, H.(2001): Klang, Rhythmus und menschliche Entwicklung. Anmerkungen zur Ästhetik
     des Hörens. In: Wermke, Jutta (Hrsg.): Hören und Sehen. Beiträge zu Medien- und Ästhetischer
     Erziehung. München: Kopäd (Ästhetik - Medien - Bildung, 4), S. 15-25.
Lins, A. (2005): Warm up für die Ohren. In: Bloech, Michael u. Fiedler, Fabian u. Lutz, Klaus (Hrsg.):
     Junges Radio. Kinder und Jugendliche machen Radio. München: Kopäd (Materialien zur Medi-
     enpädagogik, 5), S. 60-64.
Schafer, R. M. (1988): Klang und Krach. Eine Kulturgeschichte des Hörens. Boehnke, Heiner (Hrsg.)
     dt. Ausgabe, Frankfurt a.M: Athenäum.
Schell, F. (2005): Grundlagen der aktiven Medienarbeit mit Audio. In: Bloech, Michael u. Fiedler,
     Fabian u. Lutz, Klaus (Hrsg.): Junges Radio. Kinder und Jugendliche machen Radio. München:
     Kopäd (Materialien zur Medienpädagogik, 5), S. 9-19.
Spiegl, A. (2005): Telefonate mit Bildern und Bildtelefone. In: Jaschke, Beatrice u. Martinz-Turek,
     Charlotte u. Sternfeld, Nora: Wer spricht? Autorität und Autorenschaft in Ausstellungen. Ausstel-
     lungstheorie und Praxis 1. Wien: Turia + Kant Verl., S. 93-102.
Virkus, K. (2008): „Sehen mit den Ohren" - Ein Audioguide zur Schulumgebung. http://www.lehrer-
     online.de/audioguide.php, Letzter Zugriff: August 2010
Ziaja, L. (2005): Schau mal, wer da spricht. Möglichkeiten und Grenzen des Vermittlungsmediums
     Audioguide. In: Jaschke, Beatrice/ Martinz-Turek, Charlotte/ Sternfeld, Nora: Wer spricht?
     Autorität und Autorenschaft in Ausstellungen. Ausstellungstheorie und Praxis 1. Turia + Kant.
     Wien 2005, S.164-168.

Link zur Projektseite

Die Flensburger Hörpunkte: http://www.hoerpunkte.de

Illusion und Wirklichkeit. Brügge. Foto Stephan Eckardt

Um das Faktische gängiger Raumvorstellungen und Bestimmungen zu unterlaufen, bedarf es nicht nur einer erhöhten Sensibilität, sondern auch einer Einübung und Erprobung investigativer Instrumente. Zielstellung ist hier aber nicht die Erzeugung objektiver Sachverhalte oder Begrifflichkeiten, sondern eine Erhöhung der Empfindsamkeit mittels medialer Körperextensionen (z.B. eines Fotoapparates), wodurch die imaginären Kräfte gestärkt werden. Dies bedeutet aber auch eine Problematisierung von Kontrollstrategien und Herrschaftsverhältnissen. Der öffentliche und private Raum wird nicht nur im Hinblick auf seine Struktur und Besitzverhältnisse rechtlich erfasst und beschrieben; auch Umgang und Haltungen sind vorgeschrieben und Zuwiderhandlung kann sanktioniert werden. Auch Verschiebungen sind wenig akzeptabel. So sind Artikulationen von Fußballfans im Stadion erlaubt bzw. erwünscht; außerhalb dieses Kontextes würde derselbe Habitus Befremden erzeugen.

Timm Albers stellt dar, wie Kinder mit einfachen Materialien wie Brettern oder Autoreifen Bewegungsräume konstruieren. Sie erfahren in aktiver Auseinandersetzung mit den Dingen mehr über deren Eigenschaften und Handhabung sowie über den eigenen Körper.
Andrea Dlugosch stellt in ihrem Beitrag eine Fortbewegungsform zur Raumaneignung dar: Le Parkour ist eine Lebenseinstellung, ein Weg, über die Begegnung mit dem völlig Unbekannten sich selber kennenzulernen.
Die Aussagekraft fotografischer Bilder hängt von der Fähigkeit des Fotografen ab, mehr zu sehen als andere. Wie lässt sich Wahrnehmung schärfen? Jochen Krautz stellt ein ungewöhnliches Projekt vor, in dem neben der Wahrnehmung der Außenwelt auch die Reflexion der eigenen Person im Prozess der Wahrnehmung im Mittelpunkt stand.
Durch sein Arrangement gibt sich der Seminarraum zu erkennen, in ihm gelten bestimmte Regeln. Doch was passiert, wenn sich Studierende der Anrufung entziehen? Diesen Überlegungen geht Britta Hoffarth in ihrem Beitrag nach.
Johanna Schwarz zeigt künstlerische Übungen zum Raum, die im Rahmen eines Seminars mit Studierenden entstanden sind. Gibt es (k)ein Paradies? Dieser Frage haben sich die Studierenden auf ganz unterschiedlichen Raum-Ebenen genähert.

Timm Albers
Die Bewegungsbaustelle
Spielraum für Bildungsprozesse

Die physische und sozial-emotionale Entwicklung von Kindern steht seit einigen Jahren im öffentlichen Blickpunkt. Wiederholt wird gewarnt vor den Auswirkungen einer veränderten Kindheit, die sich in erhöhtem Medienkonsum und mangelnden Bewegungserfahrungen aufgrund veränderter Spielräume und -möglichkeiten äußere und mit erheblichen gesundheitlichen Folgen einhergehe (vgl. Eggert 1997). Mit Bekanntwerden der Ergebnisse der bundesweiten Kinder- und Jugendgesundheitsstudie des Robert-Koch-Instituts in Berlin (2007) erhält diese Darstellung eine empirische Basis. Demnach bestimmt die Herkunft eines Kindes in hohem Maße über seine gesundheitlichen, sozialen und emotionalen Entwicklungschancen. Die bundesweit repräsentative, umfassende Untersuchung zur gesundheitlichen Lage von Kindern und Jugendlichen in Deutschland identifizierte insbesondere Kinder mit Migrationshintergrund und aus Familien mit niedrigem sozioökonomischen Status als Risikogruppen: Sie sind stärker betroffen von psychischen und physischen Entwicklungsgefährdungen als Kinder aus bildungsnahen Elternhäusern. Da der Grundstein für Bildungsprozesse im frühen Kindesalter gelegt wird, erhält der Kindergarten die anspruchsvolle Aufgabe der Unterstützung positiver Entwicklungsbedingungen, wenn dies in der Familie aufgrund der Überlagerung mit vielfältigen Problemlagen (wie zum Beispiel Armut) nicht ausreichend erfüllt werden kann. Untersuchungen von Tietze (1998) weisen in diesem Zusammenhang auf die kompensatorischen Möglichkeiten von Kindertageseinrichtungen hin, mit denen Risikofaktoren für eine gesunde Entwicklung minimiert und die Ressourcen eines Kindes identifiziert und unterstützt werden können.

Bezogen auf eine alltagsintegrierte Präventionsarbeit und Unterstützung von Bildungsprozessen bietet das Konzept der Bewegungsbaustelle in diesem Zusammenhang Möglichkeiten einer präventiv ausgerichteten Erziehung und Bildung, welche die Bewegungs- und Raumgestaltung als integralen Bestandteil des Schul- und Kindergartenalltags und konstruktives Element von Lernen und Leben verortet. Das Potenzial der eigenständigen Erschließung von Bewegungsräumen durch Kinder im Sinne von Selbstbildungsprozessen (vgl. Schäfer 2005) soll im vorliegenden Beitrag anhand der Darstellung des Konzepts der Bewegungsbaustelle illustriert werden.

Die Idee

Der erstmals durch die Frankfurter Arbeitsgruppe (1982) formulierte sportpä-
dagogische Gedanke der Bewegungsbaustelle konnte sich in seiner 25jährigen
Geschichte im Sinne einer kindzentrierten Bewegungsentwicklung konstruktiv
und stetig weiterentwickeln. Die auf Gerhard Landau zurückgehende und durch
Klaus Miedzinski weltweit verbreitete Idee stellt heraus, dass Kinder sich mit
einfachen Bauteilen wie Holzklötzen, Brettern, Kanthölzern, Balken, Autoreifen,
LKW-Schläuchen ihre eigenen Bewegungsanlässe zum Klettern, Schaukeln, Wippen, Rutschen, Balancieren, Fahren errichten, Rollenspiele inszenieren und in der
kreativen Auseinandersetzung mit dem Material ihre motorische Geschicklichkeit
und Ausdrucksfähigkeit entwickeln können (s. Abb. 1).

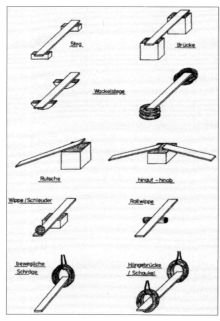

Abb. 1

In vielen Kindergärten, Bewegungsräumen und Turnhallen gehört mittlerweile aber auch das Material mit
der Bezeichnung Loquito (spanisch
für: ein bisschen verrückt) mit seinen
Tragegurten, Schaukeln, Drehwir-
beln und Rollwagen zum Inventar,
das fest installierte Sport- und Turn-
geräte sinnvoll ergänzt, dabei aber
die integrale Grundidee des Bauens
und Konstruierens und der Selbstge-
staltung von Bewegungsräumen in
den Vordergrund stellt. Mit diesen
einfachen, in ihrer Funktion durch-
schaubaren Hilfsmitteln, sind Kinder
in der Lage, ihre Bewegungsanlässe
zum Rotieren, Schaukeln, Wippen,
Schleudern, Fahren selbst zu errichten
und entsprechend ihrer motorischen
Fähigkeiten zu verändern.
Sie erleben in der Bewegung die physikalischen Gesetzmäßigkeiten und
analysieren diese in der Auseinandersetzung mit dem Material und dem Raum.
Die Bewegungsbaustelle bietet somit unabhängig von Altersstruktur oder motorischer Kompetenz individuelle Zugänge zu einem positiven Bewegungserleben.

Begründungszusammenhänge

Dass sich diese Bedürfnisse des Bauens und Bewegens nicht auf die Turnhalle beschränken, zeigen vielfältige Erfahrungen von Schulen, die das Konzept der Bewegungsbaustelle als ständiges Pausenangebot in den Schulalltag der Kinder integrieren oder dies im Zuge der Umgestaltung des Außengeländes als sinnvolle pädagogische Ergänzung der Spielangebote nach draußen verlagern, um dem Bewegungsdrang der Kinder entsprechen zu können.

Die Begründungszusammenhänge, mehr Bewegung in den Schulalltag zu integrieren, werden dabei nicht mehr allein auf das im pädagogischen Kontext vielfach zitierte Lernen mit Kopf, Herz und Hand reduziert, sondern lassen sich sportwissenschaftlich, psychologisch und medizinisch begründen: Bewegung wird in diesem Verständnis nicht nur als Ausgleich der Körperlosigkeit in Bildungsinstitutionen (vgl. Laging/ Schillack 2000) verstanden, sondern bietet im Rahmen der Schulentwicklung auch Möglichkeiten bei der pädagogischen Schwerpunktsetzung im Schulkonzept. Hildebrandt-Stramann (1999) spricht daher von einer bewegten Schulkultur im Sinne einer Öffnung von Bildungseinrichtungen, in deren Verständnis die Schule zu einem Ort der Begegnung und Kooperation im Stadtteil und der Gemeinde wird.

Laging/ Schillack (2000) fassen in diesem Zusammenhang sechs Argumentationslinien zusammen, die für eine bewegungsorientierte Schulkultur sprechen:

- Kompensation einseitiger Belastungen, vor allem gesundheitlicher Defizite
- Entwicklungsförderung durch Bewegungsangebote und ganzheitliche Erfahrungsmöglichkeiten
- Lernunterstützung durch bewegungsbezogenen und handlungsorientierten Unterricht aufgrund lerntheoretischer und schulpädagogischer Überlegungen
- Umweltgestaltung des schulischen Lebens- und Lernraumes im Hinblick auf einen sozialökologischen Lebensort als Antwort auf die veränderten Lebensbedingungen von Kindern und Jugendlichen
- Profilierung der Schulgestalt mittels Bewegung zur Entwicklung einer eigenen Schulkultur
- Bildung als Aufschließen wesentlicher Bedeutungen des Sich-Bewegens zur dialogischen Auseinandersetzung mit der Welt im Kontext des schulischen Erziehungs- und Bildungsauftrags

Die Argumentationskette der Autoren wird durch die Erkenntnisse der Resilienz- und Salutogeneseforschung gestützt, die sich im Wesentlichen mit der Frage auseinandersetzt, wie Kinder „gestärkt" werden können, um schwerwiegende Lebensbelastungen erfolgreich bewältigen zu können. Dabei steht der Erwerb und Erhalt altersangemessener Fähigkeiten und Kompetenzen im Vordergrund, die im Verlauf der Entwicklung im Kontext der Kind-Umwelt-Interaktion vor allem im Hinblick auf das Erleben von Selbstwirksamkeit erworben werden. Das Konzept der Bewegungsbaustelle bietet in diesem Verständnis die Möglichkeit der Resilienzförderung auf individueller und sozialer Ebene: Während die Kinder in der aktiven Auseinandersetzung mit dem Material Strategien zum Problemlösen entwickeln, müssen im Gruppenprozess soziale Ressourcen mobilisiert und Absprachen getroffen werden: Wie gestalte ich welche Bewegungsanlässe mit einem angemessenen Schwierigkeitsgrad? Wer hilft mir beim Tragen, wer gibt mir Material ab?

In der persönlichen Verantwortungsübernahme und eingebettet in den kooperativen Konstruktionsprozess sollen die Kinder lernen, eigene Handlungsspielräume zu erkennen, mit ihrem sozialen Umfeld abzustimmen und zu erweitern.

Bedeutung für pädagogische Handlungsfelder

Der Transfer der theoretischen Vorüberlegungen auf Handlungsfelder, die für den schulischen Kontext relevant sind, lässt sich eindrücklich am Beispiel der Sicherheits- und Gesundheitserziehung in Schulen und Kindergärten darstellen. Auf einer Bewegungsbaustelle wird Kindern die Chance gegeben, selbständig ihre Bewegungsumwelt mitzugestalten und in aktiver Auseinandersetzung mit den Dingen mehr über deren Eigenschaften und Handhabung sowie über den eigenen Körper zu erfahren. Das Erlebnis des Gelingens ihrer Baupläne und Bewegungsabsichten durch gemeinsames Bemühen und das Erfahren der damit verbundenen Bewegungsexperimente vermittelt Selbstvertrauen, Bewegungssicherheit und schafft Zugänge zu neuen Unternehmungen und Wagnissen. Betont wird dabei die Identitätsfindung und Entwicklung des Selbstkonzeptes des Kindes, da das Vertrauen in eigene Fähigkeiten mit der Bewältigung zunehmend anspruchsvollerer Bewegungsaufgaben wächst (vgl. Miedzinski/ Fischer 2007).

Neue inhaltliche Perspektiven erschließen sich sowohl dadurch, dass die Landesunfallkassen und Gemeindeunfallversicherungsverbände die Bewegungsbaustelle zunehmend als Präventionskonzept für die Sicherheitserziehung und Gesundheitsförderung entdecken (vgl. Unfallkasse Berlin 2005), als auch durch die Weiterentwicklung des Spielmaterials:

Bewegungsbaustellen werden vielfach therapeutisch im Rahmen psychomotorischer Förderung eingesetzt, verknüpft mit dem Gedanken, sensorische und motorische Defizite in der kindlichen Entwicklung kompensieren zu können.

Im Sportunterricht werden klassische Sportgeräte wie Barren, Reck und Weichbodenmatte zu so genannten Bewegungslandschaften umfunktioniert, um einem ganzheitlichen Bildungsgedanken zu entsprechen. Diese meist von Lehrkräften und therapeutischem Personal als Lernarrangement bereit gestellten Bewegungslandschaften haben jedoch wenig mit der ursprünglichen Idee der Bewegungsbaustelle zu tun: Die Erkenntnis, das Kinder ihre Spielgeräte selbständig entwickeln und neu erfinden wollen und im Prozess des Auseinandersetzens und Mitgestaltens ihrer Umwelt zu kreativen Lösungen von Bewegungsaufgaben finden, steht aber gerade im Zentrum des Konzepts: „Das Erlebnis des Gelingens ihrer Baupläne und Bewegungsabsichten durch gemeinsames Bemühen und das lustvolle Erfahren der damit verbundenen Bewegungsexperimente vermittelt Selbstvertrauen, Bewegungssicherheit und schafft Zugänge zu neuen Unternehmungen und Wagnissen" (Miedzinski 2000, S. 7).

Nicht zuletzt zeigen die Erfahrungen von Erzieherinnen und Lehrkräften, die mit der Bewegungsbaustelle arbeiten, dass Kinder im Umgang mit den Situationen geschickter werden und ihr eigenes Können besser einzuschätzen lernen. Die Variabilität der Bewegungsbaustelle gewährleistet, dass auch unsichere Kinder den differenzierten Umgang mit dem Baumaterial erlernen und sich zunehmend anspruchsvolleren Bewegungssituationen stellen. Schon beim Bauen können mögliche Gefahren eingeschätzt und verändert werden. Schülerinnen und Schüler, die sich in ihrer Umgebung sicherer bewegen, lernen ihre Umwelt besser wahrnehmen. Der Zusammenhang zwischen einem kompetenten Bewegungsverhalten und einem verminderten Unfallrisiko von Kindern wird auch Versicherungsverbänden bewusst, die das Konzept der Bewegungsbaustelle als Baustein der Entwicklung von Selbstsicherungsfähigkeit sehen, mit deren Hilfe Unfallschwere und –häufigkeit reduziert werden können. Die Sicherheit und der Schutz des Kindes für eine gesunde Entwicklung sollte gleichwertig mit einer angemessenen Risikobereitschaft und dem Zulassen von Selbsttätigkeit verwirklicht werden. Es ist deutlich, dass Schülerinnen und Schüler mit hoher motorischer Kompetenz neben der besseren Bewältigung von Gefahrensituationen auch eine angemessenere Einschätzung von Risiken und Gefahren vornehmen können. Diese Fähigkeiten können jedoch nur in der eigenaktiven Auseinandersetzung mit anspruchsvollem und herausforderndem Material erworben werden. Die Bewegungsbaustelle kann in diesem Zusammenhang zu einem wichtigen Bestandteil veränderter Sicherheitserziehung werden.

Im Klassenzimmer / In der Kindergartengruppe

Die Idee des Bauens und Bewegens mit einfachem Material wie großen Holzklötzen, Brettern und Walzen hat wesentliche Impulse aus dem in allen Kindergärten verbreiteten Holzbaukasten nach Fröbel entnommen und durch die Möglichkeit großräumiger Bewegungen vervollständigt.

Diese beschränken sich jedoch nicht nur auf den Schulhof oder die Pausen, sondern können ebenso in den Schulalltag integriert werden. Ergänzt man das klassische Mobiliar im Klassenzimmer durch variable Bauelemente, kann ein völlig neuer Lern- und Bewegungsraum entstehen, in dem sich sowohl für Schülerinnen und Schüler als auch für Lehrkräfte neue Handlungsmöglichkeiten ergeben.

Die Idee des Mobilen Klassenzimmers (Landau 1999) greift bewegungspädagogische Überlegungen auf, um die strenge Klassifikation des Klassenzimmers (Tafel, Pult, Tische, Stühle) aufzubrechen und „Raum für unterschiedlichste Inszenierungen von Unterricht" (Landau 1999) zu schaffen.

Innerhalb des Klassenzimmers ist es durch das variable Mobiliar möglich, aus einer Sitzbank und einem Tisch ein Podium zu bauen, von dem aus ein Referat gehalten wird. Aus Brettern und Kisten wird eine Bühne, auf der die Geschichten aus dem Lesebuch lebendig werden.

In der Pause

Im Rahmen des Projekts 100 Bewegungsbaustellen für Berlin (Unfallkasse Berlin 2005) nutzen zahlreiche Schulen die Bauteile der Bewegungsbaustelle für eine bewegte Pause. Die einfachen Holzbauelemente werden für vielfältige Bau- und Bewegungsmöglichkeiten in der Pause bereitgestellt. Da das Material der Bewegungsbaustelle aufgrund seiner Beschaffenheit oft nicht über einen längeren Zeitraum im Freien aufbewahrt werden kann, bietet es sich an, einen leer stehenden Klassenraum oder Schuppen zur Aufbewahrung der Bauteile zu nutzen. Schon Schülerinnen und Schüler aus dem Primarbereich können verantwortungsvolle Aufgaben wie den Verleih der Bauteile oder das Aufräumen des Lagerraums übernehmen, nicht zuletzt um zusätzliche Pausenaufsichten zu vermeiden. Wenn die Schülerinnen und Schüler zu einem verantwortungsbewussten Umgang mit dem Material angeleitet werden, führen die Bau- und Konstruktionsprozesse eher zu einer konfliktfreien Pausenatmosphäre, in der Lehrerinnen und Lehrer eine beobachtende und nicht eingreifende Rolle einnehmen können.

Vielfach werden die großen Bauteile (Bretter, Kisten, Wippen) durch Alltagsmaterial ergänzt (Getränkekisten, Tücher, Seile) oder mit schon vorhandenem Spielgerät verknüpft (Sandkasten als Sprunggrube, Äste als Verlängerung von Balancierwegen), damit immer neue Spielideen und auffordernde Situationen entstehen können.

Im Sportunterricht

Der Sportunterricht erweitert seit Jahren die Perspektive der Leistungsorientierung um Themen, Inhalte, Methoden und Organisationsformen, die die Bewegungserfahrungen der Schülerinnen und Schüler ausweiten, zum körperlichen Ausdruck anregen und soziale Kompetenzen in den Vordergrund stellen. Gerade auch für die Schülerinnen und Schüler, die ungern am Sportunterricht teilnehmen, bietet die Bewegungsbaustelle die Möglichkeit, selbst gestellte Aufgaben zu überwinden und nach neuen Herausforderungen zu suchen. In den vielfältigen Situationen des Balancierens kommt es in diesem Zusammenhang beispielsweise immer wieder auch bei motorisch unsicheren Kindern zu kleinen Erfolgserlebnissen. Dieses Gefühl gelungener Bewegungskunststücke, die sich aus dem Prozess des ständigen Probierens, Bewältigens und der Steigerung der Bewegungsanforderung ergibt, kann ein bedeutsamer Baustein des Erlebens von Selbstwirksamkeit sein.

Das Konstruieren großräumiger Bewegungslandschaften fordert darüber hinaus auch genaue Absprachen hinsichtlich der Planung und Ausführung durch die am Bauprozess Beteiligten. Sperrige Bretter und schwere Kisten müssen zumindest von zwei Personen getragen werden, bei Turmbauten müssen mehrere Hände den Unterbau absichern, das Wissen über Stabilität und Labilität, Gewicht und Sperrigkeit von Gegenständen wird innerhalb einer heterogenen Lerngruppe weiter gegeben.

Die Aufgabe der Lehrkraft ändert sich im Verlauf der Arbeit mit der Bewegungsbaustelle immer mehr vom Eingreifen und Vorstrukturieren hin zur Begleitung und Unterstützung der Lern- und Interaktionsprozesse. Der Forderung nach Beobachtung und Dokumentation der individuellen Lernentwicklung kann entsprochen werden, indem Aussagen über die Entwicklungsbereiche Interaktion, Spiel- und Sozialkompetenz, Motorik und Bewegungssicherheit, Selbstvertrauen und Kognition (Erfindungen, Ideen) entsprochen wird.

Fazit

Zusammenfassend lässt sich sagen, dass dem Phänomen der eklatanten Bewegungsarmut in der Schule und in Kindertageseinrichtungen, die sich in der reizarmen Außenbereichsgestaltung, im für viele Kinder wenig motivierenden Sportunterricht und der starren, funktionalen Raumgestaltung im Klassenunterricht, mit der Idee der Bewegungsbaustelle entgegen gewirkt werden kann, wenn nicht allein der Aspekt der Kompensation im Vordergrund steht, sondern Bewegung als selbstverständlicher Bestandteil in den pädagogischen Alltag integriert wird. Eine solche Schul- und Kindergartenkultur, die neben der körperlichen Bewegung auch geistigen Bewegungsspielraum ermöglicht, kann im Hinblick auf die Förderung von Selbstkonzept, Problembewältigung und Sozialkompetenz zu einer wichtigen Ressource werden. Ein derartiges Verständnis von Raumgestaltung lässt Spielraum für Bildungsprozesse im Sinne des Selbstbildungskonzepts von Schäfer (2005).

Literatur

Eggert, D.: Von den Stärken ausgehen... Borgmann. Dortmund 1997.

Hildebrandt-Stramann, R.: Bewegte Schulkultur. Schulentwicklung in Bewegung. Afra. Butzbach-Griedel 1999.

Laging, R./ Schillack, G. (Hrsg.): Die Schule kommt in Bewegung. Konzepte, Untersuchungen und praktische Beispiele zur Bewegten Schule. Schneider. Baltmannsweiler 2000.

Landau, G.: Das mobile Klassenzimmer. In: Laging, R./ Schillack, G. (Hrsg.): Die Schule kommt in Bewegung. Konzepte, Untersuchungen und praktische Beispiele zur Bewegten Schule. Schneider. Baltmannsweiler 2000.

Miedzinski, K./ Fischer K.: Die neue Bewegungsbaustelle. Lernen mit Kopf, Herz, Hand und Fuß. Borgmann. Dortmund 2007.

Miedzinski, K.: Die Bewegungsbaustelle. Kinder bauen ihre Bewegungsanlässe selbst. Borgmann. Dortmund 2007.

Miedzinski, K./ Albers, T./ Nickel, F.: Die Bewegungsbaustelle – Der Film. Loquito. Braunschweig 2003.

Robert-Koch-Institut: Erste Ergebnisse der Kiggs-Studie. 2005. Verfügbar unter: http://www.kiggs. de/experten/downloads/dokumente/kiggs_elternbroschuere.pdf [15.03.2010].

Schäfer, G.: Der Bayrische Bildungsplan – Ein Instruktionsansatz? 2005. Verfügbar unter: http://www. uni-koeln.de/ewfak/paedagogik/fruehekindheit/texte/05_Instruktionsansatz.pdf [15.03.2010].

Tietze, W. (Hrsg.): Wie gut sind unsere Kindergärten? Eine Untersuchung zur pädagogischen Qualität in deutschen Kindergärten. Beltz. Weinheim 1998.

Unfallkasse Berlin (Hrsg.): Die Bewegungsbaustelle. Broschüre im Rahmen der Aktion: 100 Bewegungsbaustellen für Berlin. Eigenverlag. Berlin 2005.

Andrea Dlugosch
Adoleszente Inszenierungen im Raum: Le Parkour

Eine Linie ziehen: effizient eine Strecke von A nach B im städtischen Raum

Die inzwischen auch als Trendsportart gehandelte Fortbewegungsform „Le Parkour" oder Parkour, welche Anfang der 1970er Jahre in Frankreich von David Belle ins Leben gerufen wurde, versammelt Personen, in zumeist adoleszenten oder postadoleszenten Lebensphasen, die sich einer bestimmten Form der Raumaneignung verschrieben haben. Die sogenannten Traceure - oder Traceurinnen, auch wenn es sich um eine zur Zeit noch mehrheitlich von männlichen Jugendlichen und jungen Erwachsenen bevorzugte Bewegungsform handelt -, nutzen eine durch Übung und Training geschulte Form des Körpereinsatzes ohne weitere Hilfsmittel. Es gilt dabei schnell und unter einem optimalen Kraft- und Zeiteinsatz, Strecken mit kaum überwindbaren Hindernissen, so scheint es zunächst, zurückzulegen. Hierfür wird insbesondere der städtische Raum bevorzugt genutzt, mit seinen Elementen aktueller, aber auch betagter Städtelandschaft: Beton, Mauervorsprünge und -abbrüche, Geländer, Baustellen, Treppen etc. Bestimmte herausfordernde Orte oder Stellen dienen als Übungsplätze - sogenannte spots.

Die architektonischen Gliederungen und stadtplanerischen Bauten und Strukturierungen setzen zunächst Begrenzungen, was gerade im Hinblick auf Bildungspotenziale im städtischen Raum oftmals auch kritisch beäugt wird: „Die Aneignung ihrer jeweiligen Lebenswelt als schöpferischer Prozess der Erweiterung ihres Handlungsraumes, der Veränderung und Gestaltung von Räumen und Situationen ist für Kinder und Jugendlichen heute wesentlich eingeschränkt und behindert, nicht nur in der Großstadt" (Deinet 2004, S. 179). Gerade in der Begrenzung und ihrer Verschiebung liegt jedoch ein besonderer Reiz der hier vorgestellten Fortbewegungsart Parkour, wozu erste Zwischenergebnisse qualitativer Studien hinweisen. Das Spiel mit und an der Grenze, die Erweiterung des Möglichkeitsraumes in (sic!) die Intensität der Wahrnehmung, die Verfeinerung der Sinnestätigkeit und der Körperbeherrschung eröffnet - paradox anmutend - einen Raum in der Begrenzung. Der städtische Raum erhält so eine besondere Lesart eines entgrenzten Lernortes und schafft damit kreative Potenziale der Raumaneignung. Der gemeinte Aneignungsbegriff entspricht hier durchaus den zur Operationalisierung dienenden Kriterien, die Ulrich Deinet vorgelegt hat: „Aneignung ist:

- eigentätige Auseinandersetzung mit der Umwelt
- (kreative) Gestaltung von Räumen und Symbolen etc.
- Inszenierung, Verortung im öffentlichen Raum (...) und in Institutionen

- Erweiterung des Handlungsraumes (die neuen Möglichkeiten, die in Räumen liegen)
- Veränderung vorgegebener Situationen und Arrangements
- Erweiterung motorischer, gegenständlicher, kreativer und medialer Kompetenz
- Erprobung des erweiterten Verhaltensrepertoires und neuer Fähigkeiten in neuen Situationen
- Entwicklung situationsübergreifender Kompetenzen im Sinn einer ‚Unmittelbarkeitsüberschreitung‘ und ‚Bedeutungsverallgemeinerung‘" (Deinet 2005, S. 221f.).

Die Aneignung des öffentlichen Raumes (vgl. Frey 2004) wird im Parkour zwar auch durch eine Ausdehnung oder vielmehr zügige Bewegung (durch den Raum) erreicht, aber in einer weiter entwickelten Phase der individuellen Körperschulung insbesondere durch eine Tiefendimension des Wechselspiels von Körperlichkeit, Sinnestätigkeit und Wahrnehmung, d.h. durch eigentümlichen Formen „ästhetischer Korrespondenzen" (Knodt 1994). „Der städtische Raum wird ... nicht nur anders oder neu gesehen, er wird auch differenzierter gespürt. Durch wiederholtes Training an unterschiedlichen ‚spots‘ (Übungsplätzen), auf unterschiedlichen Belägen (Teer, Gras, Sand, Pflaster) und zu unterschiedlichen Tages- und Nachtzeiten entwickeln die ‚Traceure‘ neben ihrem kinästhetischen Sinn ebenso ein leibliches Gespür" (Gugutzer 2010, S. 10).

Für die Traceure selbst ist Parkour weitaus mehr als nur eine sportliche Betätigung. Wird Parkour als Funsport etikettiert, erweckt dies sogar bei einigen Traceuren regen Widerstand. Es handelt sich vielmehr um eine Lebenskunst oder -philosophie, die daher auch das Potenzial in sich birgt, sich auf andere Bereiche des Lebens auszuwirken. Es liegt nahe, hierin ein besonderes Bildungspotenzial zu vermuten, das nachvollziehbar einen Prozess der Selbstbildung im wortwörtlichen Sinne darstellt. Bildung meint hier einen umgreifenden Transformationsprozess von Selbst- und Weltkonstruktionen, der nie ohne eine leibliche Verortung vonstatten geht und deshalb in seinen je individuellen raum-zeitlichen Dimensionen konzipiert wird. Er ist anschlussfähig an die von Thomas Alkemeyer ausgeführten „Habitusformungen und -umformungen in Bildungspraktiken" (2009)[2]. Inwieweit es sich bei Parkour um ein unsichtbares Bildungsprogramm handelt, dem weitere Kompetenzfacetten zugesprochen werden können (vgl. Hitzler/ Pfadenhauer 2005), wird in den erhobenen Interviews detaillierter zu untersuchen sein. Robert Gugutzer kommt auf Grund seiner eigenen Forschungsarbeiten zu der Einschätzung von „Le Parkour" als einer „urbane(n) Bewegungskunst, die jenseits traditioneller Bildungsinstitutionen den städtischen Raum als körperlich-sinnlichen Bildungsraum nutzt" (Gugutzer 2010, S. 11).

Le Parkour als Forschungsgegenstand steht im Schnittpunkt (körper-)soziologischer, phänomenologisch ausgerichteter und kompetenzbasierter Untersuchungen zu Bildungsprozessen sowie identitätstheoretischen Erkenntnisinteressen und ist ebenso anschlussfähig an den aktuellen sozialräumlichen Diskurs. So ist es über den qualitativ orientierten Zugang der Raumkonstruktionen von Traceuren möglich, aktuelle Ansätze der Konstitutionsbedingungen des Raumes, wie sie aktuell insbesondere im Kontext der Arbeiten von Martina Löw (2001) diskutiert werden (vgl. Schrammel 2008), zu überdenken, was im letzten Teil des Beitrags skizzenhaft geschehen soll.

Um einen Einblick in konkrete Raumerfahrungen von Traceuren zu geben, sollen im Folgenden Auszüge aus der Paraphrasierung eines Interviews mit einem Traceur wiedergegeben werden. Die in dem darauf folgenden Auswertungsschritt (vgl. Jaeggi et al. 1998) erarbeiteten Kategorien beziehen sich u.a. auf Bereiche wie die Struktur der Gruppierung/Community, ihre Stilmerkmale oder auch der Umgang mit Angst und Gefahr und daran anschließend die Ausbalancierung von Gefahr und Sicherheit in Parkour. Auch gender-bezogene Fragestellungen können im Hinblick auf die Adoleszenz als „Zeit der Körpersozialisation, des körperlichen Erwachsenwerdens und des Prozesses des (hier im zweifachen Sinn, A.D.) doing maskulin gender auf ‚unsicherem' Gelände" (Hafeneger 2010, S. 203) weiter verfolgt werden.

Im Folgenden werden die Auszüge der Paraphrasierung und in-vivo-codes vorgestellt, die sich vorrangig auf die Raumerfahrung beziehen. Auf Grund der Lesbarkeit wurden die sonst in Klammer vermerkten Bezüge der Paraphrasierung zum Auswertungsschritt des Themenkataloges und die Zeilenangaben entfernt. (Detailinformationen können bei der Autorin nachgefragt werden).

„wenn ich dann nur noch durch meine eigene Kreativität eingeschränkt werde, nicht mehr durch die Stadt"
Indem ich dem Gemeinen einen hohen Sinn,
dem Gewöhnlichen ein geheimnisvolles Ansehen,
dem Bekannten die Würde des Unbekannten,
dem Endlichen einen unendlichen Schein gebe,
 so romantisiere ich es...
 (Novalis)

Der Stadtromantiker:

Martin (Name anonymisiert) ist Anfang zwanzig, Student eines computerwissenschaftlichen Studiengangs und begann vor ca. sechs Jahren mit Parkour. Er bezeichnet sich selbst vor dieser Zeit als nicht sonderlich sportlich, was er [bei Beginnern von Parkour] aber auch nicht für außergewöhnlich hält. Parkour umfasst für Martin Trainingselemente wie Übungen an der Mauer, an Stangen, z.B. „an der U-Bahn über ein Geländer zu springen", aber auch turn- oder kunstturnerische

Elemente. ... Als Identifikationsmerkmal fungiert für Martin, wie für viele der Gruppe, mit denen er sich identifiziert, die Einstellung zu Parkour als „Lebenseinstellung". ... Den persönlichen Gewinn von Parkour sieht Martin für sich vor allem im Mentalen, d.h. „nicht nur sportlich, nicht nur körperlich, sondern auch geistig". Eine hohe Bedeutung für Martin haben deshalb selbstreflexive Momente, für die Parkour als „ein Weg sich selber kennen zu lernen" tagsüber und auch nachts, auch für eher traurige unterschiedliche Stimmungslagen, Gelegenheiten bietet: „Wenn ich traurig bin, gehe ich zum Beispiel auf ein Dach und denke einfach nach". ... Das „Schöne an Parkour" ist (...) die Begegnung mit Neuem, Unbekanntem, auch völlig Andersartigem an anderen Orten „wo man sonst nicht so einfach hinkommen könnte". Diese Erkundungen werden durch eine rege Reisetätigkeit begünstigt („wenn ich alleine erkundschaften gehe"). Freude an der Bewegung und an ihr Spaß zu finden, vor allem aber die Freiheit und Eigenbestimmtheit in der Bewegung machen zudem das Wesen von Parkour aus, „seinen eigenen Weg zu gehen vor allem". Es fällt Martin sehr schwer, das Gefühl bei Parkour in Worte zu fassen. Er versucht diverse sprachliche Annäherungen: einmal durch die körperliche Lokalisation („es ist einfach so ein inneres Gefühl"), dann durch jugendspezifische Umgangssprache („ist schon ein cooles Gefühl") und auch anhand von Beispielen konkreter Erfahrungen des Untergrundes, deren Merkmale „Unberechenbarkeit" und Ungewissheit sind. „Das erst Mal weiß man nicht, wie die Wände reagieren". ... Es überwiegt bei Martin eine große Vorsicht und eine eher defensive Strategie, um Risiken bis zu ihrer Auflösung zu vermindern oder erst gar nicht entstehen zu lassen. Unter minimiertem Risiko ist die Hürde der Überwindung zwar noch für einen kurzen Augenblick vorhanden, aber durch das Klarmachen der potenziellen Gefahren zu verringern. Das eigene Gefühl und die Analyse der jeweiligen Untergründe dienen Martin als Kompass im Umgang mit dem Risiko, was letztlich dazu führen kann, einen Sprung auch nicht zu machen. Martin scheint auf den ersten Blick diese Art der Begrenzungen, und damit auch sein Scheitern, zu akzeptieren („damit muss man dann aber auch leben können"). In der Detailsicht werden aber die Grenzen nur als für den Moment geltende, oder mittel- und langfristige, Übergangstadien toleriert, die es zu überwinden gilt. Hierfür sucht und probiert Martin unterschiedlichen Möglichkeiten (z.B. Krafttraining, aufgeteilte ähnliche Übungen) der Problemlösung (aus). Letztlich meint Martin auf Grund seiner Erfahrung, zu wissen, dass „nach oben quasi keine Grenze ist", sondern „nach oben ist immer viel Potenzial". Martin läuft bis zu seiner absoluten körperlichen Grenze („laufe immer so, dass es mich fertig macht") Diese Ohne-limits-Tendenz spiegelt sich auch in seinen Zielvorstellungen. Es soll zukünftig höher, schneller und weiter gehen, nicht mehr die Außenfaktoren sollen limitieren, sondern irgendwann nur noch die eigenen Kapazitäten: „wenn ich dann nur noch durch meine eigene Kreativität eingeschränkt werde, nicht mehr durch die Stadt". ... Er will seine Fortschritte messen können. Steigerungspotenziale liegen in dem besseren Kennen und der eigenen Kontrolle des Körpers. Er wünscht sich Angstfreiheit vor Sprüngen, auch wenn er sich des illusorischen Charakters dessen letztlich doch bewusst ist. Seine konkreten Zielperspektiven in Bezug auf bestimmte spots sind kurz- bis mittelfristig, da er mit städtebaulichen Abrissen oder räumlichen Veränderungen rechnet, die er nicht kalkulieren kann und die wegen ihrer Ungewissheit der Mühe einer langfristigen Einplanung nicht wert sind. Die Ungewissheit lässt Martin eher abwarten. Er lässt die Zukunft unbehelligt auf sich zukommen. „Ich schaue was kommt einfach". Diese Offenheit findet sich auch auf der Mikroebene der Bewegungsmuster. Martin bevorzugt keine bestimmten Abläufe, da jede Bewegung ihre „Berechtigung" hat. Die Häufigkeit führt dazu, dass er die Übung „gerne macht". Martin lässt vieles, interessanterweise auch die Untergründe, auf sich zukommen: „Ich schau einfach, was mir so unter die Füße kommt". Martin schildert die unterschiedlichen „Reize" der unbegrenzten Möglichkeiten, Varianten und Kombinationen im Training, wenn er hier auch eher Bescheidenheit an den Tag legt („so kann man ein bisschen kombinieren". Jede Methode, individuelle oder soziale Konstellation, jede Witterungsbedingung, jeder Untergrund oder jede Tageszeit stellt eine attraktive Trainingsfacette dar. Auch wenn er vermehrt betont, dass er alle Varianten gleichermaßen, („sonst würde ich es ja nicht machen"), schätzt, kristallisieren sich zwei Aktivitätsschwerpunkte heraus: das Training allein und nachts von „elf bis eins", gemäß seines Biorhythmus'. Die Dunkelheit und die damit zusammenhängende Ungewissheit sowie das Allein-auf-sich-gestellt-Sein steigern den Thrill „Wenn ich dann gerade im Landeeinflug bin, sehe ich plötzlich nicht mehr, wo ich hin springe". Der Sicherheitsfaktor wird aber nicht aufgegeben, sondern über die Zentrierung auf sich und die Regulierung der eigenen Bewegungsintensität gewährleistet. Auch in den verschiedenen sozialen Trainingskonstellationen, wie dem Laufen mit einem Freund, das er in der Position des Folgenden sehr schätzt, wird die Struktur der Balancierung von Ungewissheit (durch das Hinterher-Laufen an unbekannten Orten), und Sicherheit (durch den Freund selbst) erkennbar. Beim Training in der Gruppe überwiegt in der Regel die zeitintensive Analyse und das Austesten unterschiedlicher spots, auch wenn einfach mal „drauf los(ge) laufen" wird. Dies bringt eine gesteigert Aufmerksamkeit mit sich, um die Ungewissheit auch zu bearbeiten. Für Martin überwiegt die besondere Intensität der Wahrnehmung im Parkour, die er im Hinblick auf die Wahrnehmung verschiedener Untergründe und die Sinneswahrnehmung in der Nacht differenzierter erläutert. Haptische Erkundungsprozeduren („exploratory procedures" siehe Lederman/ Klatzky 1997) von möglichst vielen unterschiedlichen Untergründen mit ihren jeweiligen Oberflächenspannungen, auch Temperaturunterschiede in unterschiedlichen Bewegungsmustern „beim Landen, beim Gehen auch", führen zu einem mikrofeinen Erfahrungs-Repertoire und einem gesteigerten Gefühlskonglomerat aus „Neugierde", „Spaß" und Coolness. Martin beschreibt, dass sich seine Sensibilität erhöht und bei ihm eine Kompetenz vorhanden ist, feinste Abstufungen zu ertasten und zu erfühlen; er „merkt echt ganz feine Unterschiede". Romantisch angehauchte Beispiele („da liegt der Tau auf der Wiese"; „barfuß laufen") paaren sich in den Erläuterungen mit jugendsprachlichen Ausdrucksformen: „Oh da vibiriert was, ja cool", was auf eine aktuelle Form des Romantischen hinweist, wird der Romantikbegriff aus seiner alltagssprachlichen Wendung befreit. Martin hebt hervor, dass die nächtlichen Erkundungen, in einer dann eher ereignisreduzierten Atmosphäre - ohne Lärm und „andere(n) Leute", es „singen noch nicht mal die Vögel" - die Intensität der Wahrnehmung noch weiter steigern. Ein Mitnahmeeffekt eines durchgehenden, nächtlichen Trainings ist für Martin, den Verlauf von der Nacht, über das erste Erwachen der Fauna, um „vier, fünf Uhr... fangen schon die ersten Vögel an zu singen", bis zum frühen Morgen in seiner ansteigenden Geschäftigkeit mitzuerleben: „es kommen plötzlich mehr Leute", die „zombiemäßig zur U-Bahn gehen", von der und denen er sich aber allein durch die Wortwahl distanziert und sich nicht zugehörig fühlt. Auditive Eindrücke sind für Martin nachts am intensivsten, im Vergleich zum Riechen oder Sehen - selbst wenn er für Letzteres Anstrengungen unternimmt, die auf Grund der dunklen Umstände aber erfolglos bleiben. Beim Laufen tagsüber orientiert sich Martin visuell vermehrt nach vorne und überblickt, auch im metaphorischen Sinn - „nur ein paar Meter voraus denkend" -, eine kurze bis mittlere Distanz „so zehn Meter vielleicht voraus". Er probiert gleichzeitig für alles andere seines Sichtfeldes ebenfalls aufmerksam zu bleiben und es „so im Augenwinkel mitzunehmen". Die eigene Stadt ist bei Martin völlig positiv belegt und tritt bei ihm in personalisierter Form in Erscheinung: „Sie liegt vor meiner Haustür". Die Stadt ist jederzeit für ihn, und auch die Gruppe, verfügbar und so reichhaltig, dass Martin nach Lust und Laune agieren, selbst bestimmen kann und immer etwas „findet", ohne besondere Vorkehrungen treffen und ohne sich in Ort und Zeit anpassen zu müssen. Er „baut sich nicht extra was dafür", „weil die Stadt einfach alles hergibt...was man braucht". Die städtischen Gefilde beherbergen auch Potenziale für Naturbegegnungen, was andere Traceure wohl nicht immer so wahrzunehmen scheinen. Besonders attraktiv sind für Martin die städtischen Dachlandschaften, die er nur noch mit dem Blick des Traceurs in ihrer Funktionalität für Parkour, fernab aber von jeglichem anderen Gebrauch wahrzunehmen scheint: Die Dächer „sind dafür ausgelegt, dass man da hoch kann". Die Stadt draußen vermittelt Martin deshalb ein besonderes Gefühl von Freiheit. Im Gegensatz dazu fühlt er sich beim Trainieren in der Halle begrenzt, „eingeschlossen", gebunden an Ort und enorm eingeschränkt in den vielfältigen Möglichkeiten. Deswegen kommt für Martin „die Halle" auch lediglich für das Wintertraining in Frage. Auch andere Städte bieten von sich aus ein großes Potenzial, es braucht nicht etwas Bestimmtes oder Vorbereitetes dafür. Die Möglichkeiten sind einfach da. Das Erleben anderer Städte beschreibt Martin als unterschiedlich und abhängig von der (sozialen) Konstellation (allein oder zu mehreren), und es ist für ihn auch wieder, wie bereits bei dem Gefühl bei Parkour, schwer zu beschreiben und „gescheit zu erklären". Manchmal nimmt er etwas von seinem „Erkundschaftungen" anderer Städte in die eigene mit - was genau das letztlich ist, bleibt offen.

Verinselungen oder Vernetzungen - Skizzierung metaphorischer Konzepte des Raumes

Die zentralen Positionen des heutigen Raumdiskurses werden metaphorisch kon-zeptualisiert. Damit wird versucht, die komplexen Prozesse der Raumwahrneh-mung und -aneignung sprachlich einzufangen. Metaphern, so lehrt die Metaphern-theorie, übernehmen die Funktion, komplexe - oder auch abstrakte - Sachverhalte über einen Bild- bzw. Quellbereich mit einem bestimmten Bedeutungsgehalt zu vermitteln. Sie beleuchten bestimmte Aspekte, die für die Beschreibung des Phä-nomens wichtig erscheinen und akzentuieren damit einen bestimmten Aspekt eines Phänomens (vgl. Niedermair 2001, S. 153; vgl. Schmitt 2010, S. 329).

So findet sich bei Ulrich Deinet im Kontext von sozialräumlichen Mustern in der Offenen Kinder- und Jugendarbeit z.B. der Verweis zu Helga Zeiher (1983), die „die Lebenswelten von Kindern in der Großstadt mit ihrem Inselmodell beschrieben (hat), das nicht mehr von der Vorstellung eines kontinuierlich sich vergrößernden Raumes ausgeht, sondern von einzelnen Rauminseln, die zum Teil aus Sicht des Kindes bzw. des/der Jugendlichen in keinem direkten Zusammenhang stehen" (Deinet 2005, S. 223, Hervorh. A.D.).

Martina Löw (2001) nutzt zur Beschreibung von gegenwärtigen Raumkons-truktionen das Sprachbild eines „fließenden Netzwerk(es)" (Löw 2001, S. 266). Damit soll verdeutlicht werden, dass Kinder und Jugendliche auf Grund der veränderten Sozialisationserfahrungen, auch auf Grund virtueller Raumerschlie-ßungen, nicht mehr homogene Raumvorstellungen entwickeln, sondern Raum inkonsistent und heterogen und mehrdeutig erfahren wird (vgl. Deinet 2005, S. 223). Anstelle einer sich konzentrisch ausdehnenden Gesamtgestalt oder anstelle von sich erweiternden Zonen (vgl. Deinet 2004, S. 181) dienen rhizomhaft auf-gebaute Modelle, um Formen der Raumkonstitution zu beschreiben. Löws These ist, „daß nur wenn nicht länger zwei verschiedene Realitäten - auf der einen Seite der Raum, auf der anderen die sozialen Güter, Menschen und ihr Handeln - unterstellt werden, sondern statt dessen Raum aus der Struktur der Menschen und sozialen Güter heraus abgeleitet wird, nur dann können die Veränderungen

der Raumphänomene erfaßt werden" (Löw 2001, S. 264). Die Kritik von Löw
an bisherigen Modellvorstellungen bezieht sich demnach insbesondere auf eine
verkürzte Subjekt-Objekt-Trennung, die in einem absolutistischen Raumbegriff
münde: „Absolutistisch meint hier, daß Raum als eigene Realität nicht als Folge
menschlichen Handelns gefaßt wird. Raum wird als Synonym für Erdboden,
Territorium oder Ort verwendet" (Löw 2001, S. 264). Demgegenüber stellt Löw
eine relativistische Raumkonzeption vor (vgl. Löw 2001, S. 17): „Während Ab-
solutisten einen Dualismus annehmen, d.h. es existieren ihnen zufolge Raum und
Körper, sind relativistische Traditionen der Auffassung, daß Raum sich aus der
Struktur der relativen Lagen der Körper ergibt" (Löw 2001, S. 17, Hervorh. i.
Orig.; vgl. Schrammel 2008, S. 96). Sabrina Schrammel geht in diesem Kontext
davon aus, dass, je nach dem welche raumtheoretischen Prämissen gesetzt werden,
diese Perspektiven Einfluss auf die Auswertung von qualitativen Daten, wie z.B.
biografische Interviews, nehmen. So würden aus einer absolutistischen Position
„Lern- und Bildungsräume als territorial lokalisierbare Behälter konzeptualisiert.
Diese sind durch Grenzen (...) definiert, welche die Unterscheidung ‚drinnen und
draußen' möglich machen" (Schrammel 2008, S. 97). Mit der Perspektive eines
relationalen Raumkonzeptes hingegen könne „eine Vielfalt an konkurrierende(n)
und hierachische(n) Räume(n) auf dem gleichen Territorium gedacht werden"
(Schrammel 2008, S. 97).

Einen gewinnbringenden Zugang zu den individuellen Raumkonstitutionen
stellt die Systematische Metaphernanalyse (Schmitt 2003, 2009, 2010) dar, deren
Resultate Rudolf Schmitt in die Nähe des impliziten Wissens von Polányi oder
auch der Bourdieuschen Kategorie des Habitus rückt (vgl. Schmitt 2009, S. 103).
Die Rekonstruktion metaphorischer Konzepte, wie sie von Lakoff und Johnson
(1980) angeregt und von Schmitt für den deutschsprachigen Bereich modifiziert
aufgefächert worden sind, bieten die Möglichkeit über eine systematische Analyse
einen Zugang zur unmittelbaren Raumerfahrung zu erhalten. Die Ausgangsthese
ist die Affinität von metaphorischen Konzepten zu Denk-, Wahrnehmungs- und
Handlungsschemata. Bei der Systematischen Metaphernanalyse wird Textmaterial
(z.B. Interviews) daraufhin untersucht, welche (unterschiedlichen) Quellbereiche
(z.B. das Konzept des Weges) für bestimmte Zielbereiche (z.B. Parkour) vom
Sprechenden genutzt werden.

Je nach der Struktur des metaphorischen Konzeptes wird dann ein Rückschluss
auf Denk- und Wahrnehmungsschemata möglich. So können z.B. in Bezug auf
Raumkonzeptionen Aussagen darüber getroffen werden, ob sich die Darstellung des
Räumlichen eher einer absolutistischen Raumkonzeption oder einer relativistischen
Raumkonzeption, ggf. auf Grund vorhandener unterschiedlicher metaphorischer
Konzepte auch beiden Konzeptionen, zuordnen lässt, d. h., inwieweit also ein Kon-
zept z.B. die Behälter-Metaphorik des Raumes aufgreift, oder aber auch Strukturen

eines Zwischen in phänomenologischer Tradition erkennen lässt. Damit können Aussagen über die individuellen, in einem zweiten Schritt auch kollektiven Muster der Raumkonstitution, z.b. einer Jugendszene, gemacht werden. Es erschließen sich hierüber spezifische Ordnungssysteme der Raumerfahrung, welche mit den vorhandenen Konzepten z.b. der „Verinselung" oder „fließenden Vernetzung" kontrastiert werden können.

„Landeanflüge" (Interview Zeilen 229, 270) „Erkundschaftungen" (Interview Zeilen 545, 551), Konzepte der Stadt als einschränkendes Gegenüber, aber auch als Freiheit ermöglichendes, üppiges Explorationsfeld ermöglichen neue Einblicke in die „Materialität des Urbanen" (Gugutzer 2010, S. 10). Sie werden zukünftig weiter erforscht.

Anmerkung

Der Beitrag steht im Zusammenhang eines umfangreicheren Lehr- und Forschungs-projektes zu „Adoleszenten Inszenierungen im Raum am Beispiel Le Parkour", an der Goethe-Universität Frankfurt am Main. Das dem Beitrag zu Grunde liegende Interview wurde in diesem Kontext für einen kooperativen Seminarzu-sammenhang freundlicherweise von Prof. Dr. Robert Gugutzer zur Verfügung gestellt. Studierende in zwei parallel arbeitenden Seminargruppen untersuchten an Hand eingesetzter Methoden der Qualitativen (Sozial-)Forschung Interviews mit Traceuren/Traceurinnen unter körper-/leibbezogenen bzw. raumbezogenen Erkenntnisfragestellungen. Weitere Qualifizierungsarbeiten werden in diesem Projektkontext in den nächsten Monaten zum Abschluss gebracht.

Literatur

Alkemeyer, Thomas 2009[2]: Lernen und seine Körper. Habitusformungen und -umformungen in Bil-dungspraktiken. In: Friebertshäuser, Barbara/ Rieger-Ladich, Markus/ Wigger, Lothar (Hrsg.): Reflexive Erziehungswissenschaft. Forschungsperspektiven im Anschluss an Pierre Bourdieu. Wiesbaden, S. 119 - 140.

Deinet, Ulrich 2004: „Spacing", Verknüpfung, Bewegung, Aneignung von Räumen - als Bildungskon-zept sozialräumlicher Jugendarbeit. In: Deinet, Ulrich/ Reutlinger, Christian (Hrsg.): „Aneignung" als Bildungskonzept der Sozialpädagogik. Beiträge zur Pädagogik des Kindes- und Jugendalter in Zeiten entgrenzter Lernorte. Wiesbaden, S. 175 - 189.

Deinet, Ulrich 2005: Das sozialräumliche Muster in der Offenen Kinder- und Jugendarbeit. In: Deinet, Ulrich/ Sturzenhecker, Benedikt (Hrsg.): Handbuch Offene Kinder- und Jugendarbeit. 3. Auflage. Wiesbaden, S. 217 - 229.

Frey, Oliver 2004: Urbane öffentliche Räume als Aneignungsräume. Lernorte eines konkreten Ur-banismus. In: Deinet Ulrich/ Reutlinger, Christian (Hrsg.): „Aneignung" als Bildungskonzept der Sozialpädagogik. Beiträge zur Pädagogik des Kindes- und Jugendalter in Zeiten entgrenzter Lernorte. Wiesbaden, S. 219 - 233.

Gugutzer, Robert 2010: „Le Parkour" - Die neue Kunst der Fortbewegung. Über Mülltonnen, Treppen, Bauzäune oder Garagendächer mit Gespür für die Materialität des Urbanen. In: Forschung
Frankfurt 2/2010, Goethe-Universität Frankfurt am Main, S. 9 - 11.

Hafeneger, Benno 2010: Identität und Körperlichkeit männlicher Jugendlicher. In: Abraham, Anke/
Müller, Beatrice (Hrsg.): Körperhandeln und Körpererleben. Multidisziplinäre Perspektiven auf
ein brisantes Feld. Bielefeld, S. 203 - 223.

Hitzler, Ronald in Koop. mit Pfadenhauer, Michaela u.a. 2005: Unsichtbare Bildungsprogramme? Zur
Entwicklung und Aneignung praxisrelevanter Kompetenzen in Jugendszenen. Expertise zum 8.
Kinder- und Jugendbericht der Landesregierung NRW. Im Auftrag des Ministeriums für Schule,
Jugend und Kinder des Landes Nordrhein-Westfalen. URL: http://www.jugendszenen.com/media/
docman/expertise_2005.pdf, Zugriff: 23.09.2010.

Jaeggi, Eva/ Faas, Angelika/ Mruck, Katja 1998: Denkverbote gibt es nicht! Vorschlag zur interpreta-
tiven Auswertung kommunikativ gewonnener Daten, 2. überarbeitete Fassung. Forschungsbericht
aus der Abteilung Psychologie im Institut für Sozialwissenschaften der Technischen Universität
Berlin, Nr. 98-2.

Knodt, Reinhard 1994: Ästhetische Korrespondenzen. Denken im technischen Raum. Stuttgart.

Lakoff, George/ Johnson, Mark 1980: Metaphors We Live By. Chicago.

Lederman, Susan J./ Klatzky, Roberta L. 1997: Haptic aspects of motor control. In: Boller, Francois/
Grafman, Jordan (Hrsg.): Handbook of Neuropsychology. Volume 11, New York, S. 131 - 147.

Löw, Martina 2001: Raumsoziologie. Frankfurt am Main.

Niedermair, Klaus 2001: Metaphernanalyse. In: Hug, Theo (Hrsg.): Wie kommt Wissenschaft zu
Wissen? Einführung in die Forschungsmethodik und Forschungspraxis. Band 2, Baltmannsweiler,
S. 144 - 165.

Schmitt, Rudolf 2003: Methode und Subjektivität in der Systematischen Metaphernanalyse. In:
Forum Qualitative Sozialforschung/Forum: Qualitative Social Research, Volume 4, Nummer 2,
Art. 41, URL: http://www.qualitative-research.net/index.php/fqs/article/view/714/1546, Datum
des Zugriffs: 23.09.2010.

Schmitt, Rudolf 2009: Kriterien einer systematischen Metaphernanalyse. In: Darmann-Finck, Ingrid/
Böhnke, Ulrike/ Straß, Katharina (Hrsg.): Fallrekonstruktives Lernen. Ein Beitrag zur Profes-
sionalisierung in den Berufsfeldern Pflege und Gesundheit. Frankfurt am Main, S. 101 - 121.

Schmitt, Rudolf 2010: Metaphernanalyse. In: Bock, Karin/ Miethe, Ingrid (Hrsg.): Handbuch qualitative
Methoden in der Sozialen Arbeit. Opladen, S. 325 - 335.

Schrammel, Sabrina 2008: Überlegungen zur räumlichen Analyse von Bildungs- und Erziehungspro-
zessen. In: Egger, Rudolf/ Mikula, Regina/ Haring, Sol/ Felbinger, Andrea/ Pilch-Ortega, Angela
(Hrsg.): Orte des Lernens. Lernwelten und ihre biographische Aneignung. Wiesbaden, S. 91 – 99.

Jochen Krautz

Übergangsräume

Zu einer Propädeutik der Wahrnehmung zwischen Kunst und Pädagogik

> „Wahrnehmen heißt immer schon, an der Welt teilzunehmen, sie zu berühren,
> von ihr berührt zu werden. Es beruht auf leiblicher Praxis."
> (Fuchs 2008, S. 32)

Die Praxen von Kunst wie Pädagogik ereignen sich beide in spezifischer Weise
in einem Übergangsraum vom Ich zum Du zur Welt. Kunst wie Pädagogik leben
davon, dass das Ich sich überschreitet zum Anderen und zur Welt hin, dabei also
seine isolierte Subjektivität aufgibt und eintritt in den Raum der Interpersonalität.
Daher ist künstlerisches wie pädagogisches Handeln in besonderer Weise auf
eine Wahrnehmung angewiesen, die sich selbst nicht absolut setzt, sondern um
deren Bedingungen und Bedingtheiten weiß und sich um ein genaueres Erfassen
des Anderen bemüht. Übung der Wahrnehmung, Reflexion ihrer Bedingungen
und Selbstreflexion der eigenen, oft unbewussten Anteile am Zustandekommen
von Wahrnehmungen und Urteilen gehören daher einerseits zur pädagogischen
Professionalität; andererseits können sie auch die Möglichkeiten des Künstlers
zum Welt- und Selbstverstehen erweitern und vertiefen und so seine Gestaltungen
intensivieren.

Gerade ein kunstpädagogischer Studiengang wäre insofern ein Ort, um solche
für Kunst wie Pädagogik fruchtbare Wahrnehmung bewusst zu üben. Eine Möglichkeit hierzu wird im folgenden nach einer knappen theoretischen Einführung
mittels einer Projektskizze aufgezeigt.

1. Wahrnehmen, Verstehen, Selbstverstehen

Entgegen verbreiteter radikal-konstruktivistischer Annahmen, gemäß derer der
Mensch, respektive sein Gehirn keinen direkten Zugang zur Wirklichkeit habe
und diese allein selbst konstruiere (vgl. Fuchs 2008; Pongratz 2004 u. 2009), wird
hier davon ausgegangen, dass Wahrnehmung zwar durch persönliche Deutungen
geprägt ist, sich aber sehr wohl durch Reflexion und Übung an das zu Erkennende
annähern kann (Schwaetzer 2010). Dies ist eine hermeneutische, eine auslegende
Bewegung, ein Bemühen um Verstehen und Selbstverstehen, das aus der Tiefenpsychologie als Klärung von Übertragung und Gegenübertragung bekannt ist:
Eigene, auch unbewusste Anteile der Wahrnehmung werden reflexiv erschlossen,
um das immer adäquatere Verstehen des Gegenübers zu ermöglichen: „Dabei geht

es nicht um eine von jeder Subjektivität gereinigte Erkenntnis, sondern um einen inneren Mitvollzug, eine Nachbildung des Wahrgenommenen durch Mimesis, Einfühlung und Verstehen". (Fuchs 2008, S. 286)

Der Wahrnehmende bildet demnach eine Art Resonanzraum für das Wahrgenommene. Aus den eigenen Resonanzen kann einerseits auf diese Resonanzen auslösenden Strukturen des Wahrgenommenen geschlossen werden, zugleich selbstreflexiv auf Bedingungen und Prägungen der eigenen Wahrnehmung. Hier kommen sich die Auslegungsbewegungen von Kunst, Psychologie und Pädagogik sehr nahe: „Das Verstehen von Kunst und das Verstehen von Menschen sind Anwendungsgebiete der Hermeneutik [....]. Verstehen und Selbstverstehen fördern und bedingen einander; im Maße, wie man sich erkennt, kann man andere begreifen, und wer etwas am anderen begriffen hat, kommt in seiner Selbsterkenntnis voran." (Rattner 2003, S. 135)

Für Pädagogen ist dieser Reflexionsprozess eine wesentliche Bedingung ihrer Professionalität: Um Schülern adäquat begegnen zu können, ist eine reflektierte Wahrnehmung, die um ihre eigenen Bedingtheiten weiß, wichtige Voraussetzung. (Krautz 2006) Ähnlich ist eine solche intensivierte und reflektierte Wahrnehmung insbesondere für eine Kunst wesentlich, die ihren Ausgang vom Sichtbaren nimmt und sich daher in Achtsamkeit gegenüber der wahrnehmbaren Welt übt. Solche Kunst bemüht sich um ein verstehendes Sehen als ein hermeneutisches Weltverhältnis (Sowa 2010): Sie bearbeitet „die Bedeutung und Rätselhaftigkeit der Sichtbarkeit selbst" (Berger 1981, S. 38; vgl. Krautz 2004), wobei diese Wahrnehmungsfrage oftmals selbst im Kunstwerk thematisch wird. (vgl. Merleau-Ponty 2003)

Insofern beziehen sich Kunst wie Pädagogik auf einen Raum gemeinsamen Erlebens, der sich nicht in subjektive Wirklichkeitskonstruktionen auflöst, sondern auf Andere und Anderes immer schon antwortet: „Die subjektive Sicht ist also zwar eine je individuelle, perspektivische Sicht, jedoch nicht etwa ‚nur subjektiv' in dem Sinne, als wäre das Gesehene im Subjekt. Sehend befinden wir uns immer schon in einem gemeinsamen Raum mit Anderen." (Fuchs 2008, S. 35) In diesem dialogischen Verhältnis erwidern wir den Blick: „Was wir sehen, blickt uns an". (Didi-Huberman 1999; vgl. Sowa 2010)

Sehen wie Darstellen wird demnach „angefacht, angestachelt und angesprochen (...) durch das, worauf es antwortet". (Waldenfels 1994, S. 252) In diesem Verständnis von Sehen als Antwortverhältnis ist auch das künstlerische Darstellen und Gestalten eine Form gewordene Antwort und in ein daraus resultierendes Verantwortungsverhältnis eingebunden. (vgl. Krautz 2010)

2. Zwischenleiblichkeit und Relationalität: Wahrnehmung im Übergangsraum

Wahrnehmung bezieht sich demnach auf eine gemeinsame Welt, auf den Raum zwischen uns, auf das „Inter". Der Ort der Wahrnehmung ist der Übergang vom Leib zur Welt, ein Raum, der von der Interdependenz von Ich und Welt gekennzeichnet ist. Merleau-Ponty spricht hier von der Empfindung als „Kommunion" (Merleau-Ponty 1966, S. 249), also einem Gemein-werden, einer leiblich-räumlichen Vereinigung mit Welt. Ich und Welt durchdringen sich wechselseitig, so „dass in gewisser Hinsicht ich die Welt umfasse, in anderer Hinsicht aber die Welt mich." (Merleau-Ponty 1966, S. 464)

Aufgrund dieser Durchkreuzung von Objektivität und Subjektivität kann die Wahrnehmung als Chiasmus beschrieben werden. (vgl. Meyer-Drawe 1987, S. 146) „Durch seinen Leib, der selbst sichtbar ist, in das Sichtbare eingetaucht, eignet sich der Sehende das, was er sieht, nicht an: Er nähert sich ihm lediglich durch den Blick, er öffnet sich auf die Welt hin." (Merleau-Ponty 2003, S. 279) Sehen ist somit „eine Verknüpfung, von dem der sieht, mit dem, was er sieht" (Merleau-Ponty 2003, S. 280), eben eine „Überkreuzung". Diesen Vorgang zeigt Merleau-Ponty exemplarisch am Sehen des Malers Cézanne auf, der mit dem Sichtbaren verschränkt die Dinge in sich übergehen lässt, um sie zu malen: „So ist es das stumme Sein, das selbst dazu kommt, seinen eigenen Sinn auszudrücken". (Merleau-Ponty 2003, S. 314)

Einen solchen Raum der Wahrnehmung kann man insofern auch als „Übergangsraum" beschreiben. Dieser Übergangsraum ist zugleich „Möglichkeitsraum", denn „das Sichtbare ist nicht einfach eine flagrante Gegebenheit, die für jedermann gleichermaßen vorliegt, sondern eine Möglichkeitsdimension, die einen Spielraum des Sehens eröffnet." (Schürmann 2010, S. 98) Auf die Auslotung dieses Spielraums, dieses „Möglichkeitsraums" der Wahrnehmung richtet sich der Fokus des im Weiteren beschriebenen Projektes.

3. Wahrnehmen lernen: Achtsamkeit und Kreativität

Erst auf der Grundlage, dass Wahrnehmung nicht solipsistische Konstruktion, sondern tatsächliche Beziehung zur Welt ist, die anthropologisch in der menschlichen Relationalität begründet ist und einen sozialen Sinn hat, ist es überhaupt sinnvoll und möglich, die Fähigkeit der Weltwahrnehmung auszubilden und zu vertiefen. Denn solche Übung will die „Brille" des subjektiven Blicks „reinigen" (Schwaetzer 2010), um in einen Prozess der verstehenden Annäherung an das Wahrgenommene einzutreten und dabei die eigene Wahrnehmung als bedingenden Faktor mit wahrzunehmen.

Die Notwendigkeit, die Welt sehen zu lernen (vgl. Merleau-Ponty 2004, S. 18), betrifft nun besonders die Felder von Kunst und Pädagogik, in deren Praxis der Chiasmus der Wahrnehmung eine wesentliche Rolle spielt. Dabei sind beide Blickrichtungen relevant: Zum einen kann ich mich selbst und mein Wahrnehmen in seinen Bedingungen und Gründen besser verstehen, um auf diese Weise genauer, tiefer, reicher wahrzunehmen; zum anderen kann ich dadurch das Gegenüber besser verstehen, ihm in seinem Selbstsein gerechter werden.

Hinweise zur Ausbildung eines solchen differenzierten Wahrnehmungsvermögens geben auch solche Kreativitätstheorien, die sich nicht auf das Abarbeiten funktionaler „Kreativitätstechniken" beschränken. (vgl. Krautz 2009) Vielmehr betont etwa Karl-Heinz Brodbeck, dass Grundlage jeder Kreativität das Verständnis und die Entwicklung der eigenen Wahrnehmung ist. Diese Aufmerksamkeit auf das eigene Wahrnehmen könne geübt und dann auch kreativ genutzt werden. (vgl. Brodbeck 2007, S. 84) Diese Fähigkeit beschreibt Brodbeck als „Achtsamkeit": „Die Achtsamkeit auf die Achtsamkeit ist die Quelle der Kreativität, ihr Spiel-Raum. (...) Eigentlich ist die Achtsamkeit, die Wachheit und die einhergehende Ruhe und Offenheit auch das Ziel, da wir in allen anderen Zielen suchen: Achtsamkeit ist Quelle und Ziel der Kreativität." (Brodbeck 2007, S. 65)

Dazu sei die Fähigkeit des reinen Beobachtens, „ohne eine Handlungsabsicht damit zu verbinden, ohne schon genau zu wissen, wie wir das Wahrgenommene zu beurteilen haben, eine sehr wichtige Voraussetzung." (Brodbeck 2007, S. 83) Die Achtsamkeit habe sich auf die „Submodalitäten" der eigenen Wahrnehmung zu richten, also auf die Sinnesgegenstände, das Gefühl, die Wahrnehmung, die Bewegungsmuster und das Denken. (vgl. Brodbeck 2007, S. 91) Hierzu werden Übungen empfohlen, die auf die Isolierung und Betonung einzelner Submodalitäten zielen, etwa gezielt das Sehen zu betonen, das Gegenstandsfeld zu beschränken, auf die eigenen Gefühle zu achten, die eigene Bewegung einzuschränken oder das Denken in der Situation der Beobachtung zurückzudrängen. So soll ein Zustand erreicht werden, „in dem die situativen Modalitäten auf bloßes Wahrnehmen konzentriert sind und die Achtsamkeit ganz ‚in den Sinnen' ist." (Brodbeck 2007, S. 86)

Brodbeck betont, dass sich „in der Paarung von Offenheit und Achtsamkeit (auf die Submodalitäten)" die Kreativität bedingende Wahrnehmung in Alltag, Kunst und Wissenschaft nicht unterscheide. (Brodbeck 2007, S. 96) In dieser Differenzierung macht es dann auch durchaus Sinn, von einer Analogie von Kunst und Pädagogik etwa als „Erziehungskunst" zu sprechen. Denn wie Kunst so braucht auch Pädagogik Offenheit für das Gegenüber, Achtsamkeit auf die eigenen Wahrnehmungsbedingungen und das gestaltende Reagieren auf diese Wahrnehmung.

4. Übergangsräume und Möglichkeitsräume:
   ## Zwischen äußerer und innerer Wahrnehmung

Sehr eng hieran schließt die aus der psychoanalytischen Tradition herkommende Theorie Winnicotts über die „Potential Spaces" an, die versucht, „eine Erfahrungs- und Erlebnisqualität konzeptuell zu erfassen" (Auchter 2004, S. 45). Zusätzlich zur inneren Welt des Menschen und zur äußeren Welt existiere eine Sphäre der Erfahrung im Übergang zwischen diesen beiden Welten: "the third part of the life of a human being, a part that we cannot ignore, an intermediate area of experiencing, to which inner reality and external life both contribute." (Winnicott 2005, S. 3). Dieser Möglichkeitsraum werde ursprünglich in der Mutter-Kind-Beziehung erfahren; er erwächst immer aus dem Dazwischen einer Beziehung und setzt somit Vertrauen voraus. (vgl. Auchter 2004, S. 45) In diesem auf Vertrauen (bindungstheoretisch gesehen also auf sicherer Bindung) basierenden Raum der Möglichkeit könne das Individuum kreatives Leben erfahren. Als Übergangsraum vom Ich zur Welt bilde er dabei den eigentlichen Ort des kulturellen Lebens. (vgl. Winnicott 2005, S. 135)

Die Einsicht, dass innerer und äußerer Raum in einer Übergangszone miteinander „verstrickt" sind, nutzt die psychoanalytisch fundierte Methode der „Organisationsbeobachtung", um aus der Wahrnehmung von Organisationen durch die daran Beteiligten mehr über das „Unbewusste in Organisationen" zu erfahren (Beumer et al. 2003). Dabei geht es darum, durch intensivierte, achtsame Beobachtung, Zugänge zur „organisation-in-mind", zur „institution-in-experience" zu finden: „Der Rollenanalyse (...) liegt ein Konzept des Verstehens sozialer Systeme in dem Sinne zugrunde, dass sich in den Erfahrungen Einzelner nicht nur Individuelles darstellt, sondern dass das Ganze und seine Teile in einem unauflösbaren Zusammenhang stehen, so dass die Exploration einzelner Phänomene Zugänge zur Interpretation des Ganzen ermöglicht." (Sievers 2006) Organisationsbeobachtung arbeitet also mit der oben angesprochenen reflexiven Wahrnehmung, um zu einer Hermeneutik der Sache in ihrer Verbindung mit dem Selbst zu gelangen.

Für solche teilnehmende Beobachtung sind fünf Aspekte wichtig, die ähnlich auch mit der Kreativitätstheorie beschrieben wurden: „das Beobachten mit ‚gleichschwebender Aufmerksamkeit' und ohne voreilige Bewertung; der sorgfältige Gebrauch der subjektiven Erfahrung des Beobachters (...); die Fähigkeit, über die Erfahrung als Ganzes zu reflektieren und nachzudenken; die Anerkennung der unbewussten Dimension und die Formulierung von Deutungen". (Hinshelwood/ Skogstad 2006, S. 43)

Hierbei bestehen durchaus Ähnlichkeiten zur Feldforschung in Soziologie und Anthropologie (vgl. Hinshelwood/ Skogstad 2006, S. 43 u. 52f.), doch kommt „dieser Zugang (...) dem psychoanalytischen Ansatz näher, der Selbstprüfung und Selbstbeobachtung des Beobachters verlangt. Er erkennt an, dass viele der Erfahrungen des Beobachters außerhalb der bewussten Wahrnehmung stattfinden und manchmal in deutlichem Maße von Kindheitserinnerungen des Beobachters beeinflusst sind." (Hinshelwood/ Skogstad 2006, S. 44) Der Beobachter bemühe sich, „sein Auge auf drei Dinge zu richten: auf die objektiv stattfindenden Ereignisse, die emotionale Atmosphäre und sein eigenes inneres Erleben – den ganzen Bereich, der im psychoanalytischen Setting ‚Gegenübertragung' genannt würde." (Hinshelwood/ Skogstad 2006, S. 49) Im Kontext der Organisationsbeoachtung kann man „sich so von einem teilnehmenden Beobachter zu einem beobachtenden Teilnehmer entwickeln." (Hinshelwood/ Skogstad 2006, S. 54)

5. Projektskizze „Übergangsräume"

Das nun vorzustellende Projekt aus der Lehre mit Studierenden der Kunstpädagogik skizziert den Versuch, die theoretisch angesprochenen Aspekte in einem Seminar praktisch zu konkretisieren, also vertieftes, achtsames Wahrnehmen zu lehren und zu lernen. Es handelt sich somit um einen Beitrag zur Wahrnehmungspropädeutik im Spannungsfeld von Kunst und Pädagogik.

Die Veranstaltung ist in die künstlerische Lehre im Bereich Fotografie eingebunden, daher tritt neben dem Aspekt des Wahrnehmens und Verstehens auch der Gestaltungsaspekt hinzu: Aus den Übungen sollen kreative Impulse erwachsen, ja es gilt zu prüfen, ob solche Formen der Achtsamkeitsübung tatsächlich künstlerische Prozesse begünstigen. Der pädagogische Aspekt wird insofern nur indirekt thematisiert und eher im Rückblick auf die gemachten Erfahrungen reflektiert.

Leitfragen, die jedoch für künstlerische wie pädagogische Praxis relevant sind, lauten etwa: Was erlebe ich warum wie? Wie erlebe ich mich in der Situation? Was sagt mein Erleben über den Gegenstand – und eventuell über mich und meine Beziehung zu ihm? Der zweite Teil berührt allerdings Bereiche der individuellen Persönlichkeit und wird in keiner Weise gefordert oder näher analysiert – dies würde unzulässig in therapeutische Dimensionen vorstoßen. Allein ein Raum zur Selbstreflexion wird eröffnet.

Dabei entspricht das Konzept des Versuchs recht genau den in der Einleitung zu diesem Band formulierten Überlegungen: „Die Dinge stehen (...) nicht mehr unverbunden nebeneinander sondern es ergeben sich Konstellationen und Atmosphären; es entsteht ein konjunktiver Erfahrungsraum." Dies sei „Ausdruck einer gerichtet-ungerichteten Aufmerksamkeit für die Welt und die Dinge, die sich performativ ausrichten muss, um Verständigung zu unterstützen." Zum Wahrnehmen von Raumkonstellationen, die man im weiteren Sinne als Übergangsräume verstehen kann, und dem Austausch über das Erleben im interpersonalen Zwischen-Raum von kleinen Supervisionsrunden kommt hier allerdings ein Bemühen um das Verstehen dieser Wahrnehmungen hinzu sowie daraus resultierende konzeptuelle Impulse für eine künstlerische Arbeit im Medium Fotografie. Diese ist für die Studierenden neben dem performativen Aspekt selbstverständlich ein wichtiges Ziel.

5.1 Methode und Thema

Es ging also darum, innerhalb eines kunstpädagogischen Studiengangs ein hochschuldidaktisches Setting zu schaffen, das die nun erörterten grundlegenden Wahrnehmungserfahrungen und –reflexionen ermöglicht, daraus zum einen künstlerische Impulse ableitet und in fotografische Gestaltungen umsetzt, zum anderen aus der Erfahrung der eigenen Verwobenheit in die Wahrnehmung pädagogische Reflexionen ableitet, die für die spätere schulische Praxis anregend sein können.

Ausgangspunkt war die Kooperation mit Prof. em. Dr. Burkard Sievers, Lehrstuhl für Organisationsentwicklung an der Bergischen Universität Wuppertal, und dessen Mitarbeiter Dr. Arndt Ahlers-Niemann. Deren Erfahrung mit sozialpsychologisch-psychoanalytischen Analysen von Organisationen (vgl. Beumer et al. 2003; Ahlers-Niemann 2007) und die hierfür entwickelte Methode einer „sozialen Fotomatrix" spielten als Ausgangspunkt eine wichtige Rolle. In der „sozialen Foto-Matrix" versucht man mittels freier Assoziation über selbst erstellte Fotos von Organisationen (Universität, Gefängnis etc.) an das „Unbewusste der Organisation" zu gelangen (vgl. Sievers 2006, 2009). Ziel ist hierbei, durch „Assoziation, Amplifikation, systemisches Denken und Reflexion – die verborgenen Bedeutungen dessen zu erfahren, was in Organisationen gewöhnlich ungesehen, nicht wahrgenommen und somit ungedacht bleibt." (Sievers 2006) Es geht somit weniger im therapeutischen Sinne um das Unbewusste des Beobachtenden als um die unbewussten Charakteristika der Organisation selbst, die sich in den Assoziationen widerspiegeln.

Das Thema „Übergangsräume" wurde den Studenten zunächst einmal als rein auf äußere Orte bezogen vorgestellt. Somit kamen Orte in Frage, die Foucault als „Durchgangszonen wie Straßen, Eisenbahnzüge oder Untergrundbahnen" oder „offene Ruheplätze wie Cafés, Kinos, Strände oder Hotels" beschreibt. (Foucault 2005, S. 10) Dass auch die eigene Wahrnehmung einen Raum des Übergangs bildet, wurde anfangs zwar erwähnt, war den Studierenden jedoch zunächst noch wenig nachvollziehbar. Diese selbstreflexive Dimension wurde erst im Verlauf der Veranstaltung aus den Berichten der Studierenden selbst deutlich. Demnach fiel die Wahl der Beobachtungsorte auf solche realen Räume, die die Studierenden für Orte raschen Wechsels, von Veränderungen, von Ankommen, Abreisen und Vorbeigehen hielten.

5.2 Setting und Verlauf

Das Projekt gliederte sich in drei Phasen: 1. Beobachtung und Auswertung; 2. Vorstellung und Reflexion von Künstlerbeispielen; 3. künstlerisch-praktische Arbeit.

5.2.1 Beobachtung und Auswertung

Die Studierenden sollten zunächst während fünf Wochen einmal wöchentlich
eine Stunde an einem „Übergangsraum" ihrer Wahl zum Beobachter werden.
Gewählt wurden etwa ein Bahnhof, eine Straßenkreuzung, das Bäckerei-Café
in einem Baumarkt, eine Baustelle, der Kölner Dom u.ä. Ungewöhnlichere Orte
und Gelegenheiten waren ein Gewächshaus oder eine Studentin, die ihren Vater
beim täglichen Mittagsschlaf beobachtete. Sie interessierte der Übergang vom
Wachen zum Schlafen.

Vorgabe war, dass in dieser Stunde keine Interaktion mit der Umgebung stattfinden und keine weitere Beschäftigung ausgeübt werden sollte. Auch durften noch
keine Skizzen, Fotos o.ä. angefertigt werden. Die reine Beobachtung sollte die
Achtsamkeit für den Ort und die eigene Wahrnehmung üben. Von der Beobachtung
war jeweils ein stichwortartiges Protokoll anzufertigen.

In den Seminarsitzungen wurden dann jeweils Gruppen gebildet, in denen
die Beobachtungen ausgewertet wurden. Da diese Gruppen den Charakter von
Supervisionsgruppen hatten, wurden sie zunächst von Prof. Sievers und Dr.
Ahlers-Niemann als professionell ausgebildeten Supervisoren geleitet. Jeweils
eine Studentin oder ein Student berichtete zunächst 10 Minuten über ihre/seine
Beobachtung. Dann sollte sie oder er schweigen und die anderen Teilnehmer
hatten zehn Minuten Gelegenheit hierzu Stellung zu nehmen, ihre Überlegungen,
Assoziationen und Einfälle zu äußern. Der Gruppenleiter griff nur wenig, etwa
mit vertiefenden Nachfragen und Hinweisen ein und achtete auf das Zeitmanage-
ment. Dann erhielt die/der Berichtende Gelegenheit ein abschließendes Echo auf
die Assoziationen der Gruppenmitglieder zu geben. Auf diese Weise sollte jeder
Teilnehmer mindestens einmal während des Projektes berichten.

Im Verlauf dieser Phase wurden die eingangs theoretisch entwickelten Überlegungen zur Zwischenleiblichkeit der Wahrnehmung sehr konkret erfahrbar: Die
Studierenden berichteten schon in den ersten Auswertungen, dass sie sich keineswegs als neutrale Beobachter eines mit ihnen unverbundenen Feldes empfanden,
sondern die vereinbarte wöchentliche, einstündige Beobachtung an einem festen
Platz wurde von den meisten Beteiligten als ein unangenehmes Ausgesetztsein
empfunden: Jeder müsse doch sofort merken, dass man hier nur beobachte! Diese
Haltung schien illegitim, man fühlte sich dem normalen Lebensgeschehen entris-
sen und nun selbst ausgesetzt der Aufmerksamkeit der Anderen. In diesem von
manchen als geradezu körperliches Unwohlsein beschriebenen Gefühl wurde die
Leibgebundenheit der Wahrnehmung deutlich.

Ein Beispiel für diese Ganzheitlichkeit der Wahrnehmung schilderte eine Studentin, die eine Baustelle als „Übergangsraum" beobachten wollte. Weil das Wetter
kühl war, verlegte sie ihren Beobachtungsposten in ein nebenliegendes Krankenhaus.
Dort saß sie im Flur auf dem Fensterbrett und schaute aus dem Fenster. So konnte

sie zwar die Baustelle sehen, schilderte jedoch eindrücklich, wie sie mit dem ganzen Körper gleichzeitig in das Umfeld Krankenhaus eingelassen war, dieses nicht nur roch und hörte, sondern im Rücken geradezu spürte. So befand sie sich in einem eigenartigen Übergang zweier Räume, die in ihrer Wahrnehmung verschmolzen und gerade in der Kontrastierung ihre jeweiligen Qualitäten offenbarten. Dieses Verschmelzen der Raumwahrnehmungen versuchte sie in ihrer fotografischen Arbeit dann auch durch eine entsprechende digitale Montagetechnik bildhaft zu gestalten.

Im Verlauf war bemerkenswert, dass das anfängliche bewusste Zurückhalten von bildhaften Zugriffen auf das Wahrgenommene („Fotografierverbot") von den Studierenden zunächst als unnötige und geradezu quälende Retardierung empfunden wurde: „Ich könnte schon so gute Bilder machen!" Die Beschränkung auf Wahrnehmen, Protokollieren, Berichten, Assoziieren im gleichen Ablauf über fünf Wochen erschien manchem als pseudotherapeutische Zumutung. Doch wurden die Auswertungsrunden mit jedem weiteren Bericht reichhaltiger und intensiver. Die Studierenden bemerkten, wie sie die Wahrnehmung oft viel weniger auf den Ort richteten, sondern mit sich selbst beschäftigt waren. Erst mit der Zeit trat der beobachtete Raum, dessen Teil sie zugleich waren, stärker in den Fokus. So wurde deutlich, wie wenig von der Umgebung man oftmals tatsächlich wahrnimmt, wie viel man mit eigenen Gedanken und inneren Bildern beschäftigt ist.

Zu den zunächst als unangenehm empfundenen Prozeduren gehörte auch, in den Gesprächsrunden die Zeitvorgaben recht strikt einzuhalten. So entstanden oft längere Pausen vermeintlich „peinlichen" Schweigens, das dann nach und nach mit weiteren, tieferen Überlegungen und Assoziationen angereichert wurde. Mitunter wurde dann die Zeit schon zu knapp. Die Teilnehmenden verstanden mit zunehmender Erfahrung, die Eindrücke anderer auf ihre eigenen Beobachtungen zu beziehen und sich selbst bereichernd für andere einzubringen. Man entwickelte wechselseitiges Interesse am Fortgang der Beobachtung, man lebte mit, gewann neue Aspekte für den Blick auf den eigenen Ort. Der Raum der Gesprächsgruppe wurde in den geschilderten Begegnungen selbst zum interpersonalen Übergangsraum.

Die Gruppenleiter richteten ihre Beiträge v.a. darauf, als Leitfrage der Auswertung immer wieder nachzuhaken, was am beobachteten Objekt selbst diese Resonanz im Beobachter auslöst, was also die eigene Empfindung möglicherweise über den beobachteten Raum aussagt. Das Unbewusste und oft Unsichtbare des Übergangsraum und damit dessen Tiefenstruktur traten so langsam hervor.

Die Reflexivität des Beobachtungsvorgangs zeigte sich etwa bei der Studentin, die ihren schlafenden Vater beobachtete, besonders deutlich: Während sie hoffte, den Übergang vom Wachraum zum Schlaf zu erfassen, stellten sich eine Vielzahl persönlicher Assoziationen ein; zufällig wurde während dieser Zeit ein lang verschollener Brief einer entfernten Verwandten zugestellt, so dass geradezu surreale Momente entstanden.

5.2.2 Vorstellung und Reflexion von Künstlerbeispielen

Während der Zeit der ersten Phase bereiteten die Studierenden kurze Vorstellungen von Künstlern vor, deren Arbeiten im weitesten Sinne mit dem Thema „Übergangs-räume" assoziiert werden konnten (z.b. Vanessa Beecroft, Sophie Calle, James Casebere, Jacqueline Hassink, Wolfgang Tillmans, Bernhard Timmermann u.a.) In dem, was sonst leicht als mehr oder weniger gelungenes „Referat" vorgestellt wird, zeigte sich auch nach Empfinden und Aussagen der Studierenden selbst ein enor-mer Qualitätssprung: Die Eigenständigkeit, Intensität und Tiefe der Reflexion über die Beispiele aus der Kunst waren beeindruckend. Die Beispiele wurden in ihrem künstlerischen Problem erfasst und gleichzeitig mit den eigenen Erfahrungen und Vorhaben in Bezug gesetzt. Hier hatte die Beobachtungsübung bereits für eine deut-liche Schärfung der Wahrnehmung und eine bessere Artikulationsfähigkeit gesorgt.

5.2.3 Künstlerisch-praktische Arbeit

Am Ende der Beobachtungsphase und nach den Beispielen hatten die meisten Teilnehmer bereits eine recht deutliche Vorstellung von ihrer fotografischen Ar-beit. Die übliche Konzeptionsphase, die oft mit Probieren und Experimentieren einhergeht, war hier verkürzt, die Studierenden arbeiteten deutlich zielstrebiger. Dies hat den Realisationsprozess nicht unbedingt beschleunigt, weil gleichwohl viele konzeptionelle und gestalterische Fragen zu klären blieben und die ersten Ergebnisse immer wieder besprochen wurden. Doch stieg auch hier die Intensität der Arbeit sowie der gemeinsamen Besprechungen.

Drei Arbeitsbeispiele werden anschließend von den Studierenden selbst in kurzen Erfahrungsberichten vorgestellt.

5.3 Ertrag

In der Schlussreflexion bewerteten die meisten Studierenden das Projekt in seiner Methodik sehr positiv. Einzelne Abläufe waren manchen zu lang oder umständ-lich. Insgesamt wurde jedoch gerade die gesteigerte Wahrnehmungsfähigkeit, die Reflexion über die Bedingtheiten des eigenen Wahrnehmens und die daraus resultierende intensive künstlerische Arbeit hervorgehoben. Der Konnex zur pä-dagogischen Praxis war dann leicht nachzuvollziehen.

Die „Zwischenleiblichkeit" der Wahrnehmung im Übergangsraum vom Ich zur Welt wurde in den künstlerischen Arbeiten der Studierenden zugleich thematisch und damit sichtbar: Es entstanden Bilder „der Anschauung, die sich ihrer Subjek-tivität bewusst wird und diese als Produkt erfasst" (Breidbach 2000, S. 14). Bilder also, die Prozess und Produkt der Anschauung in eine Form zu bringen versuchen.

Wahrnehmungsschulung bezieht sich hier also nicht allein auf das künstlerische Produkt und seine Form, sondern auf das genauere Verstehen der relationalen Verfasstheit der Person und ihrer Wahrnehmung als Grundlage des Handelns in Kunst und Pädagogik.

Erfahrungsbericht Till Müller:

Die Aussagekraft fotografischer Bilder hängt nicht zuletzt von der Beobachtungsgabe des Fotografen ab, von seiner Fähigkeit „mehr" zu sehen als andere. Lässt sich diese Fähigkeit vermitteln und die Wahrnehmung gezielt „schärfen"? Das Projekt „Übergangsräume" verfolgte hierzu einen ungewöhnlichen Ansatz: Nicht fotografieren. Zumindest nicht sofort, sondern erst im Anschluss an eine Phase genauer Beobachtung. Dazu gehörte neben der Wahrnehmung der Außenwelt explizit auch die Wahrnehmung nach „innen", d.h. die Reflexion der eigenen Person im Prozess der Wahrnehmung.

Abb. 1 Till Müller Dom

Die wöchentlichen Beobachtungen sollten mit „schwebender, gleichbleibender Aufmerksamkeit" vollzogen werden. Jede Irritation der Wahrnehmung war dabei möglichst zu vermeiden. Dazu zählten beispielsweise das eigene Handy, die Uhr, die Interaktion mit anderen Mitmenschen und natürlich die Kamera. Auch Notizen zu den gemachten Beobachtungen waren erst im Anschluss daran gestattet. Die strikten Regeln für die Beobachtung sowie das psychoanalytische Moment der Supervisionen waren gewöhnungsbedürftig. Obwohl ich mich von Anfang an bereitwillig auf das Konzept eingelassen hatte, führte erst die Routine zu einer Vertiefung der Wahrnehmung.

Entscheidend war dabei die Erkenntnis, dass besonders die Beobachtung anderer Menschen ein wechselseitiges Unterfangen, ein Dialog ist. Man wird angesehen, „Blicke werden getauscht". Man ist nie nur passiver Beobachter, son-

dern immer beteiligt an einer sozialen Interaktion. Spätestens wenn bei der fotografischen Umsetzung die Kamera „ins Spiel kam", fühlte sich das „Gegenüber"
unangenehm beobachtet und änderte daraufhin auch seine Verhaltensweise. Mit
diesem Effekt hatte ich bereits während meiner Arbeiten im Gastronomiebereich
eines Wuppertaler Baumarktes zu kämpfen.

In verstärktem Ausmaß galt dies auch für die Auseinandersetzung mit den
Besuchern des Kölner Doms. Ohne die Erfahrungen mit besagter Beobachtungs-
methode hätte ich diesen Ort als Fotograf betreten, wie es Scharen von Touristen
jeden Tag tun. Etwas überspitzt ausgedrückt, stellt sich der Dom für die Mehrheit
der kulturinteressierten Reisenden in folgender Weise als „Übergangsraum" dar:
Reinkommen, vor den Sehenswürdigkeiten in Pose gehen, Kamera oder Handy
zücken, „Schnappschuss" für das Familienalbum machen und dann zügig wieder
nach draußen eilen. Als gestalterisch geübter Kunststudent, mit einem „Auge"
für das architektonische Lichtspiel, wäre mir vielleicht eine kompositorisch ge-
lungene Fotografie von vermeintlich höherer Qualität gelungen. Aber hätte dieses
Foto „mehr" ausgesagt? Erst durch das meditative Moment genauer Beobachtung
entdeckte ich Menschen, die in ähnlicher Form den Rückzug in die Stille und
Kontemplation suchten. Sie verharrten regungslos im Moment ihrer Andacht und
zwar einer Andacht in einen „Übergangsraum" - das war für mich die spannende
Entdeckung - einen Raum, in dem Sakrales und Kunst fließend ineinander übergehen. Denn ihr Augenmerk war auf die neueste Attraktion des Kölners Doms, das
„Gerhard Richter-Fenster" gerichtet. Dieses Spannungsfeld in meinen Fotografien
zu thematisieren, ohne die Intimsphäre der Personen zu verletzen, war nun die
große Herausforderung. Die Gesichter dieser Menschen zu zeigen, ihre Blicke
sichtbar zu machen wäre - so habe ich nach reiflicher Überlegung entschieden
- respektlos gewesen. Sie stattdessen als „Rückenfiguren" aufzufassen, steigerte
gleichzeitig die Ausdruckskraft der Bilder in Richtung meiner Absichten. Das
„Medium" Fotografie lädt hier gewissermaßen ein zu einer „Meditation" über die
Meditation der Dargestellten und des Fotografen sowie über die Meditation des
Rezipienten der Bilder, also sich selbst.

Die Einführung in die psychoanalytische Methode der Organisationsbetrach-
tung habe ich in zweierlei Weise als Bereicherung erfahren. Als angehender Kunstpädagoge erkenne ich ihr Potential für mich in künstlerischer wie in pädagogischer
Hinsicht. Am Beispiel meiner Kommilitonen/-innen und mir selbst habe ich erlebt,
dass sich der künstlerische Schaffensprozess oft spielerisch vollzieht und auch
konzeptuelle Vorhaben oftmals bereits nach wenigen Entwürfen realisiert werden.
Die Entscheidung begründet sich häufig intuitiv, manchmal fehlt jegliche Zielset-
zung. Spätestens auf die Frage „Ist das Kunst?" gerät man dann in Bedrängnis.
Sich ohne Kamera über einen längeren Zeitraum hinweg einem Objekt zu nähern,
heißt der künstlerischen Umsetzung eine Phase intensiver Auseinandersetzung und

sorgfältiger Überlegung voranzustellen. Eine pauschale Bewertung der Ergebnisse aus dem Projekt „Übergangsräume" erscheint mir fragwürdig. Aber sie zeugten meiner Meinung nach in erhöhtem Maße vom bewussten Entschluss zu bestimmten inhaltlichen und formalen Lösungsansätzen.

Grundsätzlich kann ich heute, drei Jahre nach den ersten Versuchen im Seminar, festhalten, dass die Reflexion der eigenen Wahrnehmung auch meine Herangehensweise an die Malerei und das filmische Arbeiten nachhaltig verändert hat.

Deshalb lässt sie sich meiner Ansicht nach auf jede Kunstform übertragen und auch im schulischen Kunstunterricht anwenden. Über den kreativen Prozess hinaus halte ich auch positive Nebeneffekte für die Rezeption von Kunst für möglich. Die "ästhetisierende Einfühlung" des Betrachters, wie sie Gottfried Boehm zufolge grundlegend für die Interpretation von Kunstwerken ist, setzt jene Wahrnehmung nach „innen" voraus, wie sie die psychoanalytische Methode der Beobachtung einübt. Außerdem lassen sich aus dem Ansatz der Wahrnehmungsintensivierung wichtige Anregungen schöpfen, für die Förderung von sozialer Kompetenz, wie sie im Allgemeinen das erklärte Ziel der Pädagogik ist. Denn wie am eigenen Beispiel dargestellt, bedingt die Erkenntnis, dass „Sehen immer auch Aussehen" heißt - so begründet Hubert Sowa eine Ethik der Sichtbarkeit - eine respektvolle Grundhaltung gegenüber anderen Menschen und der Welt.

Erfahrungsbericht Wolfgang Wild:

Im Verlauf des Seminars „Übergangsräume" ergaben sich für mich neuartige Möglichkeiten, Erfahrungen mit Wahrnehmungsprozessen zu sammeln und mich mit anderen hierüber auszutauschen. Bei diesen Erfahrungen konnte ich Strukturen und Grenzen meiner eigenen Wahrnehmung und der anderer kennenlernen und dies für die Umsetzung eigener Fotoarbeiten nutzen.

Eine zentrale Rolle übernahmen meines Erachtens die zu Beginn des Seminars stattfindenden Beobachtungsübungen. Durch regelmäßiges und reflektiertes Beobachten an einem Übergangsraum wurden wir für das Beobachten selbst sensibilisiert. Als besonders förderlich empfand ich hierbei die bewusste Reduktion auf das reine Beobachten. Hierdurch trat die Problematik der künstlerischen Gestaltung zunächst zurück, die sonst bei künstlerischen Prozessen schnell in den Vordergrund rückt. Durch diese Entkopplung wurde viel Raum geschaffen, über eigene Wahrnehmung nachzudenken und neue Perspektiven zu gewinnen. Durch den im Seminar regelmäßig statt findenden Austausch über die gemachten Erfahrungen, Perspektiven und Zugänge im Übergangsraum wurden subjektive und bis dahin unbewusst ablaufende Wahrnehmungsvorgänge bewusster.

Durch die regelmäßigen und längeren Beobachtungsphasen veränderte sich der persönliche Bezug zum beobachteten Raum. Bei mir persönlich verschob sich das Interesse am Übergangsraum von einer einfachen passiv subjektiv empfundenen Wahrnehmung des Raumes hin zu einer aktiv experimentell orientierten, indem ich gezielt nach Symmetrien, Rhythmen und zeitlichen Abläufen suchte. Fragen, die ich mir hierbei stellte, waren z.B. „Wo im Raum befinden sich überall rechte Winkel?" oder „Was passiert innerhalb definierter Zeitabschnitte vor einer Hauswand?"

Die Wahrnehmung des Raumes veränderte sich hierbei schrittweise und führte zu einer immer größeren Erwartungshaltung dem Raum gegenüber. Der Raum lieferte nicht mehr unkontrollierte Eindrücke, sondern gezielte Antworten auf von mir gestellte Fragen, die ich an den Raum richtete. So wurde das eigentliche Beobachtungsobjekt (in meiner Arbeit eine Straßenkreuzung) immer weniger der zentrale Bestandteil meiner Beobachtungsübung, sondern das gezielte und bewusste Wahrnehmen der Straßenkreuzung rückte in den Fokus. Hierdurch ergab sich für mich die Möglichkeit, Muster und Strukturen in der Wahrnehmung zu erkennen, die mir vorher nicht bewusst gewesen waren. Ich hatte beim Beobachten klare Absichten entwickelt, wie ich z.B. die Straßenkreuzung wahrnehmen will, um gezielt Erfahrungen zusammeln.

An diese Erfahrungen ließ sich die praktische Arbeit anknüpfen. Die Kamera wurde in diesem Zusammenhang nicht als Instrument des Abbildens eingesetzt, sondern war ein Werkzeug für eine experimentelle, gezielte Beobachtung. So beobachtete ich z.B. die Straßenkreuzung nicht mehr direkt, sondern indirekt über einzelne Fotos, die ich in definierten Abständen von einem definierten Punkt der Straßenkreuzung machte. Die einzelnen Fotos wurden dabei zu Bausteinen meiner Wahrnehmung. Auf diese Art entdeckte ich Strukturen und Gesetzmäßigkeiten der Straßenkreuzung, wie z.B. rhythmisches Bewegen von Autos oder Symmetrien von Gebäudeteilen. Diese Gesetzmäßigkeiten waren Interpretationen der Einzelbilder und damit Teil meiner subjektiven Wahrnehmung des Raumes.

Insgesamt entwickelte sich meine Fotoarbeit auf drei Ebenen, welche in ständiger Wechselwirkung mit dem Prozess des Beobachtens standen. Auf der ersten Ebene steht das einzelne Foto, welches das Element der direkten Wahrnehmung bildet. Die zweite Ebene ergibt sich durch die Anordnung der Fotos in einer Collage, die meine entdeckten Gesetzmäßigkeiten des Raumes darstellen. Die letzte Ebene wird durch die additive Struktur der Collage abgebildet, sie zeigt die Prozesshaftigkeit meines Beobachtens durch Reihung von Fotos in definierten Abständen. So ist die Form der Fotoarbeit auf mehreren Gestaltungsebenen direkt mit dem Akt des Beobachtens und Wahrnehmens verknüpft.

Resultat der im Seminar kennengelernten Methode war für mich damit die Erkenntnis eines grundsätzlichen Prinzips, wie Räume wahrgenommen werden können und die Entwicklung einer Methode, um diese Erfahrungen gestalterisch zu verarbeiten. Meines Erachtens lässt sich dies als ein grundsätzlicher Prozess

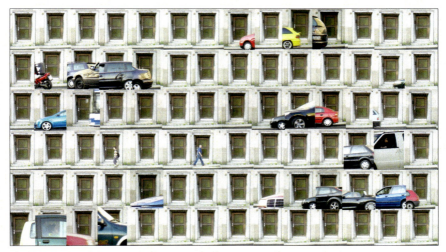

Abb. 2: Wolfgang Wild Straßenkreuzung

des sensibilisierten Wahrnehmens verstehen, der auf alle Bereiche der Ästhetik anzuwenden ist.

Sich der Wahrnehmung bewusst zu werden war ein zentraler Aspekt in diesem Prozess der künstlerischen Arbeit „Übergangsraum". Den Raum zu erfahren und zu erkunden ist verbunden mit dem Erfahren der eigenen Wahrnehmung. Damit ist meines Erachtens auch eine Parallele zur Pädagogik bzw. zum Lernen allgemein möglich, wenn es um Erfahrung und Verstehen geht. So wie der Prozess des Raumwahrnehmens in dem Seminar untrennbar mit der Frage „Wie nehme ich wahr?" verbunden war, so ist auch jeder Lernprozess mit der Frage „Wie lerne ich etwas?" eng verknüpft. In beiden Fällen stellt sich also die Frage nach einer Strategie - einer Strategie entweder zur Schärfung der künstlerischen Wahrnehmung oder aber zur reflektierten Wahrnehmung im Lernprozess.

Überträgt man die Methode des Seminars direkt auf den Bereich der Pädagogik, so müsste vor dem Akt des Lernens eine Form des Beobachtens und Reflektierens stehen. Sich selbst beim Prozess des Lernens wahrzunehmen und zu reflektieren würde auch eine Sensibilisierung für den Lernprozess an sich schaffen. Möglichkeiten und Strategien des Lernens könnten über diese Metaebene individueller gebildet und weiterentwickelt werden.

Erfahrungsbericht Sally Weyland:

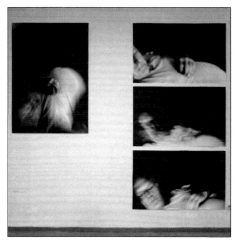

Abb. 3: Sally Weyland T_Raum

Als Einstieg in diese Arbeit war es mir zunächst wichtig, von einem Thema auszugehen, das mir in einer ersten Phase keine konkreten Bildmöglichkeiten anbot. Ich wollte mich bewusst auf die gezielte Beobachtung einlassen und brauchte dafür ein Thema, das zunächst nicht greifbar, nicht fotografierbar war. Dafür schien mir der Schlaf mit seiner Traumwelt besonders geeignet, eine Welt zwischen Realität und Unbewusstsein, in der sich Körper und Geist trennen.

Um diesem „Übergangsraum" näher zu kommen habe ich meinen Vater beim Mittagsschlaf beobachtet. In einer ersten Phase habe ich die äußeren Merkmale des Schlafs wahrgenommen: die regelmäßige Atmung, den langsamen Pulsschlag am Hals, die zuckenden Augenlieder, den veränderten und entspannten Gesichtsausdruck. Ich kam mir als Außenstehende vor, die für einen Augenblick für den dort schlafenden und träumenden Menschen das Leben festhielt, während dieser in der Zwischenzeit nur im Geiste lebte. Ich konnte nur erahnen, was gerade in meinem Vater vorging, diese Welt blieb für mich unzugänglich. Von dieser Beobachtung aus kam ich zu dem Entschluss, dass mich nicht so sehr der Schlaf an sich etwa als Übergangsraum von einem Tag in den nächsten, sondern der Traum, als Zwischenraum zwischen Abwesenheit und Präsenz interessierte.

Ich merkte wie von Beobachtung zu Beobachtung die Gedanken weiter abschweiften und tiefgründiger wurden. Teilweise betrachtete ich während der Beobachtungszeit kaum noch meinen schlafenden Vater, sondern diese halbe Stunde in der Woche bot mir einen Raum zum Nachdenken, es war wie ein wöchentliches Rendezvous mit mir selbst. Besonders intensiv beschäftigte ich mich mit dem Thema Tod. Wie sieht ein toter Mensch im Vergleich zu einem Schlafenden aus? Wie nah liegen Tod und Schlaf an- respektive auseinander?

Für die nachfolgende Bildfindung fotografierte ich in einem allerersten Schritt meinen Vater rein dokumentarisch beim Mittagsschlaf. Mir war bewusst, dass dies nicht die Lösung des Bildproblems war, aber ich hoffte, über diese Methode zu einer definitiven Lösung zu gelangen. Ein weiterer Schritt bestand darin, die

verschieden Traumthemen (Angst, Scham ...) bildlich darzustellen und die Traumstimmung wiederzugeben. Diese Bilder hatten jedoch einen leichten Hang zum
surrealistischen Kitsch und spiegelten keineswegs meine Gedanken bezüglich
dieses Themas wieder. So sah ich mich nach einen kurzen Pause gezwungen, zu
meinem «Beobachtungsobjekt» zurückzukehren.

In den definitiven Bildern dieses Projekts bleibt viel Freiraum, ein Raum zum
Nachdenken. Der Betrachter selbst soll sich für einen kurzen Augenblick in einem
Zwischenraum befinden und die mysteriöse Traumstimmung erfassen.

Durch die Methode des Beobachtens ist es mir gelungen, tiefer in das Thema
einzudringen. Die Tatsache dass man nicht von einer konkreten Bildvorstellung
ausgeht, zwingt dazu, sich zunächst auf die Wahrnehmung zu konzentrieren, was
sich meines Erachtens positiv auf die Bildfindung und das künstlerische Ergebnis
auswirkt.

Literatur

Ahlers-Niemann, Arndt: Auf der Spur der Sphinx. Sozioanalyse als erweiterter Rahmen zur Erforschung
von Organisationskulturen. Norderstedt 2007.

Auchter, Thomas: Zur Psychoanalyse des Möglichkeitsraumes „Potential Space". In: Freie Assoziation
7/2004, S. 37-58.

Berger, John: Das Leben der Bilder oder die Kunst des Sehens. Berlin 1981.

Beumer, Ullrich/ Oberhoff, Bernd/ Ohlmeier, Dieter/ Sievers, Burkhard (Hrsg.): Das Unbewusste in
Organisationen: Freie Assoziationen zur psychosozialen Dynamik von Organisationen. 2003.

Breidbach, Olaf: Das Anschauliche oder über die Anschauung von Welt. Ein Beitrag zur Neuronalen
Ästhetik. Wien 2000.

Brodbeck, Karl-Heinz: Entscheidung zur Kreativität. Wege aus dem Labyrinth der Gewohnheiten.
Darmstadt 2007.

Didi-Huberman, Georges: Was wir sehen blickt uns an. Zur Metapsychologie des Bildes. München 1999.

Fuchs, Thomas: Das Gehirn – ein Beziehungsorgan. Eine phänomenologisch-ökologische Konzeption.
Stuttgart 2008.

Foucault, Michel: Die Heterotopien. Der utopische Körper. Zwei Radiovorträge. Frankfurt/M. 2005.

Hinshelwood, Robert D./ Skogstad, Wilhelm: Die Methode der Organisationsbeobachtung. In: dies.
(Hrsg.): Organisationsbeobachtung. Psychodynamische Aspekte der Organisationskultur im
Gesundheitswesen. Gießen 2006, S. 43-54.

Krautz, Jochen: Vom Sinn des Sichtbaren. John Bergers Ästhetik und Ethik als Impuls für die Kunstpädagogik am Beispiel der Fotografie. Hamburg 2004.

Krautz, Jochen: Personale Bildkompetenz. Zur Phänomenologie des Vor-Bildes in der pädagogischen
Situation. In: Pädagogische Rundschau 2/2006, S. 167-176.

Krautz, Jochen: Kreativität zwischen Person und Funktion. Aktuelles und Grundsätzliches zur Kritik
des „schwachen Begriffs". In: Kunst+Unterricht 331/332/2009, S. 75-81.

Krautz, Jochen (Hrsg.): Kunst, Pädagogik, Verantwortung. Zu den Grundfragen der Kunstpädagogik.
Oberhausen 2010.

Lévinas, Emmanuel: Humanismus des anderen Menschen. Hamburg 1989.

Maritain, Jacques: The Responsibility of the Artist. New York 1960.

Merleau-Ponty, Maurice: Phänomenologie der Wahrnehmung. Berlin 1966.

Merleau-Ponty, Maurice: Das Auge und der Geist. Philosophische Essays. Hamburg 2003.

Merleau-Ponty, Maurice: Das Sichtbare und das Unsichtbare. Gefolgt von Arbeitsnotizen. München 2004.

Meyer-Drawe, Käte: Leiblichkeit und Sozialität. Phänomenologische Beiträge zu einer pädagogischen Theorie der Inter-Subjektivität. München 1987.

Pongratz, Ludwig A.: Konstruktivistische Pädagogik als Zauberkunststück: Vom Verschwindenlassen und Wiederauftauchen des Allgemeinen. In: Pongratz, Ludwig A./ Nieke, Wolfgang/ Masschelein, Jan (Hrsg.): Kritik der Pädagogik – Pädagogik der Kritik. Opladen 2004, S. 108-133.

Pongratz, Ludwig A.: Untiefen im Mainstream. Zur Kritik konstruktivistisch-systemtheoretischer Pädagogik. Wetzlar 2005.

Rattner, Josef: Ästhetische und tiefenpsychologische Erkenntnis. In: Rattner, Josef (Hrsg.): Tiefenpsychologie, Psychotherapie und Kunst – Eine Synthese im Sinne der Lebenskunst. Jahrbuch für Verstehende Tiefenpsychologie und Kulturanalyse Band 23/24, 2003/4. Berlin 2003, S. 135-149.

Schürmann, Eva: Möglichkeitsräume des Sichtbaren. In: Kapust, Antje/ Waldenfels, Bernhard (Hrsg.): Kunst. Bild. Wahrnehmung. Blick. Merleau-Ponty zum Hundertsten. München 2010, S. 97-106.

Schwaetzer, Harald: Vom Reinigen der Brille. Perspektivität und Wahrheit. In: Krautz, Jochen (Hrsg.): Kunst, Pädagogik, Verantwortung. Zu den Grundfragen der Kunstpädagogik. Oberhausen 2010, S. 111-122.

Sievers, Burkard: "Vielleicht haben Bilder den Auftrag, einen in Kontakt mit dem Unheimlichen zu bringen" - Die Soziale Photo-Matrix als ein Zugang zum Unbewussten in Organisationen. In: Freie Assoziation 9, 2/2006, S. 7-28.

Sievers, Burkard (Hrsg.): Hier drinnen sind irgendwie alle Türen zu. Eine Soziale Photo-Matrix in einer Justizvollzugsanstalt. Münster 2009.

Sowa, Hubert: Verantworteter Blick. Kunstpädagogik als hermeneutische Bildung des Sehens. In: Krautz, Jochen (Hrsg.): Kunst, Pädagogik, Verantwortung. Zu den Grundfragen der Kunstpädagogik. Oberhausen 2010, S. 159-175.

Waldenfels, Bernhard: Ordnungen des Sichtbaren. Zum Gedenken an Max Imdahl. In: Boehm, Gottfried (Hrsg.): Was ist ein Bild? München 1994, S. 233-252.

Winnicott, Donald W.: Playing and reality. London 2005.

Britta Hoffarth
Der Raum als Anrufung
Über die Aufforderung, sich zu setzen

Dieser Beitrag beginnt mit der Beschreibung eines Seminars aus studentischer Perspektive: «Traue keinem Gedanken, der Dir im Sitzen kommt» stand im Vorlesungsverzeichnis-Kommentar zum Seminar «Bourdieu bewegt». Im Sitzen zu denken ist aber doch genau das, wozu wir aufgefordert werden in der Vorlesung, im Seminar oder an unserem Schreibtisch zu Hause. Normalerweise! War nun das Seminar im Wald, in dem wir uns bewegten, irgendwie *unnormal*? Unnormal, weil es keinen strukturierten Raum bestehend aus vier Wänden gab, der uns quasi sagte, was wir tun sollten – nämlich lernen? Unnormal, weil das Seminar im Wald ohne Stühle und ohne Tische auskam, die eine erwartungsvolle Blickrichtung nach vorne vorgaben und dadurch deutlich symbolisierten, wer hier das Sagen hatte. Kein Seminarraum – keine Sitzordnung. Die sonst affirmierte und scheinbar so wichtig erscheinende äußere Struktur eines Seminars gab es nicht. Was gab es stattdessen? Den Wald, Abhängigkeit vom Wetter, matschige Schuhe, Bewegung und frische Luft. Klingt nach einem Sonntagsausflug – aber nicht nach einem anstrengenden Seminar, in dem diskutiert und gelernt werden soll. Anstrengend war es wirklich nicht – höchstens körperlich – aber diskutiert haben wir und gelernt noch mehr. Und dass wir etwas gelernt haben, machte das Seminar dann doch wieder normal.

Zuerst trafen wir uns donnerstagmorgens immer in unserem Seminarraum. Zu jeder Sitzung (kann man hier überhaupt von SITZung sprechen?) lasen wir einen Text und entweder die Dozentin oder eine Seminarteilnehmerin bereitete vier bis fünf Diskussionsfragen dazu vor. Je nach Interesse bildeten wir Kleingruppen zu den Fragen. Danach folgten übliche organisatorische Dinge, die vielleicht wieder etwas mehr an einen Sonntagsausflug erinnern ließen. „Wo gehen wir lang?" „Ich muss nochmal aufs Klo – könnt ihr kurz warten?" „Nehmt ihr eine Regenjacke mit?". Banale Fragen - im Nachhinein betrachtet, führten sie jedoch auch dazu, dass jeder schon einmal sprechen konnte, über normale Dinge ohne etwas „Schlaues" sagen zu müssen. Das lockerte die Atmosphäre. Das Seminar fühlte sich ein bisschen weniger anonym an und das Sprechen fiel leichter – auch mit der Dozentin, was ungewohnt war. Nach den obligatorischen organisatorischen Dingen ließen wir die Universität hinter uns und gingen bergauf in den Teutoburger Wald. In unseren thematischen Kleingruppen liefen wir gemeinsam die Wege im Wald entlang. Das gemeinsame Gehen führte dazu, dass es etwas gab, was wir gemeinsam gemacht haben, was bereichernd für die Seminaratmosphäre war. Im Seminarraum teilt man sich zwar denselben Raum, aber man ist doch für sich. Das Gehen brachte zudem nicht nur unseren Körper, sondern auch unsere Gedanken in Bewegung. Während des ersten Seminartreffens wunderte ich mich darüber, dass mir plötzlich so viele Gedanken in den Kopf gekommen sind und mir das Sprechen sowie Diskutieren darüber so sehr leicht fiel. Irgendwann wurde das, was mir so unnormal erschien, normal. Das Sprechen in kleinen Gruppen war einfacher und außerdem saß niemand vorne, der eh viel mehr weiß und das was ich sage, vielleicht noch bewertet oder sogar für dumm hält. Die Augen der Anderen waren nicht auf mich als Person gerichtet, weil wir beim Gehen nach vorne, rechts oder links geschaut haben. Das machte den Eindruck, als seien die Worte wichtig, aber die Person an sich würde nicht bewertet werden. Die Dozentin ging nie in einer festen Kleingruppe mit, vielmehr begleitete sie jede Gruppe eine Zeit lang, hat zugehört und mitdiskutiert - hat eben genau dasselbe getan wie wir auch. Nach einer Weile, wenn wir das Gefühl hatten, wir seien zu einem vorläufigen Ergebnis gekommen oder aber die Zeit vorbei war, sammelten wir uns an einem Ort im Wald oder vor der Universität und tauschten unsere Gruppenergebnisse aus. Schließlich überlegten wir gemeinsam in welche Richtung es thematisch weiter gehen sollte und wählten einen Text für die kommende Woche aus.

Nach dem Seminar bemerkte ich, dass ich mich gar nicht so müde und erschlagen gefühlt habe, wie sonst in *normalen* Seminaren." (Ina Desirée Och, Studentin der Erziehungswissenschaft)

Diese studentische Perspektive kommentiert ein erziehungswissenschaftliches Seminar, in welchem dazu aufgefordert wurde, nicht in einem von der Hochschule zur Verfügung gestellten Seminarraum sitzend zu diskutieren, sondern dies draußen und in Bewegung zu tun. Die folgenden Überlegungen sind im Anschluss an das beschriebene Seminar entstanden und zu verstehen als eine Befremdung des Erlebten, die sich insbesondere mit der Frage beschäftigt, was eigentlich passiert, wenn wir einen Seminarraum betreten und warum es reizvoll, anregend, irritierend sein könnte, dies nicht zu tun.

Raum als soziales Arrangement

Die vorgeschlagene Denkrichtung geht mindestens von zwei Annahmen aus. Zum ersten wird davon ausgegangen, dass Räume durch symbolisch bedeutsame Anordnungen entstehen. Diese Anordnungen sind Ordnungen der Körper und Gegenstände sowie symbolische Ordnungen des Handelns (vgl. Löw 2001, S. 158). Vergleichbar mit der Bühne eines Theaters lassen sie Szenen und Spieler entstehen. Räume lassen bestimmte Erwartungen an das, was in ihnen legitim passieren kann, und damit bestimmte Ensembles von Handlungsformen zu und verhindern andere. Dieser Ansatz führt zur zweiten Annahme, dass Alltagspraxen ebenso wie räumliche Anordnungen als performativ zu verstehen sind. Verkürzt bedeutet dies, dass die Art und Weise, wie in den Räumen gehandelt wird, immer ein Zitat von schon vollzogenen Handlungen darstellt und zugleich Einfluss auf das nimmt, wie weiterhin in diesem Raum gehandelt werden kann. Performativität beschreibt also den symbolisch reproduktiven Vollzugscharakter des Handelns.

Es kann davon ausgegangen werden, dass der Seminarraum, über den hier nachgedacht wird, aus pädagogischen Anliegen heraus entworfen wurde. Mit dem Seminarraum, so könnte an dieser Stelle kurzgeschlossen werden, stellt die Hochschule einen Raum zur Verfügung, welcher in gewissem Maße das sinnliche Erleben der Anwesenheit der Anderen ermöglichen soll, und dies auf eine Weise, dass es einem pädagogischen Prozess, welcher Bildung ermöglichen kann, zuträglich ist. Eine zugrunde liegende Idee könnte sein, dass das Verhältnis, in welches sich Lernende und Lehrende begeben, welches möglicherweise als pädagogisches Verhältnis zu diskutieren wäre, individuell erlebbar sowie sozial verhandelbar sein sollte. Es sollte (virtuell oder reell) stattfinden können. Abstrahiert könnte überlegt werden, ob eine mögliche Form eines pädagogischen Verhältnisses wesentlich darauf beruht, dass die Beteiligten körperlich anwesend sind, in eine räumliche Beziehung zueinander treten, in welcher die Anwesenheit der Anderen sinnlich, visuell, auditiv, olfaktorisch, möglicherweise sogar haptisch erfassbar wird.

Der Seminarraum, das ist eine Anordnung der Gegenstände, der Tische, Stühle, Tafeln, Medien, Türen, Fenster, Wände, des Bodens, der Decke, der Materialien und der Farben sowie der Strukturen der Zeit, welche die Anwesenheit in diesem Raum regulieren. In gewisser Weise lässt er sich damit als das Zitat eines Klassenraums vorstellen, eine Raumanordnung, welche Hochschulbesuchern in ihrer Schulzeit, also dem Studium biographisch vorgeordnet, begegnet sein könnte. Das Ensemble der Gegenstände könnte somit eine mögliche kulturelle Setzung vornehmen, die an etwas für die Individuen Wiedererkennbares anknüpft. Der Seminarraum kann als ein spezifischer Raum verstanden werden: Er ist ein institutioneller Raum, in welchem bestimmte Regeln gelten. Er ist ein architektonisch sinnlich erfahrbar gemachtes Zitat sowie ein Zitat der Anordnung, welches Praxen des Betretens, Setzens, sich sozial Ordnens zitiert, die von den Individuen gewusst werden. Er ist ein symbolischer Raum, denn keine der Bedeutungen, die er setzt oder vornimmt, muss expliziert werden und er produziert stets einen Überschuss an Bedeutungen, das heißt, der Raum lässt immer mehr Bedeutungen zu als gewusst oder sprachlich bezeichnet werden können.

Eine für die folgenden Überlegungen bedeutsame Idee von Raum geht nicht davon aus, dass Raum absolut ist, sondern vielmehr relational. Raum wird nicht im physikalischen Sinne als „Container" (Kessl/ Reutlinger 2007, S. 22), sondern als relationale Anordnung von Körpern verstanden. „Die Lage eines Körpers ergibt sich demnach aus seinem Verhältnis zu anderen Körpern. Ein Raum im Sinne relativer Raumvorstellungen ist nicht absolut bestimmbar. Seine Bestimmung ist vielmehr abhängig von der Wahl des eingenommenen Blickpunktes" (Kessl/ Reutlinger 2007, S. 23). Wird davon ausgegangen, dass sich der Raum nicht allein in seinen euklidischen Maßen, sondern vielmehr durch die Anordnung der Körper konstituiert (vgl. Löw 2001, S. 263), dann erscheint es interessant, den Körpern, den menschlichen, aber auch den banalen Gegenständen des alltäglichen Gebrauchs ein wenig Aufmerksamkeit zu widmen und die Frage zu stellen, welcher Art der Raum ist, den sie entstehen lassen. Wieser schlägt mit Latour vor, bei diesen Gegenständen von „Aktanten" (2004, S. 95) zu sprechen. Die Objekte agieren nach dieser Idee stellvertretend für Subjekte, sie agieren und übersetzen und versetzen (vgl. Wieser 2004, S. 95). In diesem Sinne sind die Dinge am performativen Spiel (zum Beispiel „Seminar") sowie am Gelingen und Misslingen des Vollzugs sozialer Szenen beteiligt.

Raum als Disziplinierung

Welche subjektivierende, also Subjekte herstellende Bedeutung der durch die Dinge konstituierte Raum besitzt, lässt sich über einen diskurstheoretischen Exkurs illustrieren. Pongratz diskutiert aus einer durch Michel Foucaults Begriff des Dispositivs angeregten Perspektive die ordnende sowie Normalität herstellende räumliche Ordnung des Klassenraums. Die Schule ist mit Pongratz zu konzipieren als derjenige Ort, an welchem Individuen nicht allein durch Sprache, sondern auch durch körperliche Anwesenheit sowie räumlich geordnete Körperlichkeit gebildet, geformt, gestaltet werden. So versteht Pongratz „Schule als Dispositiv der Disziplinarmacht" (1990, S. 298), als ein Ensemble von Praxen, welches die Individuen subjektiviert, sie zu Subjekten formt, indem es sie diszipliniert, erzieht, etwa durch Sprache ebenso wie durch die „Ordnung des Schulraums, der in der Schule das installiert, was Foucault den ,zwingenden Blick' nennt, mit der Einführung eines geschlechtsspezifischen Codes, mit einer ,Mikro-Justiz', die das anständige Betragen im Klassenzimmer reguliert; mit einer minutiösen Kontrolle des Körpers, die bei der Festlegung des Sitzplatzes beginnt und noch Schreibhaltung und Federführung überwacht" (Pongratz 1990; S. 300). Pongratz' Idee der Disziplinierung lässt in der Beschreibung der didaktischen, pädagogischen, erzieherischen Strenge des Schulraums auch ein Moment der Kontrolle, ein in gewisser Weise befremdendes Moment der Überschreitung von Grenzen individueller Unverletzlichkeit anklingen. Der Seminarraum wie der Klassenraum, so könnte hier angeschlossen werden, bringen eine spezifische Sprech- und Körperordnung hervor, begünstigt, so könnte weitergesponnen werden, spezifische Denk- und Handlungslogiken, welche die Ordnungen als selbstverständlich reproduzieren und ebenso spezifische (lernende und lehrende) Subjekte zum Erscheinen bringen. So wie Zögling und Erzieher werden Studierende und Dozent durch den Raum zu „Momente[n] eines pädagogischen Projekts" (Schäfer 2005, S. 136).

Foucaults Interesse galt etwa der Zurichtung der Körper durch „die Einrichtung des zwingenden Blicks" (Foucault 1976, S. 221), welcher in speziellen Einrichtungen durch architektonisch ermöglichte Ein- und Durchsichten die Kontrolle der Individuen ermöglichen sollte. Hier bedeutet der Blick das Instrument der Herrschaft, mit welchem das Individuum durchdrungen und angeeignet werden soll. Pongratz sieht im Klassenraum den Blick ebenfalls als Instrument der Herrschaft und der Besitznahme, jedoch noch in anderer Form. Neben dem beaufsichtigenden Blick der Lehrenden sind die Lernenden durch die räumliche Anordnung angehalten, den Blick ‚nach vorne' zu richten, auf die Tafel, den Lehrenden, den Ort, an welchem das Wissen, das Sprechen kumulieren. Der Blick ist hier auch ein Instrument sinnlicher Aneignung, welches jedoch reguliert, in gewisser Hinsicht unfrei ist. Der dem Lehrenden zugewandte Blick ist gebunden durch eine Praxis, die zugleich eine Praxis der Autorität ist, also eine Praxis, Sprechen zu autorisieren, als auch eine Praxis der Höflichkeit zuzuhören. Den Blick der Lernenden an das Sprechen und die Performance im Klassen- oder Seminarraum überhaupt zu binden, erscheint als normale notwendige Praxis, um Bildungsprozesse zu ermöglichen. Die Anwesenden – so wird auch in der Eingangssequenz deutlich – sind den Blicken der anderen auf unterschiedlichste Weise ausgesetzt, insbesondere die Regeln, die Sprechenden anzublicken sorgen dafür, dass das Sprechen eingebunden ist in ein Ensemble körperlicher wie auch symbolischer Praxen.

Beim Eintreten in diesen Raum, konstituiert durch die Ordnung der Stühle, die Ordnung der Tische, geschieht nun etwas mit den Körpern. Sie werden von der Ordnung dieser Dinge erwartet und schließlich aufgefordert, sich zu setzen. An dieser Stelle wird vorgeschlagen, über diese Aufforderung unter dem Begriff der „Anrufung" nachzudenken, um der Frage nachzugehen, *wie* der Raum die Subjekte hervorbringt.

Raum als Anrufung

Der Begriff Anrufung beschreibt bei Judith Butler (die ihn Louis Althusser kritisch entlehnt (vgl. Seier 2007, S. 35) eine diskursive Praxis des Bezeichnens, welche etwas oder genauer jemanden oder noch genauer ein Subjekt herstellt, indem sie diesem einen Namen gibt. Im Akt der Benennung sowie dem sich daran anschließenden Akt der Anerkennung des Benannt-Seins durch das adressierte Subjekt findet eine Art der vorläufigen Fixierung dessen statt, was das Subjekt sei. Das Subjekt findet und erkennt sich in seiner Bezeichnung und wird in ihr gefunden und erkannt. Zugleich wird es erst Subjekt, indem es der Bezeichnung durch die Anrufende unterworfen wird. Der Idee der Anrufung liegt eine sprechakt- sowie diskurstheoretisch inspirierte Konzeption von Sprache zugrunde, welche davon ausgeht, dass Sprache dem sozialen Sinn vorausgeht, dass sprachliche Praxen das, was sie zu bezeichnen, zu beschreiben scheinen, eigentlich erst relevant machen und damit sozial wirklich werden lassen. Der Begriff der Anrufung fasst besonders dieses hervorbringende Moment des Bezeichnens, in welchem der Sprecher, welcher den Anderen anruft, über das Kapital des legitimen Sprechens verfügt, denn sonst könnte die Anrufung nicht gelingen. „Ideen gehen nach Althusser den Handlungen nicht voraus, ihre Existenz ist vielmehr ‚eingeschrieben in die Handlung der Praxen, die durch Rituale geregelt werden' (Althusser 1977, S. 139). In der berühmten Anrufungsszene, die Althusser anführt, ruft ein Polizist einem Passanten ‚Hallo, Sie da!' zu. Der Passant, der sich selbst wiedererkennt und sich umwendet, um auf den Ruf zu antworten – d.h. fast jeder – existiert im strengen Sinn nicht vor diesem Ruf. Was bedeutet nun diese sehr anschauliche Szene? Indem der Passant sich umwendet, erhält er eine bestimmte Identität [...]. Der Akt der Anerkennung wird zu einem Akt der Konstitution; die Anrede ruft das Subjekt ins Leben" (Butler 1997, S. 42).

An diese Idee anschließend kann nun überlegt werden, inwiefern die Dinge des Alltags als materialisierte diskursive Praxen, sozusagen Material und damit sichtbar und haptisch erfassbar gewordenes Sprechen zu verstehen sind. Das Arrangement der Tische und Stühle, der Türen, Fenster und Medien im Raum macht also den Seminarraum zunächst als Lernraum wieder erkennbar. Es fordert darüber hinaus die Eintretenden auf, sich in gleicher Weise zu erkennen zu geben, und bietet zugleich ein relativ geschlossenes Repertoire an Figuren an, als welche die Eintretenden in diesem Raum legitim sichtbar und hörbar werden können. Die Anordnung und Ausrichtung der Stühle, ihre Bauweise, ihre Gestaltung als selbstverständliche Ergänzung oder Erweiterung des Körpers formulieren eine nicht-hörbare Einladung, sich zu setzen, sich auf bzw. in das Arrangement einzulassen und ein Teil desselben zu werden. „Durch eine Benennung wird man sozusagen an einen sozialen Ort und in eine soziale Zeit versetzt" (Butler 1997, S. 47). Die Versetzung, ein Ausdruck, in welchem die Sprache selbst stark auf das räumliche Moment verweist, wird im Raum auf eine Art und Weise von den Dingen selbst übernommen, in welcher das Diskursive nicht auditiv, sondern optisch und haptisch wahrnehmbar wird. Stuhl, Tisch und Tafel setzen nach dieser Idee die Individuen an ihren Platz in ihrer Zeit. Die nicht-sprachliche Anrufung des Raums funktioniert somit performativ, weil die Anordnung der Dinge im Raum spezifische Subjekte vorauszusetzen scheint, welche sie allerdings erst zum Erscheinen bringt, sobald diese Subjekte die Anrufung anerkennen. Performativ bedeutet hier, die Anrufung nutzt Sprache, ohne sie zu gebrauchen, sie expliziert nicht, sondern verkörpert, zitiert, ritualisiert und routinisiert sinnlich erfahrbare sowie symbolische Arrangements der Körper und Gegenstände, die wie (als) selbstverständlich von den Individuen gewusst werden. Sie verzichtet nicht auf Sprache, sondern ist ganz wesentlich darauf angewiesen, dass das, wozu sie auffordert, in der eigenen Sprache nachvollzogen werden und damit sinnhaft gemacht werden kann. Performativ ist dies, weil der Akt, einen Seminarraum zu betreten und sich an einen freien Platz zu setzen, immer wieder gleich und doch anders vollzogen wird und sich damit als legitime Praxis in eine Kultur der Seminarräume einschreibt. Diese Kultur der Seminarräume muss von den Eintretenden gewusst werden, denn (als Studierende oder Lehrende) erkannt zu werden stellt eine notwendige Voraussetzung dar, um im institutionellen Raum Hochschule legitim körperlich und sozial anwesend sein und teilhaben zu können.

Die Anrufung durch die Dinge benennt also die Individuen (z.B. Studieren-de), indem sie sie einlädt auf die ihnen bekannte Bühne des Belehrt-Werdens, und ermöglicht und verunmöglicht Handeln (z.B. Sitzen, Zuhören, Sprechen) im Rahmen der Kultur dieses Raums in gleichem Maß. Inwiefern delegitimiert die Anrufung spezifische Formen des Handelns? Angerufen zu werden als jene, die noch nicht ausgebildet, noch nicht kompetent sind, schließt die Angerufenen als legitime Sprecher von Wissen aus. Da sorgen die Gegenstände dafür, dass die Individuen geordnet werden, streng genommen zum einen in Subjekte, welche das kulturell anerkannte (wissenschaftliche) Wissen verwalten, und Subjekte, welche einen ersten Zugang zu diesem Wissen erarbeiten. In den räumlichen Arrangements vollzieht sich symbolisch eine Prozedur der Unterscheidung, die sich in den Gegenständen materialisiert und die bestimmte Routinen erst ermög-licht, indem sie sie sinnlich erfahrbar werden lässt. Die Dinge des Seminarraums ordnen somit die Subjekte im Raum an, relational, auch biographisch, sie ordnen Vorstellungen, Ideen, von Wissen und (Noch)Nicht-Wissen, Wirklichkeiten und das Selbst. Durch diese Anordnung, durch den Aufforderungsgestus der Gegenstände werden die Subjekte angerufen als die, welche sie sind und legitim darstellen müssen, um dort zu sein, und zugleich als die, die sie werden sollen. Die Anrufung determiniert die Subjekte allerdings nicht schlussendlich, sie kann anerkannt werden und damit die zugewiesene Position annehmen, sie kann jedoch auch zurückgewiesen werden. Die Anrufung kann trotz körperlich vollzogener Anerkennung (durch den Akt des Setzens und Schweigens, also der bloßen kör-perlichen Anwesenheit) misslingen, sind die Individuen anwesend, so können sie sich doch der Subjektivierung entziehen, indem sie nicht dem folgen, wozu das Interieur sie auffordert: Studierende, Lernende, Zuhörende zu sein. Sie können sich der Anrufung somit auch entziehen und müssen dies unter Umständen, um der Zumutung der Unterwerfung zu entgehen. Denn die Figur der Anrufung ist, wie deutlich wurde, dilemmatisch: Auf einen Platz verwiesen zu werden ermöglicht soziale Teilhabe, jedoch kann dieser Platz ein problematischer Platz sein, von dem aus strukturell bedingt wenig Teilhabe möglich ist. Hettlage fasst mit Goffman „die raum-zeitliche Erfassung von Individuen an abgegrenzten Orten" (Hettlage 2008, S. 261) als Disziplinierung durch die Institution.

Aufforderung zur (Neu-)Ordnung

Wird also erstens davon ausgegangen, dass Bildung (etwa verstanden als der Prozess, in welchem der Rand des eigenen Nicht-Wissens begangen wird, das Verhältnis zu sich und zur Welt irritiert wird) nur geschehen kann, wenn die Angerufenen sich dem Angerufen-Sein als noch nicht Gebildete nicht widersetzen, also die Anrufung anerkennen, und zweitens zugleich davon ausgegangen wird, dass die Anrufung auch eine Zumutung ist, welche ausblendet, dass die Angerufenen an einem anderen Ort, unter anderen Bedingungen schon sind, etwa als schon Mündige, schon Gebildete (welche sie auf gewisse Weise auch sein müssen, um dort sein zu dürfen), dann lässt sich ein Widerspruch erkennen, der die Pädagogik unmöglich und zugleich erst möglich werden lässt. Denn die Pädagogik, die sich im Seminarraum materialisiert, ruft die Individuen nicht allein an als noch nicht Vollendete, sondern vielmehr als Als-Ob-Vollendete. In dieser Anrufung des Individuums, jemand zu sein, der es noch nicht ist und noch werden soll, artikuliert die Pädagogik ihre Anerkennung dessen, dass die Anwesenden im Sinne wissenschaftlicher Bildung noch unvollendet sind, der Individuen und unterwirft sie zugleich unter ihr spezifisches vollenden-Wollen. Ist Pädagogik möglicherweise immer auch, neben anderem eine Adressierung, die das Subjekt verfehlt, um sein Werden zu fordern oder besser, es zu seinem Werden aufzufordern?

„Die allgemeine Bestimmung von ‚Erziehung' beinhaltet [...] das Problem der Rechtfertigung eines Machtverhältnisses" (Schäfer 2005, S. 9). Schäfer verweist damit auf die dem Pädagogischen inhärente Schwierigkeit, stets in Verhältnisse des Unterschieds verstrickt zu sein. Den Unterschied des (noch nicht bzw. schon) Wissens, Könnens, Erkennens, der Erfahrung zu denken ist eine Voraussetzung, die pädagogisches Handeln überhaupt erst erforderlich erscheinen lässt. Es wird von Unterschieden ausgegangen, um pädagogisches Handeln überhaupt als sinnvolles Handeln in Betracht zu ziehen. Zugleich ist jeder (imaginierte) Unterschied nie bloß ein Unterschied, sondern immer auch ein unterschiedlicher Zugang zu Handlungsmöglichkeiten.

Wenn der Seminarraum die Eintretenden anruft und durch die Ordnung der Eintretenden spezifische Handlungsweisen ermöglicht und verhindert, dann birgt der Akt, den Seminarraum als Studierende gar nicht erst zu betreten – sich also in gewisser Weise der Erwartung, dass man sich der Anrufung hingibt, zu entziehen – bzw. ihn zu verlassen, um zu lernen, unter dieser Perspektive eine besondere

Spannung. Der Versuch, sich der Anrufung zu entziehen, bedeutet möglicherweise, Positionierungen, Ordnungen ein wenig zu verschieben, andere Handlungsräume zu erschließen, andere Perspektiven zu eröffnen. Sich zu entscheiden, ein Seminar nicht im Seminarraum, sondern im Wald stattfinden zu lassen, kann nicht bedeuten, sich den Anrufungen vollends zu entziehen. Sich der Anrufung, der vermeintlichen Determiniertheit des architektonischen Raums zeitweise zu entziehen, verleiht der tatsächlichen Flüchtigkeit des symbolischen Raums Ausdruck. Es bedeutet, in der Lösung vom institutionell Durchdrungenen das Angebot zu formulieren, die Körper anders zu setzen, fordert dazu auf, die Anrufung sozusagen sichtbar werden zu lassen, das eigene individuelle Institutionalisiert-Sein sowie das gemeinsame Erleben des Seminars neu zu ordnen. Die Aufforderung, sich zu setzen und gegebenenfalls zuzuhören, wird durch die Aufforderung, sich zu bewegen und zu sprechen, mit der ungewohnten Sprechordnung zu experimentieren, ersetzt. Diese letztere führt zu einem Verlust von Kontrollmomenten und fordert dazu heraus, gemeinsam das Gelingen des Experiments zu erarbeiten. Mit Hörning arbeitet Wieser heraus, inwiefern die Gegenstände in der Alltäglichkeit ihrer Anrufung der Subjekte „trivial, ja geradezu unsichtbar" (2004, S. 98) bleiben, der Akt der Anrufung unhörbar erscheint. Eine reflexive Didaktik als eine Art und Weise, sich kritisch mit dem eigenen Lehren zu befassen, könnte dann hier bedeuten, sich davon entfremden (mit Garfinkel „to become estranged" (1967, S. 37)), die Dinge für trivial zu halten. Eine solche Didaktik könnte hier und da an das Angerufen-Sein erinnern, sich dessen und der ihm immanenten Handlungsbegrenzungen zu vergewissern. Damit wäre Didaktik auch die Idee, das Herstellungsmoment der trivialen Dinge und (Bildungs-)Ereignisse in den Blick zu nehmen und sich darüber hinaus der eigenen Anrufungspraxen bewusst zu werden. Sich auf einen Stuhl zu setzen, bedeutet kulturtheoretisch gesprochen immer auch, eine Konvention zu befolgen. In der Performance, sich auf diesen Stuhl zu setzen, artikuliert sich immer auch die Bereitschaft, der Konvention Folge zu leisten, sowie die Praxis, dies selbstverständlich zu tun, nicht notwendig dagegen zu protestieren. Sich auf einen Stuhl zu setzen, artikuliert kulturelle Folgsamkeit. Sich zu befremden, die Dinge kompliziert zu machen, das Sitzen zu bestaunen, bedeutet nicht, sich den Konventionen zu widersetzen, das Sitzen zu Unsinn zu erklären. Vielmehr kann es eine Erinnerung daran auslösen, dass die alltäglichen Praxen in ihren Anrufungen an Konventionen geknüpft sind, die das alltägliche Soziale auf spezifische Weisen ordnen. Im Befremden ermöglicht sich eine Befragung dieser Weisen der Verknüpfung.

In dem Moment, in dem die Lernenden und Lehrenden den Raum nicht betreten oder verlassen, ist nicht so ganz klar, was passieren wird, denn die Routinen für diesen Fall sind noch nicht verhandelt und bewährt. Der Raum, so wird deutlich, ermöglicht den Anwesenden das Erproben und Überprüfen eines Sets bekannter und geübter Handlungs- und Beziehungsformen, die nun, draußen, sozusagen architektonisch und dadurch teilweise sogar institutionell ungerahmt, in Frage stehen. Teilweise: Es ist allein ein experimentelles Verzögern der Zurichtung gelehriger Körper, ein etwas kokettes Spiel mit der hierarchischen Struktur, das auf dem Vertrauen beruht, dass diese auch außerhalb des pädagogischen Raumes gelingen möge. Ein Spiel, ein Angebot eines Spiels, auf das sich die Beteiligten einlassen, ohne es tatsächlich zu benennen, ein implizites, performatives Spiel der Verschiebung von Bedeutungen, das Vergnügen bereitet, weil es ein gemeinsames sinnliches Erlebnis entstehen lässt, in welchem sich die Anwesenden zugleich in ein anderes, zu erkundendes Verhältnis zur Situation, zum Raum und zueinander setzen.

Literatur

Althusser, Louis (1977): Ideologie und ideologische Staatsapparate, Hamburg: Verlag für das Studium der Arbeiterbewegung.

Butler, Judith (1997): Hass spricht, Berlin: Berlin Verlag.

Foucault, Michel (1976): Überwachen und Strafen. Frankfurt/M: Suhrkamp.

Garfinkel, Harold (1967): Studies in Ethnomethodology. Malden: Blackwell

Schäfer, Alfred (2005): Einführung in die Erziehungsphilosophie. Weinheim: Beltz.

Hettlage, Robert (2008): Die totale Institution. In: Willems, Herbert (Hrsg.): Lehr(er)buch Soziologie. Wiesbaden: VS. S. 254-268.

Kessl, Fabian/ Reutlinger, Christian (2007): Sozialraum. Wiesbaden: VS.

Löw, Martina (2001): Raumsoziologie. Frankfurt/M: Suhrkamp.

Seier, Andrea (2007): Remediatisierung. Die performative Konstitution von Gender und Medien. Münster: Lit.

Wieser, Matthias (2004): Inmitten der Dinge. In: Hörning, Klaus/ Reuter, Julia (2004): Doing Culture. Bielefeld: transcript. S. 92-107.

Pongratz, Ludwig A. (1990): Schule als Dispositiv. In: Vierteljahresschrift für wissenschaftliche Pädagogik. 1990. 66, S. 289-308.

JOHANNA SCHWARZ

WENN ES (K)EIN PARADIES GIBT

VOM BAUMHAUS BIS ZUM RAUMLABOR

Raum im Schnee: Container C3, Universität Duisburg Essen, im Winter 2010/11

Ist die Rede von
Mensch und Raum,
dann hört sich dies
an, als stünde der
Mensch auf der
einen und der Raum
auf der anderen
Seite. Doch der
Raum ist kein
Gegenüber für den
Menschen. Er ist
weder ein äusserer
Gegenstand noch
ein inneres Erlebnis.
Es gibt nicht den
Menschen und
ausserdem den
Raum.

Martin Heidegger (1951)

**Künstlerische Übungen zum Raum
von Studierenden der Universität
Duisburg Essen unter der Leitung von
Johanna Schwarz, Winter 2010/11**

Ziel des Kurses ist es, nach vorherigen
Übungen, Exkursionen, Filmen und
Diskussionen, Arbeiten im Raum entstehen zu
lassen. Nicht als Modell oder Skizze, sondern
als Mensch im Raum stehend und arbeitend,
oft auch frierend.

Auf Raumsuche gehend werden die Arbeiten
an unterschiedlichsten Orten realisiert.

In einer ehemaligen Kirche, in einem
leerstehenden Ladenlokal, zu Hause,
in einem ehemaligen Wasserturm und in
8 Containerräumen auf dem Campus der
Universität.

Inhaltlich und medial gibt es keine Vorgaben.

Insgesamt entstehen 14 Arbeiten im Raum,
22 Studierende sind beteiligt.

Bei Interesse an der Dokumentation des
gesamten Kurses als PDF wenden Sie sich
bitte an: *johanna.schwarz@uni-due.de*

1

1. RAUM IM RAUM

Nele K. Jung, Benjamin Kramp
Container

Das Konzept „Raum im Raum" greift konzeptuell die Strenge des Containers auf und macht dem Betracher den eigenen Körper im Raum bewusst. Mit einfachsten Materialien (durchscheinender Nessel, Holzlatten, Deckenlampe) wird diese Wirkung erzeugt. Der Kubus füllt den Raum nahezu aus, 40 cm Gang bleiben dem Betrachter, ihn zu umrunden. Mittig auf dem Boden liegt eine Deckenlampe, die den Raum im Raum erscheinen lässt und gleichzeitig eine Umkehrung von Decke und Boden simuliert.

2. WENN ES EIN PARADIES GIBT

Büsra Camkese, Mario Beckmann,
Karolina Schmidt / Container

Die titelgebende Installation „Wenn es ein Paradies gibt" zeigt ebenfalls einen Raum im Raum, jedoch ist die Ausstrahlung hier eher poetisch, Licht und Schatten und der Gebrauch von Buchseiten als „Bausteine" ergeben eine assoziativ aufgeladene Situation.

3. LEER.STAND

Julia Schörken / Leerstehendes Ladenlokal,
Heerstrasse, Duisburg Hochfeld

Über einen Zeitraum von drei Wochen bespielt Julia Schörken ein leerstehendes Ladenlokal mit einem wachsenden Lichtbild, welches für die Betrachter eine Stunde am Tag erleuchtet wird. An einem Ort, an dem sonst eher Trödel und Krempel, Ramsch und Döner zu haben sind, entsteht eine rätselhaft poetisch anmutende Arbeit.

4

4. GRÖSSENWAHN VERSINKT

Christoph Kummerow, Martin Domagala
Lukaskirche Essen Holsterhausen

Es ist kalt, es ist düster. Über eine Leiter gelangt man auf den Dachboden einer ehemaligen Kirche. In der Mitte des Raumes das Gerippe eines Holzbootes. An den beiden Seitenwänden schwarz-graue Silhouetten. Von der Kopfwand ausgehend eine Welle aus Kartonage, die sich über das sinkende Schiff beugt…

5

5. LUKAS SYNTOPIA

Katharina Krahn
Lukaskirche Essen Holsterhausen

In der Arbeit „Lukas Syntopia" werden zwei Orte miteinander verknüpft. Eine 360 Grad-Panorama-Aufnahme einer schneebedeckten Waldlandschaft wird an den Wänden des Raumes in der Lukaskirche in Essen Holsterhausen fixiert.

Das Foto der schneebedeckten Waldszenerie wurde im Geburtsort von Katharina Krahn in Oberhausen Sterkrade aufgenommen. Dieses Bild besteht aus über 100 Einzelbildern, die zusammen das Endbild, eine 360 Grad-Panorama-Ansicht ergeben. Die Aufnahme wird für den Raum in der Lukaskirche angelegt und in 672 schwarz-weisse Din A4 Drucke unterteilt.

Die Lukaskirche in Essen Holsterhausen wurde 2008 entweiht und wird zur Zeit als Atelier und im März als Ausstellungsraum genutzt. Für die Rauminstallation hat Katharina Krahn einen 7m² grossen Raum rechts vom Kirchenschiff gewählt.

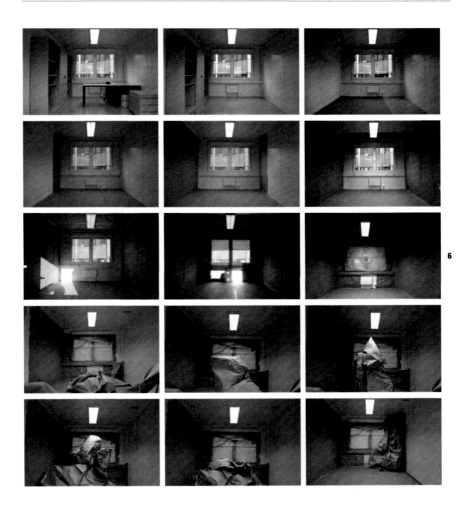

6

6. OHNE TITEL

Leonora Thiele, Lena Angenendt / Container

In dieser Arbeit werden die funktionalen Besonderheiten des Raumes selbst zum Thema gemacht. Zunächst wird die Materialität verändert und ein grosser Teil des Raumes in braunes Packpapier gehüllt. Anschliessend findet eine Dekonstruktion der Verpackung statt, die skulptural in Szene gesetzt wird. Die ständige Veränderung des Raumes wird fotografisch dokumentiert und während der abschliessenden Präsentation als Trickfilm auf die Wand projiziert.

CAMPUS UNIVERSITÄT DUISBURG ESSEN, R12, B02, **A87,** DIE FLURE, DAS TREPPENHAUS, *DIE CAFETERIA,* **DER VORPLATZ,** DER AUFZUG, – **IM ZUG,** K21, DÜSSELDORF – **CAMPUS** – *JAS,* **VÖCKLINGHAUSERSTRASSE,** ESSEN – **BÜRO R12,** B01, *B02 BÜRO* **C3,** CONTAINER AUF DEM CAMPUS **CONTAINER C3 ERSTE ETAGE, 8 RÄUME** – *DIE STRASSENBAHN,* **WG-ZIMMER,** LUKASKIRCHE, **ESSEN, PLANCKSTRASSE** – DER DACHBODEN, KLEINER NEBENRAUM, *LEERSTEHENDES LADENLOKAL DUISBURG,* **HEERSTRASSE – ALTER WASSERTURM OBERHAUSEN,** AM HAUPTBAHNHOF – **CONTAINER C3**

15 FRAUEN, 8 MÄNNER SEHEN MIT IHREN BEINEN

Gestaltung: www.sarahkeckeisen.de

Räume erfinden, z.B. Las Vegas. Foto Stephan Eckardt

Räume sind temporäre Gebilde und Teil einer primär performativ konstituierten Kultur (vgl. Milton Singer 1959 S. 12f.). Sie werden ko-konstruktiv entworfen und sind Teil sozialer Systeme. Diese kulturellen Zusammenhänge sind aber nicht ohne weiteres auf nachfolgende Generationen übertragbar. Räume werden nicht vorgefunden, sondern müssen ge- bzw. erfunden werden. Dieser transgenerativen Prozesse sind nicht nur mit gedanklichen Anstrengungen verbunden, sondern bedürfen eines experimentellen und produktiven Settings. Im Kontext archaischer Kulturen bezeichnet man dieses Verfahren als Bricollage (vgl. Levi-Strauss 1973); im Kontext der ästhetischen Praxis von Kindern heißt das Ganze „Wildes Basteln" (vgl. Schäfer 1993 und Kolhoff-Kahl 1993). Dabei wird Material arrangiert, transformiert, überarbeitet, zerstört und dekonstruiert. So ein Prozess ist ein selbstgenügsames lustvolles Unterfangen und es entstehen ephemere räumliche Gebilde, die den Dingen Sinn geben.

Andreas Brenne weist darauf hin, dass sich jede Generation die Kultur neu aneignen muss und sie dabei neu interpretiert. Nur auf diese Weise entstehen Innovationen und nachhaltige Optimierungen gesellschaftlicher Prozesse. Für Kristin Westphal sind Theater- und Schulräumen Bildungsräume, mit denen jeweils bestimmte Erwartungen verknüpft sind. Die Räume unterliegen bestimmten Ordnungen, die entlang von Theatersituationen untersucht werden. Birgit Richards und Jan Grünwalds kenntnisreiche Analyse zweier divergenter popkultureller Phänomene (HipHop, Heavy Metal) bietet einen detaillierten Einblick in zentrale Motive und Lesarten juveniler Phantasien. Dabei wird deutlich, dass es sich um keine solitären Inventionen bzw. Interventionen handelt, sondern auf die Fülle ikonographischer Traditionen der westlichen Hemisphäre zugegriffen wird, um diese variantenreich zu arrangieren. Jutta Zaremba untersucht die komplexen Praxen gegenwärtiger Rollenspiele und weist nach, dass es sich um eine subversive Strategie zur Überwindung gängiger Verhaltensmuster handelt. Die Fähigkeit, Welt zu generieren ist nicht nur den ausgewiesenen Experten (Künstler, Manager, Politiker) vorbehalten, sondern zentraler Bestandteil des kulturellen Kapitals jedes Menschen.

Literatur

Kolhoff-Kahl, Iris (2007): Wildes Denken. Die Grundschulzeitschrift Nr. 202.
Lévi-Strauss, Claude (1973): Das wilde Denken. Frankfurt a.M.
Schäfer, Gerd E.: Universen des Bastelns - Gebastelte Universen. In: Duncker, Ludwig/ Maurer, Friedemann/ Schäfer, Gerd E. (Hrsg.): Kindliche Phantasie und ästhetische Erfahrung. Wirklichkeit zwischen Ich und Welt. (2. Aufl.), Langenau-Ulm (Armin Vaas) 1993, S. 135-161.
Singer, Milton (1959): Traditional India. Structure and Change. Philadelphia.

Andreas Brenne

„Making Worlds"
zur produktiven Befremdung des Vertrauten im Kontext kunstpädagogischer Prozesse.

„Zahllose Welten, durch Gebrauch von Symbolen aus dem Nichts erzeugt (…). Diese Themen – die Vielheit von Welten, die Scheinhaftigkeit des ‚Gegebenen', die schöpferische Kraft des Verstehens, die Verschiedenartigkeit und die schöpferische Kraft von Symbolen – sind wesentliche Bestandteile (…) meines Denkens."
(Nelson Goodman: Weisen der Welterzeugung, Frankfurt a.M. 1978)

1. Welten machen

Abb. 1 „Künstler-Welten"

„Making Worlds" – so lautete das Motto der 53. Biennale und benannte dadurch ein zentrales Motiv künstlerischen Handelns (vgl. Birnbaum 2009). Bezugspunkt war hier die Auffassung Nelson Goodmans, dass nicht nur die Wissenschaft sondern auch die Kunst in der Lage ist, Welt zu beschreiben bzw. zu entwerfen. Goodman leugnet zwar nicht die Bedeutung der empirischen Erfahrung für die Entwicklung von Theorien, dennoch bestreitet er vehement die Existenz theoretischer Entitäten. D.h. wissenschaftliche Begriffe bezeichnen zwar plausible theoretische Annahmen über die Welt und ihre Gegenstände; dennoch ist die „Welt an sich" begrifflich nicht zu fassen - sie ist eine Konstruktion. Insofern ist die Annahme, dass Gegenstände in Zeit und Raum tatsächlich existieren ein naturalistischer Trugschluss. Die geläufige Praxis der Bezeichnung und semantischen Ausdeutung von Weltphänomenen ist demnach ein kreatives und kontingentes Konstrukt im Konzert pluraler Weltversionen.

Goodmans durchaus umstrittene anti-realistische Position wird vor allem durch den Verweis auf Kunst plausibel. Künstlerische Arbeit ist ein Akt der intersubjektiven Sinnkonstruktion und macht auf die prinzipielle Gestaltbarkeit von Welt aufmerksam. Diesen Gedanken weiterführend vertritt Goodman in seiner Abhandlung „Sprache der Kunst" die These, dass Kunst und Wissenschaft epistemologisch gleichgestellt sind. Dieser Ansicht liegt ein erweiterter Erkennt-nisbegriff zu Grunde, der Erkenntnis nicht auf das Erkennen von Tatbeständen reduziert, sondern auf die Ermittlung von Atmosphären und Wertigkeiten ausweitet. Dem Individuum kommt in diesem Zusammenhang die zentrale Rolle zu. Denn nur durch eine aktiv forschende Haltung können mannigfaltige Erkenntnis- und Sinnzusammenhänge generiert werden. Es geht also um die Kunst „einen Stern zu gebären" (vgl. Nietzsche 1967). Goodman kennzeichnet das Verfahren der Welter-zeugung durch den Verweis auf unterschiedlichen Formen der Symbolisierung – Denotation und Exemplifikation (vgl. Goodman 1997). Demnach ist die Beziehung zwischen Gegenstand und Symbol kontingent; es bleibt offen welche spezifischen Eigenschaften gemeint sind. Künstlerische Zeichensysteme sind strukturell offen angelegt und der Rezipient hat mannigfaltige Möglichkeiten der Aneignung. Dies ist der zentrale Aspekt der welterschließenden Funktion von Kunst.

Im Rahmen dieses Beitrags soll dieser Zusammenhang weiter entfaltet werden, um auf dieser Grundlage ein hochschuldidaktisches Projekt analytisch zu fassen. Dabei geht es vordringlich um die Entwicklung einer kunstdidaktischen Position: „Weltenmachen" als Methode der onirischen Überformung lebensweltlicher Zu-sammenhänge. Durch die Verwandlung des vertrauten Raumes in ein gleichsam magisches Territorium wird das Vertraute fremd und das Fremde vertraut. Durch solche Verfahren ist man in der Lage, auch strukturell negativen Erfahrungen ins Auge zu sehen und produktiv zu bearbeiten. Künstlerische Beispiele gibt es viele; so Natalie Djurbergs bizarre Phantasmagorie in Form von Clay-Motion-Filmen, in denen schauerromantische Sujets auf gegenwärtige Problemstellungen treffen (vgl. Matt/ Stief 2007). Aber auch in Kinderbüchern werden solche Zusammenhänge nicht ausgespart - so in dem Bilderbuch-Klassiker „Wo die wilden Kerle wohnen", der jüngst vom Filmemacher Spike Jonze für das große Kino aufgearbeitet wurde (Jonze

2009). Hier geht es nicht um Eskapismus, sondern um die Entwicklung wirksamer Bewältigungsstrategien problemhaltiger Situationen. Dazu später mehr...

2. Lebenswelt machen

Künstler machen Welt durch Darbietung präsentativer Arrangements offener Zeichensysteme - doch ist nicht jede Form der lebensweltlichen Orientierung eine Form des Weltenmachens?

Aus der Perspektive des Konstruktivismus (und Goodmans Sichtweise ist eine solche) stellt sich das folgendermaßen dar: Die Welt, in der wir leben, ist ein Konstrukt unserer Vorstellungswelt. Demzufolge agiert das Bewusstsein autonom und verwandelt neuronale Impulse der äußeren Welt in mentale Konstrukte. Doch diese Sicht greift zu kurz. Es handelt sich letztlich um eine weitere Version der cartesianischen Spaltung von Körper und Geist. Der Komplementärzusammenhang zwischen holistischer Welterfahrung und lebensweltlicher Bezugnahe wird negiert. Es findet eine „Entweltung" der leib-sinnlichen Verbindung zu den Dingen und dem Gegenüber statt und es verbleibt ein virtuelles Flachland. Der soziale (Erfahrungs-)Raum wird zu einem antiseptischen Konstrukt unter Ausblendung interaktiver und performativer Formationen.

Insofern ist ein phänomenologisches update vonnöten. Weltenmachen ist kein konstruktivistischer Prozess, der sich allein auf unser Bewusstsein beschränkt, sondern ist ein Resultat der beständigen und unabdingbaren Verbindung mit den Weltphänomenen. Der menschliche Hang zur Verdinglichung ist ein Versuch, die Dinge als zeitlose Tatbestände zu definieren, um eine trügerische Sicherheit zu generieren. Lebenswelt ist demgegenüber ein synergetisches Geflecht aus gedeuteten Eindrücken.

Menschliches Dasein bedarf nicht nur eines „In-Seins" in der Welt, es hat auch aus der Sicht Heideggers eine räumliche Dimension. Die verwendeten Dinge – das „Zuhandene " – weisen eine spezifische Entfernung bzw. Nähe zum Subjekt auf, die jeweils durch den Gebrauch bestimmt wird. D.h. sie halten sich nicht ungenutzt im euklidischen Raum auf, sondern gehören in eine „Gegend". Auch die richtungsangebenden Begriffe haben einen konkreten Bezug. *„Das 'Oben' ist das 'an der Decke', das 'Unten' das am 'Boden', das 'Hinten' das 'bei der Tür';* (Heidegger 2006)". Umwelt ist somit eine durch Erfahrung aufgeladene Umgebung. Ein anderer Aspekt der Räumlichkeit des Seins ist die existenziale Tendenz zur Nähe. Dasein „ent-fernt", d.h. durch den Aneignungsprozess von Welt begegnet man den Dingen und rückt sie in die Nähe. Dies geschieht auch mittels Technik (Fahrzeuge, Telekommunikation, Internet...). *„Alle Arten der Steigerung der Geschwindigkeit, die wir heute mehr oder minder gezwungen mitmachen, drängen auf Überwindung der Entferntheit. Mit dem 'Rundfunk' zum Beispiel vollzieht das*

Dasein heute eine in ihrem Daseinssinn noch nicht übersehbare Ent-fernung der
'Welt' auf dem Wege einer Erweiterung und Zerstörung der alltäglichen Umwelt
(Heidegger 2006)."

Die Weltlichkeit des Raumes ist somit primär und der vermessene mathematische Raum ein Produkt der Entweltlichung – die Kategorien von Raum und Zeit
sind nicht a priori gegeben, sondern sekundäre Ableitungen. Raum konstituiert
nicht die Welt sondern kann erst durch eine solche erfasst werden. *„Raum kann*
erst im Rückgang auf die Welt begriffen werden (Heidegger 2006)."

Fazit: Raum ist weder ein immanenter und konstruktivistischer Bewusstseins-
prozess, noch findet das Weltenmachen innerhalb eines fixen Raumes statt. Demgegenüber ist das Dasein stets ein räumliches. *„Der Raum ist weder im Subjekt,*
noch ist die Welt im Raum (Heidegger 2006)."

Wenn man sich nun mit dem Weltenmachen im Medium der Kunst beschäftigt
wird deutlich, dass es sich um eine Konkretion dieses Zusammenhanges handelt.
Es geht um Achtsamkeit – um die Auseinandersetzung mit der Wahrnehmung des
Wahrgenommenen. In der Kunstproduktion entstehen Welten, die den Prozess des
tagtäglichen Weltenmachens durch Befremdung erfahrbar machen und kritisch
konterkarieren. Kunstwerke sind gleichsam Ermutigungen, die Dinge auch mal
ganz anders zu betrachten und den subjektiven Weltentwürfen insofern zu vertrauen, als dass diese stets auf Welterleben gegründet sind.

3. Kunstunterricht machen

Welten machen will gelernt sein. Dies gilt für Kinder weniger – sie sind Meister
in der Kreation von Lebenswelt - und für angehende Lehrkräfte im Grundschul-
bereich um so mehr – denn sie sind Teil eines Ausbildungssystems, das sich an
festgefügten Raumkoordinaten orientiert. Kinder sind es gewohnt sich die Dinge
herbeizuholen, sich anzunähern und so eine Welt zu kreieren, die räumliche
Dimensionen performativ und handlungsorientiert konstituiert. Im Kontext von
Schule gilt es, diese Prozesse weiterzuentwickeln und zu fördern. Die gängige
Alltagsdidaktik zergliedert Weltphänomene in überschaubare Portionen ope-
rationalisierbaren Wissens – trägt also zur Entweltung der Lebenswelt bei. So
wird ein Ort zu einem räumlichen Konstrukt, das zwar überschaubar, aber von
toten Dingen (Konstruktionen) bewohnt wird (vgl. Husserl 1992). Dagegen ist
in kunstpädagogischen Zusammenhängen der Bezug zwischen Raum und Welt
überdeutlich; denn die 100 Sprachen der Kinder – so Loris Malaguzzi in einem
Gedicht - sind vergleichbar mit den mannigfaltigen Weltversionen künstlerischer
Provenienz (Malaguzzi/ Castagnetti/ Rubizzi 1998). Die gilt es zu erhalten und zu
fördern. Denn eine Grundschulpädagogik die den Bildungsbegriff ernst nimmt,

sollte darauf abzielen selbstbestimmte und schöpferische Menschen hervorbringen, die Gesellschaft als gestaltbares Phänomen erfahren und erproben. Joseph Beuys hat in diesem Zusammenhang auf die Möglichkeit Künstler zu werden hingewiesen und auf die Dimensionen einer sozialen Skulptur Bezug genommen. Diesen Zusammenhang gilt es in der Kunst-Lehrerbildung deutlich zu machen. Die nun folgende Fallbeschreibung versucht diesen Zusammenhang zu verdeutlichen. Es handelt sich um ein Projekt, das im Kontext einer Lehrerfortbildung für Grundschul-Referendare an der Universität zu Köln im März 2010 Möglichkeiten einer kooperativen und existentialen Weltgenerierung erprobte und zum gestalterischen Problem machte.

Abb. 2 Andreas Brenne: Natalie Djurberg

Input 1:

Am Anfang steht eine Arbeit der dänischen Künstlerin Nathalie Djurberg, die 2009 mit dem goldenen Löwen der Biennale von Venedig ausgezeichnet wurde. Zunächst wird der Betrachter in ein halbweltliches Szenario hineinversetzt. Er betritt einen abgedunkelten Raum, einen Dschungel aus phantastisch wuchernden Pflanzen in schillernden Farben, die sich bei näherer Betrachtung als glasierte Keramik herauskristallisieren. Inmitten dieser fremden Welt wird eine Leinwand sichtbar, auf dem animierte Knetfiguren in einem gespenstischen Szenario unheilvollen Praktiken nachgehen, die meist sexuell konnotiert sind. Monströse Gestalten, die an den bösen Wolf des Märchens erinnern, nähern sich bedrohlich kindlichen Gestalten – das Szenario erinnert an einen Märchenwald und hinter jeder Baumgruppe scheint die Hexe zu lauern. Dennoch bleiben es animierte Knetfiguren, die an den Charme kindlicher Stop-Motion Filme erinnern.

Die angehenden Grundschullehrerinnen sind fasziniert und erschreckt zugleich; ein Gespräch über Tagträume entsteht. Weltenmachen ist nicht ungefährlich und es bedarf starker Kräfte, um die destruktiven Kräfte zu bannen. Diese Kräfte werden benannt: die Gemeinschaft und die produktive Gestaltung lebensweltlicher Zusammenhänge.

Input 2

Abb. 3 Andreas Brenne: „Where the wild things are"

Noch ein Video: Der Trailer zu Spike Jonze' Film: „Wo die wilden Kerle wohnen". Großformatige Plüschfiguren, die an mutierte Bewohner der „Sesamstraße" erinnern, bespielen einen kleinen Jungen, der die „wilden Kerle" zu übermütigen Bewegungsformen animiert. Er ist mutig und hat die Monstrositäten gebannt, sie sich vertraut gemacht und so eine unwirkliche Welt zu einem heimeligen Ort gemacht – Raum wird hier zum Ort.

Arbeitsphase

Die Gruppe hat sich aufgeteilt. Ein Teil beschäftigt sich mit der Verwandlung des Seminarraums in eine fremde Welt. Die andere Hälfte bemüht sich um personale Transformationen - in jedem Menschen steckt ein „wilder Kerl".

Die Raum-Forscher sichten zunächst die vorhandenen Gegenstände und durchforsten die Gänge der Universität nach sinnstiftendem Material. Hinzukommen Verbindungsmaterialien wie Schnüre und Klebeband sowie Tücher, Papierbahnen und Leuchtkörper. Sukzessive verwandelt sich der abgenutzte Seminarraum in einen ungewöhnlichen Erfahrungsparcours der unterschiedlichste Erfahrungszustände evoziert. Tische werden hochkant gestapelt und versperren die Sicht. Ein Parcours wird mit Schnüren verspannt und Tücher, Mäntel und diverse Gegenstände verwandeln den Raum in einen dichten Dschungel, der die Fortbewegung stark erschwert. Hinzukommt eine indirekte Beleuchtung durch verhangene Lampen und einen Overheadprojektor, der Papierstreifen in tänzelnden Bewohner der fremden Welt verwandelt. Diese Welt ist nur gebückt durch ein Tor zu betreten. Die Produzenten verlangen von den Besuchern, dass sie sich mit Klangkörpern ausstatten und den Raum akustisch strukturieren.

Auch die „wilden Kerle" waren aktiv. Aus Karton, Scheren und Farben wurden „bestialische" Masken erstellt; hinzu kamen Kostüme aus Fundstücken und zweckentfremdeten Kleidungsstücken. Doch eine Veränderung des Äußeren reicht nicht aus. Die Gruppe entwickelt Bewegungsfolgen, die perkussiv begleitet werden. Es entwickelt sich ein Tanz, der unterschiedliche Zustände beschreibt und sich rhythmisch steigert. Dazu werden kehlige Laute ausgestoßen, die sich ekstatisch

Abb. 4 Raumordnung

Abb. 5 Monster

Abb. 6 Tanz   Abb. 7 Installation

steigern. Man fühlt sich an die Adepten des *Candomblé* erinnert, die sich durch rituelle Tänze einer kollektiven Transzendenz überantworten.

Präsentation

Während der Präsentation werden die entwickelten Weltversionen partizipativ mitgeteilt, kommuniziert und weiterentwickelt. Am Anfang steht der Tanz der wilden Kerle. Im Anschluss laden die „Torwärter" Akteure und Publikum zu einem Besuch der fremden Welt ein. Die Besucher suchen sich sichtlich berührt und sorgsam einen Platz inmitten des seltsamen Parcours. Dann werden unter Anleitung kollektive Geräusche produziert, anfänglich lautstark und expressiv, doch dann beruhigend, so dass ein meditativer Grundton entsteht. Dann herrscht ein wohliges Schweigen und es braucht lange bis jemand etwas sagt.

Reflexion

Ein sensibler und um Erkenntnis ringender Dialog entspinnt sich inmitten des un-gewöhnlichen Szenarios. Der experimentelle Prozess der Anverwandlung wird the-matisiert und mit den Ergebnissen kontrastiert. Es wird deutlich: Welten machen ist anstrengend und weckt mannigfaltige Emotionen. Erste Ideen werden verworfen, man scheitert und ist nahezu verzweifelt. Doch angesichts der Leere wird der Produzent auf sich selbst zurückgeworfen und stellt fest, dass er nun alles machen kann. Aus dem Scheitern erwächst eine Produktivität die ansteckt. Durch das soziale Moment konstituiert sich der Raum ebenso wie durch produktive und interaktive Annäherungen an die Dinge. Derart entsteht eine Welt in der es sich zu leben lohnt.

Die Seminarzeit ist zu Ende, doch so recht will keine der angehenden Kunst-pädagoginnen den Ort verlasen. Man genießt die selbst erzeugte Atmosphäre in andächtigem Schweigen. Vieles wird bedacht und eine Aussprache ist nicht mehr notwendig.

4. Ausblick

Weltenmachen braucht Zeit und Raum – und das nicht nur im Kunstunterricht. Kinder wissen das so lange, bis sie in institutionalisierten Prozessen durch En-kulturation und Selektion an die offiziellen Bedürfnissen und Leitlinien angepasst werden. Hier wird schnell deutlich, dass subjektive Weltentwürfe nur eine geringe Halbwertzeit haben und Tagträume ins Private verlagert werden müssen. Ande-renfalls droht Exklusion und die Überantwortung an bewährte Förderinstitutionen. Für all das lassen sich viele gute Gründe finden – es geht zumeist um die Her-stellung von Bildungsgerechtigkeit und Chancengleichheit durch überprüfbare

Bildungsstandards und kompetenzorientierten Unterricht. Auch die Teile der Kunstpädagogik haben sich diesem Trend angeschlossen (vgl. Kunst und Unterricht Nr. 341) und propagieren ein lernzielorientiertes Spiralcurriculum (vgl. Bering/ Höxter/ Niehoff 2010). Auch hier wird argumentiert, dass eine fundierte technologische Unterweisung Bildungschancen biete und z.B. Erkenntnisprozesse und begriffliches Denken geübt werde. Man könnte all diesem unumwunden zustimmen wenn hier nicht eines vergessen würde: kulturelle Prozesse sind keine epigenetischen Einbahnstraßen, in denen gesichertes Wissen und Erkenntnisse linear weitergegeben werden. Vielmehr muss sich jede Generation aufs Neue die vorliegende Kultur ab ovo aneignen; dabei wird vieles verschüttet und verfälscht. Doch dies ist m.E. kein Fehler im System, sondern eine Chance. Denn durch kulturelle Transformationen können Innovationen und nachhaltige Optimierungen soziokultureller Prozesse entstehen. Kinder und Jugendliche müssen die Möglichkeit haben Fehler zu machen, Umwege zu gehen und jenseits des Mainstreams substantielle Erfahrungen zu machen. Daraus können bahnbrechende Gedanken und Projekte erwachsen. Dieses Förderpotential einer ästhetischen Bildung gilt es zu erhalten und in adäquaten Szenarien zur Entfaltung zu bringen. Der heutige Kunstpädagoge braucht den Mut zum Weltenmachen mehr denn je!

„(...)Das hängt nun zusammen mit dem, was ich die Korruption des Naturverstehens in unserer Zeit nennen möchte, etwas noch nie Dagewesenes. Der Zustand nämlich, dass dem Kind, zunächst außerhalb der Schule, der Beweggrund des Nachdenkens, das Staunen, verschüttet wird: Das Kind wächst auf in der Gesellschaft undurchschaubarer, aber bedienbarer, technischer Wunscherfüller – (…) - und unter einem Regen öffentlicher Popularisierungen, die sich verständlich geben, in Wahrheit aber versimpelt, nebulös, oft falsch sind."
(Martin Wagenschein: Ursprüngliches Verstehen und exaktes Denken, Stuttgart 1965/67)

Literatur

Bering, Kunibert/ Höxter, Clemens/ Niehoff, Rolf (Hrsg.): Orientierung: Kunstpädagogik - Bundeskongress der Kunstpädagogik 22.–25. Oktober 2009. Oberhausen 2010.

Birnbaum, Daniel (Hrsg.): Making Worlds - 53rd International Art Exhibition: La Biennale di Venezia. Venedig 2009.

Goodman, Nelson: Sprachen der Kunst - Entwurf einer Symboltheorie. Frankfurt a.M. 1997.

Goodman, Nelson: Weisen der Welterzeugung. Frankfurt a.M. 1978. S. 13.

Heidegger, Martin: Sein und Zeit (19. Aufl.). Tübingen 2006. S. 103, 105, 106, 113, 111.

Husserl, Edmund: Grundprobleme der Phänomenologie 1910/11(2. Aufl.). Hamburg 1992. S. 78.

Jonze, Spike (Regie, Drehbuch): Where the Wild Things Are, USA 2009.

Kunst und Unterricht: Bildkompetenz - Aufgaben stellen. 2010 Nr. 341.

Malaguzzi, Loris/ Castagnetti, Marina/ Rubizzi, Laura (Hrsg.): Ein Ausflug in die Rechte von Kindern - Aus der Sicht der Kinder - Die ungehörten Stimmen der Kinder. Köln 1998.

Matt, Gerald/ Stief, Angela: Nathalie Djurberg - Denn es ist schön zu leben. Nürnberg 2007.

Nietzsche, Friedrich: Also sprach Zarathustra - Ein Buch für Alle und Keinen. Frankfurt a.M. 1967.

Wagenschein, Martin: Ursprüngliches Verstehen und exaktes Denken, Stuttgart 1965/67, S. 370.

Kristin Westphal
Orte in Unterbrechung. Theater und Schule
Drei Unterbrechungen.

Der Theater- und der Schulraum sind Bildungsräume, mit denen sich jeweils bestimmte Erwartungen und Erfahrungen verknüpfen. Sie unterliegen bestimmten Ordnungen, die wir hier entlang von Theatersituationen untersuchen, die das spannungsreiche Verhältnis von Körper und Raum selbst zum Thema machen bzw. zur Erfahrung bringen. Sie legen es darauf an, die bestehenden Ordnungen außer Kraft zu setzen, zu unterbrechen, um einen Spalt zu öffnen für andere Sichtweisen auf den Schul- und Theaterraum als Bildungs- und Erfahrungsraum für Kinder, Jugendliche und junge Erwachsene. Raumerfahrungen machen wir nicht in einem abstrakten, homogenen Raum, sondern immer in einer räumlichen Situation an einem spezifischen Ort. Sie haben einen szenischen Charakter und zeigen sich darin als eine räumlich-gestisch vermittelte Situation. Wir entwerfen uns nicht nur auf Welt hin durch Körper, Bewegung, Stimme und Architektur, sondern umgekehrt mutet Raum auch an, macht uns betroffen. Er ergreift uns einerseits und fordert uns andererseits zu etwas auf bzw. nicht. Im Fokus stehen Ereignisse des Sichtbar- und Hörbarwerdens, die einen Raum der Aufführung erst entstehen lassen. Auf der Suche nach einer Sprache bzw. Form der Beschreibung und Analyse von neueren Produktions-, Rezeptions- und Ausdrucksweisen im Theaterspiel, die mit Raum-, Hör- und Sehgewohnheiten spielen, sind wir herausgefordert, einen Diskurs voranzutreiben, der die bildende Wirkung in Hinsicht von Erfahrungen *als* Raumerfahrung zum Ausdruck bringt.

Aspekte einer Theorie der Raumerfahrung

Der Raum *des* Theaters ist zunächst der Ort, den das Theater in der Stadt und in der Gesellschaft einnimmt. Zugleich stellt er im Gebäude des Theaters selbst das Verhältnis von Bühnen- und Zuschauerraum vor. Der Raum *im* Theater hingegen ist der szenische Raum, über den die Konzeption einer Aufführung entwickelt wird, wie er früher (und manchmal auch noch heute) in den Begriffen von Bühnenbild und -architektur gedacht wurde (Jourdheuil 2005, S. 73). Diese nach Jourdheuil vorgenommene Definition von Theater als einerseits architektonischer und andererseits als szenischer Raum spiegelt sich i.d.R. in der schulischen Räumlichkeit und im Schultheater wider. Unser Augenmerk liegt nun nicht auf dem Gegenstand der Architektur als Gebäude bzw. seiner Bühnenarchitektur allein, sondern richtet sich vielmehr auf die grundlegende Frage, wie sich ein Raum zwischen

Mensch und Architektur ausgehend vom Leiblichen erschließt bzw. erfahren wird und wie sich dieser als performativer Raum organisiert und strukturiert. Mit diesem Fragehorizont geht eine Hinterfragung von Raumauffassungen einher, die davon ausgehen, der Raum bzw. hier: Bühnenraum sei ein leeres Gefäß, das es zu füllen gelte, also im Sinne eines leeren Schemas, mit dessen Hilfe wir uns ein Neben- und Auseinander von Dingen vorstellen (vgl. Waldenfels 2001, S. 183). Vielmehr fundieren unsere Beschreibungen auf einer phänomenologisch ausgerichteten Raumtheorie, die die Erfahrung in den Mittelpunkt ihrer Theorie stellt. Die Auseinandersetzung mit einem Raum beginnt demzufolge mit einem *Hier*, mit einem Ort, von dem aus wir uns orientieren und handeln. Damit ist kein bloßer Raumpunkt gemeint, irgendwo im leeren Raumschema verzeichnet, sondern es ist im Sinne von Husserl der „Nullpunkt der Räumlichkeit", von dem aus sich verschiedene Raumdimensionen erst entfalten. Dieser ist keine Frage des gemessenen Raumes, kein optisches Phänomen, das objektiviert werden könnte. Husserl geht es um die grundlegend räumlich angelegte Existenzweise des Menschen. Ausgehend von unserer leiblichen Verfasstheit ist Raum stets vor uns und um uns herum da (Husserl 1952, S. 158). Da wir Menschen uns bewegen, nehmen wir ständig wechselnde leiblich gebundene Standorte ein, von denen aus wir den Raum immer wieder neu entfalten und ordnen in ein Oben-Unten, Rechts-Links oder Vorne-Hinten, Drinnen und Draussen. Dabei zieht sich paradoxerweise beim Perspektivenwechsel der Horizont, also der Raum in seiner Tiefe jeweils zurück und verbirgt sich (Merleau-Ponty 1966, S. 297ff.). Die Erfahrung, dass ich nicht gleichzeitig hier und dort sein kann, führt uns auf die Eigentümlichkeit unserer Eigenleiblichkeit zurück, dessen Seinsweise ein Prozess der Selbstverdopplung bedeutet. Unser Körper stellt sich selbst bereits als ein Raumgefüge dar. Victor v. Weizsäcker drückt das relative Zusammenspiel von Körper, Bewegung und Wahrnehmung wie folgt aus: „Da ist mein eigener Körper in Bewegung, sowohl als ganzer wie im Verhältnis der Glieder zueinander. Aber auch die Bewegung erscheint nicht in Ruhe, sondern in Verschiebungen, mithin Bewegungen gegeneinander: zwischen mir und den Wänden lagern sich die Möbel in neue Positionen, der Rahmen des Fensters verschiebt sich gegen die Landschaft." (Weizsäcker 1986, S. 5) Durch den Körper bewegen wir uns und den Raum gleichzeitig. Zum einen ist der eigene Körper in Bewegung als Ganzer wie auch im Verhältnis seiner Glieder zueinander. Zum anderen erscheint die Umgebung in Verschiebungen und Bewegungen gegeneinander. Erwin Straus spricht von einer Eigenbewegung des Raumes, die unser Verhältnis zum Raum bestimmt, wie es im Raum des Tanzens am deutlichsten fühlbar wird. Und Rasmussen spricht vom Rhythmus, Klang und von einer Bewegung eines architektonischen Raumes. „Wie der kleine Hjalmar in Hans Christian Andersen Märchen *Der Sandmann* gehen wir ja gleich direkt ins Bild hinein. Das bedeutet, dass wir nicht nur die Häuser, die vor uns liegen, sehen, sondern gleichzeitig – ohne sie zu sehen, die Häuser neben uns erfassen und uns an die hinter uns erinnern. Jeder, der eine Straße oder einen Platz zuerst auf einem Bild und dann in Wirklichkeit betrachtet hat, weiß wie sehr sich das Erlebnis ändert. Man fühlt die Luftströmungen um den Ort herum, an dem man steht, hört die Laute von allen Seiten, merkt wie sie von den Häusern, die hinter einem liegen und die man nicht sieht, widerhallen." (Rasmussen 1980, S. 42). Rasmussen, wie auch Straus schon, machen deutlich, dass die Strukturen bzw. Formen des Räumlichen taktilen und akustischen Ordnungen zuzuordnen sind. Haben wir es im Haptischen mit Erfahrungen von Nähe und Begrenzungen zu tun, so vermittelt sich uns die akustische Räumlichkeit durch die Orientierung entlang einer Klangquelle und der zeitlichräumlichen Erfahrung, dass ein Klang kommt und geht (vgl. Straus 1965). Waldenfels führt die Beobachtung all dieser Verschiebungen zurück auf unsere Leiblichkeit: „Als Leib bin ich hier und jetzt, im Zentrum der Welt, als Körper bin ich irgendwo in der Welt; als Leib-Körper vereinige ich beide Aspekte in mir, ohne dass diese je zur Deckung kommen (Waldenfels 2000, S. 154). All diese Überlegungen zeigen uns: Räume erfahren wir sinnlich-leiblich als Be- und Entzug. Erfahrungen zeichnen sich als *Bruchlinien* aus.

Lernen als Unterbrechung. Theater als Unterbrechung

Brecht betont im kleinen Organon für das Theater den Unterschied zwischen dem Konsum von Theater und der Aktivität, sich als Zuschauer, aber auch Akteur einzulassen, betreffen zu lassen, sich zu beteiligen an der Herstellung von Theater zwischen Menschen. „Wenn man zum Kunstgenuß kommen will, genügt es ja nie, lediglich das Resultat einer künstlerischen Produktion bequem und billig konsumieren zu wollen: es ist nötig, sich an der Produktion selbst zu beteiligen, selbst in gewissem Umfang produktiv zu sein, einen gewissen Aufwand an Phantasie zu treiben, seine eigene Erfahrung der des Künstlichen zuzugesellen oder entgegenzuhalten und so weiter. Selbst der nur ißt, arbeitet: zerschneidet das Fleisch, führt den Bissen zum Mund, kaut. Den Kunstgenuß kann man nicht billiger bekommen." (Brecht 1967, S. 674) Brecht geht es um ein Spiel in dem Sinn, dass es die Ereignisse, also die Unterbrechungen ins Spiel bringt und durchspielt. Nancy zu Folge sind es die Weisen, in denen wir die vielfältigen Bedeutungen dessen gegenseitig an uns richten, was unser gemeinsames Ausgesetztsein als sterbliche Gegenwart betreffe. Die Aufmerksamkeit legt er in dieser Deutung vor allem auf eine Vorstellung von Theater als Ereignis. Sie richtet sich weniger auf die Intention und das Gewollte eines Spieles, als vielmehr auf die Dimension des Sich-Zeigens. Was gezeigt wird, ist nicht so sehr das Ergebnis des Ereignisses, als vielmehr die Verflechtungen von Handlungen und Verhaltensweisen, die es herbeiführen. Theaterereignis besteht

Nancy zufolge gerade in dieser Produktion von nicht Kalkulierbarem, in dem e-
venire, dem (Her)vorkommen und Herbei- oder Ankommen von Widerfahrnissen.
Es gehöre dem Register der Unterbrechung an. Was Ereignis, macht', ist das, was
den Verlauf eines Prozesses oder einer Geschichte unterbricht. Dieses eröffnet die
Möglichkeit eines neuen Verlaufs. Es ist das Ereignis einer Aneignung. D.h. das
Ereignis einer ‚Kunft', eines Kommens in die Gegenwart." (Nancy 2003, S. 3; vgl.
auch 2010, S. 51f.). Im Kontext schulischen Lernens scheinen sich Lernen und das
hier skizzierte Konzept, Theater als Ereignis zu betrachten, zu widersprechen. Bis
heute bleibt in der Pädagogik unklar, wie sich Lernen aus der Sicht des Lernenden
vollzieht (Scholz 2008, S. 78). Eines ist aber gewiss, wir lernen, wenn uns etwas
aufstößt, wenn wir Widerstand erfahren oder uns etwas überrascht. Der pathische
Zugang zur Erfahrung öffnet uns einen Spalt zwischen dem, was erscheint, was wir
sehen und hören, und der Art, wie es erscheint, aufgefasst oder gedeutet wird. Erfahrungen machen wir in der Weise, dass sie uns und unsere Welt einerseits verändern
und uns in der Folge zu einem anderen Verhalten, zum Umlernen zwingen oder
nötigen, in abgemilderter Form führen sie dazu, unsere Vorannahmen zu bestätigen
oder zu entkräften. Erfahrungen haben neben dem pathischen stets auch einen szenischen Charakter. Sie stehen in der Zeit und im Raum und entfalten ihre je eigene
Zeit- und Räumlichkeit. Dabei verschieben und überlagern sich in einer Situation
je Zeit und Raum. Es gibt ein Vorher und ein schon Zukünftiges, welche sich in die
Situation einmengen. Ganz besonders deutlich wird dies nicht nur im schulischen
Unterricht, sondern auch im Theater, in dem Foucault zu Folge die verschiedenen
Räumlichkeiten des Sprechens wie auch des Bewegens, des Tones oder Bildes oder
Lichts etc. einen je eigenen Raum strukturieren und je auch vorhergehende Ereignisse
eines Ortes durchscheinen lassen und auf diese Weise in einem „heterotopen Raum"
zusammenwirken. (Foucault 1998, S. 42). Die in den Bruchlinien der Erfahrung von
Waldenfels vorgenommene Reformulierung der Struktur der Erfahrung ausgehend
von Pathos und Diastase beschreibt diese als eine Verräumlichung der Erfahrung.
Er betrachtet das Widerfahrnis, das am Anfang aller Erfahrung steht, als von außen
kommend. Es ergehe von einem anderen Ort her. Pathos ist von daher eine Berührung
aus der Ferne, die das Subjekt aus seinem eigenen Ort herauszieht (Waldenfels 2000,
S. 154). Auszugehen ist bei all diesen Grundannahmen, dass Erfahrungen beginnend
mit der Leiblichkeit keine Geschlossenheit, Einheit – wie in vielen pädagogischen
Konzepten irrtümlich als Einheit von Geist, Körper und Seele idealisiert – vorstellt,
sondern sich im Verhältnis als brüchig, fraktural, unvollständig zeigt. Lernen als
Erfahrung lässt sich demzufolge nur an den Bruchstellen von Erfahrungen als ein
nichtlinearer Prozess von Krisen, Umbrüchen, Regressionen und Differenzierungen
beschreiben. Er beginnt damit, dass ich aufmerke, dass mir etwas auffällt. Der Fluss
eines gewohnten Geschehens wird unterbrochen, um auf diese Weise ein Erfahrungs-
lernen in Gang zu setzen (Westphal 2008, S. 161).

Schule und Theater als Ort der Unterbrechung

Nun ist die Schule wie auch das Theater selbst als ein Ort der Unterbrechung par excellence zu sehen. Die Unterbrechung z. B. des Alltags wie sie sich im Theater zwischen Zuschauer und Akteur vollzieht, konstituiert erst Theater als Theater. Beginnt ein Stück, so ist schon der erste Blick, das erste Wort als Unterbrechung zu verstehen, welches das zuvor aufgebaute Schweigen durchbricht. Es bestimmt den Grad der Aufmerksamkeit und Spannung, bedingt durch eine Erwartung, die sich zwischen Zuschauer und Akteur entfaltet. Das Theater bedeutet bis heute ein Schweigen als eine Unterbrechung zwischen Akteur und Zuschauer, eine Kommunikation ohne Rede. Die Institution der Schule stellt ebenfalls einen Ort vor, an dem sich die Erfahrungen und Aufmerksamkeiten aller Beteiligten ständig brechen. Üblicherweise wird eine Unterbrechung hier i. d. Regel verbunden mit der Störung von Unterrichtsabläufen, aber auch die Rhythmen eines organisierten Schulablaufs sind durchkomponierte Unterbrechungen. Wir gehen also davon aus, dass die Schule auf ihre Weise einen Ort vorstellt, an dem sich Kultur spiegelt, inszeniert und transformiert. Dort wird hergestellt und verändert, was von außen von den Beteiligten als Kultur in die Schule hereingebracht wird. Theater in der Schule bedeutet folglich in gewisser Weise eine Doppelung der genannten Unterbrechungen. Man könnte auch sagen, wir haben es mit einer Unterbrechung der Unterbrechung zu tun, insofern Theaterspielen in der Schule potentiell in der Lage ist, schulische Gewohnheiten und Ordnungen zu unterbrechen. An einigen Theatersituationen sollen nun die Fragen nach Raumordnungen in den Blick genommen werden. Dabei handelt es sich um verschiedene Zugänge, sich mit dem Theater als Theater auseinanderzusetzen. Das schulische Projekt verfolgt die Konzeption, den schulischen Raum in einen Theaterraum zu transformieren, während umgekehrt das künstlerische Theaterprojekt mit Kindern für Erwachsene den schulischen Raum als Bühnenbild einsetzt, um die erwachsene Ordnung zu symbolisieren. Ein studentisches Projekt hingegen arbeitet ohne Bühne im öffentlichen Raum einer Universität, die die Ordnungen eines universitären Campus thematisiert und die ehemalige Ordnung als Militärcampus durchscheinen lässt. Gemeinsam ist den Vorgehensweisen, dass sie aus unterschiedlicher Perspektive jeweils Erfahrungen in Gang setzen, wie sich Ereignisse des Sichtbar- und Hörbarwerdens als theatrales Geschehen vollziehen. Reflexionen von Aufführungssituationen besprechen verschiedene Aspekte solcher Unterbrechungen.

Unterbrechung 1

Eine bilinguale Grundschulklasse mit 25 Kindern, betreut durch eine deutsche und eine italienische Lehrerin, erarbeiten ein Theaterstück. Eine italienische Bühnenbildnerin und eine deutsche Schauspielerin können als Mitarbeiterinnen

für das Projekt gewonnen werden. Einer Woche Theaterspielen am Vormittag
– der normale Unterricht wird ausgesetzt! – folgen fünf Probennachmittage in
weiteren zwei Wochen. Zwei Texte des italienischen Kinderbuchautors Gianni
Rodari und die Geschichte „Die erste Sprache" des Schweizers Franz Hohler
sind das Ausgangsmaterial. Die Geschichten erzählen von Sprache und Sprach-
losigkeit, ein Thema, das im Alltag einer zweisprachigen Unterrichtsklasse stets
unterschwellig mitschwingt. Die theatralen Mittel, die zum Einsatz kommen,
greifen zeitgenössische Verfahrensweisen auf und reichen von Körperwahrneh-
mungsübungen, Improvisation, performativen Elementen, der Arbeit an Figuren
bis hin zum Einsatz von digitalen Medien. Die Idee, sich der Frage, wie Sprache
entsteht, und wie wir uns verständigen, über Körperzugänge zu nähern, liegt nahe
und führt zu Leitfragen, die dem Projekt eine Rahmung geben, nicht zuletzt für
eine Reflexion: Wie wird durch Körper- und Raumarbeit Spracherfahrung ermöglicht? In welchem Verhältnis stehen Sprache und Körperlichkeit/Räumlichkeit
im Theaterspiel? Und welche Rolle spielt die ästhetische Auseinandersetzung
mit Sprache in Bezug auf die Wahrnehmung der eigenen Bikulturalität für die
Kinder? Videoaufzeichnungen der Aufführungen ermöglichen den Kindern,
die Differenz zwischen dem Erleben in den verschiedenen Aufführungen mit
unterschiedlichen Zuschauern (wie den Großeltern, Eltern und Geschwistern,
anderen Klassen in der Schule und anderen Kindern und Eltern aus anderen
Schulen) zur Sicht auf den Film zu reflektieren. Zusätzlich werden die Kinder
von der Lehrerin aufgefordert, sich nach jedem Probentag in einem eigens dafür
angelegten Theatertagebuch ihre Gedanken und Erinnerungen zu vergegen-
wärtigen und aufzuschreiben (vgl. Schittler/ Rasic 2009, S. 213). Eine zentrale
Erfahrung in diesem Projekt ist der Umgang mit dem Raum. So wird nicht ein
bestehender Bühnenraum, der für die Gruppe in der schulischen Aula viel zu
klein wäre und die mühselige Organisation von Auf- und Abgängen zur Folge
hätte, bespielt, sondern der ganze Raum zum Spielraum gemacht. Die Zuschauer
werden in U-Form um die Spielfläche gesetzt. Das fordert dazu heraus, dass die
Blickachse der Zuschauer wie letztlich auch der Akteure nicht mehr über eine
einzige Perspektive gelenkt wird, sondern der Raum viele Blickmöglichkeiten
freigibt. Der Zuschauer entscheidet selbst, wohin es ihn treibt beim Zuschauen.
Er erfindet und findet auf diese Weise vielleicht eine andere Geschichte als sein
Sitznachbar. Die Kinder wiederum fordert es dazu heraus, ständig präsent zu
sein. Das Heraustreten aus dem Chor (der Gruppe), Figur sein und umgekehrt,
erfordert von den Kindern höchste Aufmerksamkeit. Diese Spielweise bedeutet, dass die Kinder ein Gefühl für das Stück als Ganzes entwickeln können.
Die Kinder lernen bei dieser Vorgehensweise, die Geste wie ein Zitat und
in Wiederholung mit Blick auf die Figurenfindung, aber auch mit Blick auf
die relativ offen gehaltene Choreografie und Dramaturgie einzusetzen. Zwei

Monate später kommt eine weitere Erfahrung hinzu. Der Aufführungsort des Schultheaterstudios Frankfurt/M. ist in den Augen der Kinder nun ein richtiges Theater mit Technik und klassischer Bühnenaufteilung. Das löst Erwartungen und Unsicherheiten aus, die von den Kindern reflektiert werden: Ein Mädchen schreibt beispielsweise: „In dem Theater fand ich das Licht anders als in der Aula. Und ich fand es komisch als ich in dem Lichtkegel stand und alles um mich herum dunkel war." (S. 221)

Videoaufnahmen von Proben und Aufführungen ermöglichen den Kindern, den Unterschied zwischen dem Erleben der verschiedenen Theater- und Probensituationen und dem Bild wahrzunehmen. Bei den Kindern setzt das reflexive Prozesse in Gang: „Wie ich den Film gesehen hab, war's anders, weil ich in echt eigentlich nicht so gekickt habe. Eigentlich hab ich härter gekickt", schreibt Moritz in sein Theatertagebuch. Als „(in) echt" bezeichnet dieser Junge die leibliche Erfahrung des Kickens, das Spüren der Bewegung, der Geste, die Erinnerung an das Tun und unterscheidet hier zwischen Spiel und Ernst, Möglichkeit und Wirklichkeit. Das Spüren des eigenen Körpers in Bewegung, das Wahrnehmen und Umgestalten des Schulraums zum Spiel- und Aufführungsraum, die Erfahrung der Differenz von „sich selbst" und „Figur" wie „Geste", die Entwicklung eines Bildes, einer Rahmenhandlung in einem Prozess mit allen Beteiligten sind wichtige neue Erfahrungen (S. 214).

Unterbrechung 2

Ein anderes erwähnenswertes Beispiel in diesem Zusammenhang ist eine Arbeit des Regisseurs und Autors Tim Etchells: „That Night Follows Day" (Gent 2007) produziert von dem für die Aufführung von experimentellen Kinder- und Jugendstücken bekannten Theater Victoria in Gent/Belgien. In der Regel erfahren wir Kindertheater in der Weise, dass erwachsene Schauspieler für Kinder inszenieren. Etchells nun verfolgt eine Variante, indem er mit einer Gruppe von 17 Kindern und Jugendlichen im Alter von 8 bis 14 Jahren eine Performance entwickelt, die die Perspektive von Kindern auf Erwachsene einnimmt und von daher das Generationenverhältnis zum Thema macht. Der Raum der Bühne ist wie eine Turnhalle gestaltet. Im Hintergrund sind Gymnastikstangen angebracht, auf dem Boden die bekannten Linien markiert, also eine Nachzeichnung eines schulischen Raumes, in dem es um Ordnung und Disziplin geht, wie es jeder kennt. Und natürlich fordert dieser Raum im Verlauf des Stückes dazu auf, Unordnung anzustellen, die so „echt" rüberkommt, wie es Schauspieler nicht erreichen würden, wenn sie Schüler auf dem Schulhof oder in einer Turnhalle spielen würden. Im Unterschied zu unserem vorhergehenden Beispiel, das in der Realität einer schulischen Raumordnung angesiedelt ist und sich damit auseinandersetzt, haben wir es hier mit einem Bühnenbild zu tun, das eine schulische

Ordnung symbolisieren will. „Echt" sind die Akteure selbst in ihrer Figur als Kind bzw. Schüler. Die Verfahrensweise zeichnet sich darin aus, dass es keine Handlung gibt, keine Rollen, keine „Stars", keine „richtigen" Kostüme oder „richtige" Bühne, die Kinder spielen sich in gewisser Weise selbst. Oberhalb der Bühne läuft ein Band, das uns den in flämisch gesprochenen Text ins Englische übersetzt wiedergibt. In einer Reihe stehend, die Blicke in den Zuschauerraum gerichtet, sprechen die Kinder zunächst als Chor. Die Blicke, die Stimme, die wenigen Gesten konfrontieren die Zuschauer mit ihnen bekannten Rhetoriken von elterlichen Ängsten, von der Fürsorge, von dem Wissen der Welt, den Regeln und Halbwahrheiten, die Erwachsene Kindern ständig eintrichtern. „You feed us. You wash us. You dress us. You sing to us. You watch us when we are sleeping. You make promises that you think we won't remember. You tell us stories with happy endings, and stories with unhappy endings and stories with endings that are not really ending at all. You explain to us what love is. You explain to us the different causes of illness and the different causes of war. You whisper softly when you think we can't hear. You explain to us that night follows day." (Etchells: That Night Follows Day, Victoriatheater 2007) Dieses Projekt zeichnet sich nicht nur durch die ungewöhnliche Konzeption einer Umkehrung/Verkehrung des Kind- und Erwachsenenverhältnis aus, indem die Kinder ihr Verhältnis zu den Erwachsenen spiegeln. Bemerkenswert ist in unserem Zusammenhang nach der Frage des Theaterraums auch die Verfahrensweise. Die Kinder sind extrem herausgefordert, sich in ihrer Präsenz einzubringen. Sie sprechen zu großen Teilen als Chor und zum Teil in Monologen. Die Inszenierung ist lediglich gehalten durch die mit den Kindern entwickelten Texte und eine reduzierte Choreografie. Es ist die leiblich-körperliche Anwesenheit der Akteure und Zuschauer selbst, die das Spiel in diesem Beispiel eröffnet, strukturiert und gestaltet, wenn mit dem Auftreten der einzelnen Kinder an der vorderen Linie zunächst nur über den Blick mit den Zuschauern direkt Kontakt aufgenommen wird. Dieser Blicketausch befragt die Sehordnung, demzufolge Akteur und Zuschauer dem Spiel gleichermaßen, aber auf unterschiedliche Weise ausgesetzt sind, dem Motiv des Doppelgängers (Celan) vergleichbar: Ich bin dort, wo du nicht sein kannst, und du bist dort, wo ich nicht sein kann. Mit Blick auf das Generationenverhältnis bekommt dieser Satz noch eine besondere Pointe. Im klassischen Theater bleiben die Zuschauer in der Regel im Dunkeln eines Zuschauerraumes verhüllt anonym und für den Akteur ungesehen. Richtet sich die Blickachse ins Publikum, wird der Zuschauer mit ins Geschehen hineingezogen. Der Unterschied der exponierten Positionierung des Darstellers, der den Blicken der Zuschauer ausgesetzt ist, zum Akteur, der dem Geschehen ausgesetzt ist, wird dabei indirekt zum Thema. Der Theaterwissenschaftler Lehmann kommentiert diesen Vorgang als einen grundlegenden Perspektivenwechsel, wie er für das postdramatische Theater

kennzeichnend ist, folgendermaßen: „Der Leerraum, den der Ausfall des dramatischen Blicketauschs innerhalb eines Dialoges hinterlässt, wird nunmehr vom
Zuschauer besetzt. Mit der Folge, dass der Akteur sich dem Sehakt ausliefert,
verschwindet auf der Bühne das Dramatische, um einem anderen Drama Platz
zu machen, das sich entlang der Blickachse zwischen Bühne und Zuschauer
abzeichnet." (vgl. Lehmann 1999, S. 47) Ausgehandelt und im Tun reflektiert
wird hier, dass das Sehen und gesehen werden das Paradigma des Theaters ist.
Es entsteht und besteht in dieser „Koproduktion des Blicks" – wie Lehmann es
bezeichnet. Theater findet demzufolge nicht im Innerszenischen auf der Bühne
statt – wie es ein Rollenspiel bedeutet – sondern zwischen Bühne und Zuschauerraum (vgl. Lehmann 2002, S. 342f.). Merleau-Ponty reflektiert in seinen
Schriften, dass der Blick des Anderen nicht etwas wie ein Ding in meiner Welt
ist, sondern ein Geschehen, in dem eine Welt sich mir öffnet und verschließt.
Im Blick des Anderen spricht er uns an und fordert er uns heraus. Sehen und
Gesehenwerden sind Zwischenereignisse, die uns in das interaktive Geschehen
ziehen, über das wir allein nicht verfügen (vgl. Waldenfels 1999, Kpt. 5, 6, 7).
„Durch seinen Körper, der selbst sichtbar ist, in das Sichtbare eingetaucht ist,
eignet sich der Sehende das, was er sieht nicht an: er nähert sich ihm lediglich
durch den Blick, er öffnet sich auf die Welt hin." (Merleau-Ponty 1984, S. 16)
Der Leib ist zugleich Sichtbarer und Sehender. Im Theater bekommt diese Differenzierung – von Merleau-Ponty als Chiasmus bezeichnet – eine bestimmte
Rahmung, indem sich ein Akteur vor den vielen Anderen als ein besonderer
Anderer herausstellt. Im unerwartbaren Geschehen des Theaters wird in unserem
Beispiel der Zuschauer aufgefordert, sich dem Geschehen auszusetzen und sich
selbst in Beziehung zu setzen. Einen Diskurs freizusetzen bedeutet hier dreierlei:
sich zum einen eher der Abweichung vom Dramatischen zuzuwenden und auszutauschen, was einen befremdet, enttäuscht, irritiert, berührt oder überrascht
hat; zum anderen sich der Zusammenkunft zwischen Akteur und Zuschauer
gewahr zu werden; und zum dritten, den aufkommenden inneren Bildern Raum
zu geben, die durch die Spielweise hervorgerufen werden. Das Besondere an
Etchells Verfahrensweise ist, dass er einen Spalt zwischen der Welt der Kinder
und der Welt der Erwachsenen öffnet. Einmal zeigt sich uns, wie sich Etchells
die Perspektive von Kindern auf Erwachsene denkt, zum anderen zeigen sich
die Kinder in der Aufführung selbst, wie sie von sich her sprechen. Neben dem
humorvollen Anteil der Vorgehensweise, die die Zuschauer oft zum Lachen
bringt, wird auf diese Weise zugleich das letztlich unzugängliche Verhältnis zum
(fremden) Kind (im eigenen) wach gerufen, das sich einer Aneignung entzieht.
Wachgehalten, nicht zuletzt für unsere jungen Spieler selbst auf dem Weg zum
Erwachsenwerden (vgl. Westphal 2009, S. 182).

Abb.: Situation aus dem "Campballett" Universität Koblenz-Landau

Unterbrechung 3

Das letzte Beispiel führt uns in den öffentlichen Raum einer Universität (Koblenz 2010): Theater ohne Bühne. In Anlehnung an die Konzeption ortsspezifischen Theaters und insbesondere der Radiogruppe Ligna, die seit 1995 mit innovativen Theater- und Performanceproduktionen experimentiert, indem sie das Radiohören als gemeinschaftliche Aktion im öffentlichen und privaten Raum thematisiert und als Radioballett an verschiedenen Orten zur Aufführung gebracht hat, untersucht eine Gruppe Studierender der Grundschulpädagogik den Campus ihrer Universität (Westphal 2010, S. 23). Die Fragen richten sich auf die vorhandene Ordnung als universitärer wie auch als ehemaliger militärischer Raum. Leitfragen für die Entwicklung einer Performance sind z.B.: Wie ist die Ordnung des Raumes? An welche Verhaltens- und Bewegungsformen appelliert der Raum? Wieviel Fremdes findet sich im Raum? Wie klingen die Räume? Wie bewegen sich die Menschen darin? Welche Gesten gibt es? Welche Gegenstände? Was erzählt uns der Ort? In der Probenarbeit werden Gesten, Gegenstände, Texte zum Ort in der Gegenwart und Vergangenheit gesammelt und im Rahmen einer Performance im öffentlichen Raum „ausgesetzt". Korrespondenzen zu den Themen des Bildungsstreiks werden entdeckt. So finden wir einen Artikel zu einem Soldaten, der die Ordnung des Militärcampus 1986 gestört hat, indem er Flugblätter verteilt hat. Gearbeitet wird im Wechsel mit Prinzipien der Verlangsamung, schnellen Bewegungs- und Geräuschaktionen, Stillstand und einer Choreografie, die in die alltäglichen Abläufe eines Campusgeschehens und deren Örtlichkeiten hinein geschoben wird. In der Unterbrechung gewohnter Abläufe auf dem Campus Koblenz wird ein Raum der Irritation und Überschreitung geschaffen. Studierende erfahren auf diese Weise eine andere Art, mit Wissen umzugehen, bei der der Bildungskategorie Raum als Erfahrung eine elementare Rolle zukommt. Primavesi macht darauf aufmerksam, dass ortsspezifisches Theater neue Freiräume für eine theatrale Arbeit eröffne, die es so innerhalb des traditionellen Theaters in ihrer architektonisch fixierten Trennung von Bühne und Zuschauer – wie es uns Jourdheuil am Anfang kennzeichnet – gar nicht oder zu wenig gebe. Dieses Theater erlaube eine Auseinandersetzung mit den Veränderungen des öffentlichen Raumes, insbesondere mit einer zunehmenden Privatisierung und Kontrolle der städtischen Lebenswelt (Primavesi 2010, S. 24). Er beobachtet an einer Vielzahl an Projekten, dass Theater in der Öffentlichkeit Veränderungen, und wie in unserem Beispiel Verschiebungen in der Arbeit an neuen Wahrnehmungsweisen reflektiert, mit denen die Zuschauer selbst, für sich und für einander zum Theater werden.

Literatur

Brecht, Bertolt (1967): Kleines Organon für das Theater. (1948) In: Gesammelte Werke Bd. 16, Frankfurt/M.

Husserl, Edmund (1952): Husserliana IV. Den Haag/ Dordrecht.

Jourdheuil, Jean (2005): Raum und Theater. In: Müller-Schöll, N./ Reither, S. (Hrsg.): Aisthesis. Zur Erfahrung von Zeit, Raum, Text und Kunst. Argos, S. 73-82.

Lehmann, Hans-Thies (1999): Postdramatisches Theater Frankfurt/M.

Lehmann, Hans Thies (2002): Das Politische Schreiben. Berlin.

Merleau-Ponty, Maurice (1966): Phänomenologie der Wahrnehmung. Berlin.

Merleau-Ponty, Maurice (1984): Prosa der Welt. München.

Nancy, Jean Luc (2003): Theaterereignis. In: schauspielfrankfurt Zeitung, Frankfurt/M. Spielzeit 01/02.

Nancy, Jean-Luc (2010): Fremdartige Fremdkörper: Kunst. Bild. Wahrnehmung. Blick. Merleau-Ponty zum Hundertsten. München, S. 51-60.

Primavesi, Patrick (2010): Site specific performance / Theater im öffentlichen Raum. In: Schultheater Fokus 09. Edition Körberstiftung Hamburg, S. 24-31.

Rasmussen, Stehen Eiler (1980): Architektur. Erlebnis. Stuttgart.

Scholz, Gerold (2008): Der Sprung über die Bank. Oder: Lernen kann man beobachten. Stuttgart, S. 78-96.

Schittler, Susanne/ Rasic, Ramona (2009): Der Körper als Zugang zum Darstellenden Spiel. In: Westphal, K./ Liebert, W.-A. (Hrsg.): Gegenwärtigkeit und Fremdheit. Wissenschaft und Künste im Dialog über Bildung. Weinheim, München, S. 203-2016.

Straus, Erwin (1965): Psychologie der menschlichen Welt. Berlin (1930, 1960).

Straus, Erwin (1978): Vom Sinn der Sinne. Berlin/ New York/ Heidelberg (1956).

Waldenfels, Bernhard (1984): Antwortregister. Frankfurt/M.

Waldenfels, Bernhard (1999): Sinnesschwellen. Frankfurt/M.

Waldenfels, Bernhard (2000): Bruchlinien der Erfahrung. Frankfurt/M.

Waldenfels, Bernhard (2009): Ortsverschiebungen. Zeitverschiebungen. Modi leibhaftiger Erfahrung. Frankfurt/M.

Weizsäcker, Victor von (1986): Der Gestaltkreis. Stuttgart.

Westphal, Kristin (2002): Wirklichkeiten von Stimmen. Grundlegung einer Theorie der medialen Erfahrung. Frankfurt/M.

Westphal, Kristin (2008): Lernen als Unterbrechung. Aspekte einer Phänomenologie des Schweigens. In: Mitgutsch, K./ Breinbauer, I./ Sattler, E./ Westphal, K. (Hrsg.): Dem Lernen auf der Spur. Klett Cotta Stuttgart, S. 159-173.

Westphal, Kristin (2008): Ertanzter Raum. Körper. Bewegung. Raum. in: Liebau, E./ Klepacki, L.: Tanzwelten. Zur Anthropologie des Tanzens. Erlanger Beiträge zur Pädagogik. Stuttgart, S. 45-63.

Westphal, Kristin (2009): Zur Aktualität der Künste im Morgen. An einem Beispiel von Theater mit Kindern für Erwachsene. In: Westphal, K./ Liebert, W.-A. (Hrsg.): Gegenwärtigkeit und Fremdheit. Wissenschaft und Künste im Dialog über Bildung. Juventa Weinheim und München, S. 171-184.

Westphal, Kristin (2010): Mediale Erfahrungen. Reflexionen über neuere Räume des Hörens und der Stimme. Am Beispiel des Radioballets der Gruppe Ligna. In: Korrespondenzen: Theater und Neue Medien, Hildesheim Heft 56/10, S. 19-24.

Birgit Richard und Jan Grünwald
Grimmige Räume und archaische Männer
Der urbane Raum des HipHop als Kontrast zum winterlichen Naturraum im Black Metal

Dieser Beitrag betrachtet verschiedene Männlichkeitsmodelle und ihre visuelle Umsetzung im Bild des Online-Musikvideos unter besonderer Berücksichtigung ihrer Positionierung im Raum (zum Raumbegriff, siehe Löw 2001) und des Motivs des winterlichen Naturraums. Die Modelle wurden durch die Untersuchung der Online-Plattformen YouTube und flickr generiert, wobei die Medienstruktur verschiedener Bild-Plattformen (einen überblick gibt es bei Richard/ Grünwald/ Recht/ Metz 2010) die Darstellungen des Musikgenres Black Metal und Hip Hop beeinflusst.

Zu Beginn dient das moderne bzw. modernisierte Männlichkeitsbild des romantischen Indie-oder Emoboy (Calmbach 2007) als Kontrastfolie. Dieses zeigt Einzelgängertum und Einsamkeit in der Erhabenheit der Natur (Burke 1989) und zeichnet sich durch Zartheit und Zerbrechlichkeit aus. Hier ist die Strategie der Ausweitung der männlichen Territorien durch die Aneignung von Weiblichkeitsbildern anzusetzen. Dem folgen Beschreibungen zweier Figuren eines traditionellen, archaischen Männerbildes:

1. Der wilde Zerstörer, Krieger und Überlebende der Spezies im Black Metal ist auch Einzelgänger, einsam; erscheint unmodisch und historisch in einer unzivilisierten Natur.
2. Der Urban Warrior des HipHop ist eingebettet in die Männerhorde, seine Überhöhung in der Grösse XXL erlangt Raumdominanz im Bild.

Alle im Artikel kurz analysierten Männlichkeiten sind extrem künstlich und immer zwingend an ihre Verortung im Raum gebunden. Beide Modelle weisen ein gesteigertes Pathos und starke Dramatik in der Darstellung auf. Die räumlichen Männerdomänen gründen vor allem auf dem Ausschluss des Weiblichen (Black Metal) bzw. ihrer Verobjektivierung (Hip Hop).

Urbaner Krieger, die Straße als Wildnis im HipHop

Im HipHop kommen aus dem medialen Raum die Zeichen der Existenz einer anderen Kultur, die sonst auf ihre Wohnviertel beschränkt sind. Im Gegensatz zu den begrenzten Möglichkeiten sich materielle Räume anzueignen, hat HipHop verschiedene virtuelle Räume für sich erschlossen.

Die Videos aus dem HipHop- und R'n'B-Genre müssen mit Analysemethoden betrachtet werden, die berücksichtigen, dass bestimmte Posen und Ausdrücke auf rhetorischen Strategien basieren wie dem „signifying monkey", Oberbegriff für das

Zusammenspiel aller rhetorischen Figuren: Wörterverdrehung, Wiederholung und Umkehrung. Hoffmann unterteilt diese in Strategien der verbalen Herausforderung (Toastin, Signifyin, Dirty Dozen) und der Manipulation (Boasting, Rapping); alle diese Verfahren entstammen der Poetik des Blues (http://www.uni-koeln.de/ewfak/Mus_volk/scripten/hoffmann.rtf).

Auf der bildlichen Ebene lassen sich in den Musikvideoclips vier inhaltliche Grundmuster, Raumkonstellationen und ihnen zugeordnete Stereotypen feststellen:
der deviante Raum: Das Rumhängen mit den Homies, den Homeboys, das sind die Kumpel, in der Hood, der Nachbarschaft, neighbourhood). Gezeigt werden Langeweile, Überfälle, Gangbanging = Schießereien, Schlägereien, Drogendeals, Glücksspiel und Posing mit der eigenen Gang. Die Szenarien sind aggressiv: geballte Fäuste und verhüllte Gesichter der Gangster, Waffen, Kampfhunde. Feuer und Zerstörung erhellen die meist dunklen, zerfallenen Räume, in denen sich die Gangster präsentieren. Ihre Repräsentation unterteilt sich nochmals in Krieger-, Kid- und Macho-Typologien. Die Bilder zeigen Aggression und Kampfbereitschaft in reinen Männergesellschaften, Frauen kommen hier nicht vor.

Markenräume: Luxus- und Konsumwelten werden hier getreu dem Playa Prinzip (Eshun 1998) fantasievoll ausgebreitet. Der erfolgreiche Gangster präsentiert als Attribute für seinen Status die Villa, den Pool, die Autos: europäische Marken Mercedes, BMW, Ferraris und amerikanische Jumpcars und Lowriding, Handys, Badewannen, Whirlpools, luxuriöse Innenräume, Glücksspiel, Zigarren, Goldschmuck, übersprudelnde Champagnerflaschen als Symbole für unzählige ungezügelte Orgasmen (siehe Videos von LL Cool J, Dr. Dre, Nelly, Big PUN, 50Cent) und als wichtigste Accessoires: unzählige bereitwillige, knapp bekleidete Frauen. Zu diesem Feld gehört auch die Hochstilisierung des Pimp, des Zuhälters, zum HipHop Helden. Er ist derjenige, der neben dem siegreichen Gangster über die Frauen und den Luxus verfügt.

Gedenkraum: Die Schattenseiten des Gangstertums: Tod, Beerdigung, Gefängnis, Polizei, verwaiste Kinder, verwitwete Frauen (Ice Cube, Nonchalant: „Five O'Clock In The Morning") werden als Folge der Unterdrückung und Chancenlosigkeit gegenüber den weißen Autoritäten dargestellt. Seltener sind die Clips, die vor dem Wahnsinn der gegenseitigen Auslöschung schwarzer männlicher Jugendlicher warnen. Die mahnenden Stimmen kommen meist von den weiblichen Rappern, die ihre tragische Rolle der Frau als Trauernde und als Zurückgebliebene nicht länger hinnehmen wollen.

Parodieraum und ferne Galaxien (Lovin´ the Alien): Der springende, wahnsinnig gestikulierende und verkleidete „verrückte Nigga", der sich in Phantasiewelten bewegt, in imaginären, silbern-futuristischen, märchenhaften Szenarien oder in Comicwelten. Eine der ersten Figuren dieser Art ist Flavor Flav von Public Enemy. Ein Mitglied des Wu-Tang Clans, RZA, präsentiert sich als Comicfigur Bobby

Digital, ein weiteres mittlerweile verstorbenes Mitglied ist der wirre Ol´Dirty Bastard. Diese bunten Räume und Maskeraden übertreiben das Klischee des Afro-Amerikaners, der mit seinen Späßen zur Unterhaltung des weißen Publikums dient.

In den Kategorien eins bis drei werden Ausschnitte aus dem afro-amerikanischen Leben, der „afro- diasporic culture" am Rand eines postindustriellen, urbanen Amerika gebrochen widergespiegelt. Die HipHop-Videos versuchen die Diskriminierung der schwarzen BürgerInnen in der amerikanischen Gesellschaft sichtbar zu machen bzw. imaginär aufzuheben. Die Szenen zeigen Extremsituationen wie Gang-Kriminalität oder Ausnahmen vom Alltag, wie Partys. Das Prinzip des „living on the edge", eines Lebens zwischen Gefahr und Vergnügen, eine durchaus alltägliche Situation für schwarze männliche Unterschichtsjugendliche, wird hier visualisiert. Für diese Jugendlichen, die in den USA sonst übersehen oder zum Schweigen gebracht werden, konstruiert Rap den männlichen schwarzen Körper als Ort des Vergnügens und der Macht. Der schwarze junge Mann stellt sich als gefährlich und begehrenswert dar (Hooks 1992, S. 35f.). Das ständige Gefühl der Inferiorität gegenüber den Weißen führe dazu, dass die schwarzen Männer betont männliche Charakteristika herauskehren: demonstrative Sexualität, körperliche Potenz und kriegerisches Verhalten (Wallace 1993, S. 57). Negative Konnotationen wie Faulheit und Gewalttätigkeit werden zu positiven Attributen von Stärke und dienen dem Widerstand gegen weiße Beherrschung (McLaren 1995, S. 17). Die Attribute des erfolgreichen Gangsters zeigen neben der Verlockung aber auch die Auswirkungen von Gangaktivitäten und Kriminalität, den fatalen Kreislauf von Gefängnis und Tod (Shustermann 1994, S. 171). Der erfolgreiche Rapper als einer, der diesem Ghettokreislauf entronnen ist und sich trotzdem mit den gleichen Attributen schmücken kann (Ice T, Ice Cube), bietet sich als Ersatz-Identifikationsfigur an. Sein Selbstlob stellt neben seiner sexuellen Attraktivität den kommerziellen Erfolg und seine persönlichen Vorzüge, seine Fähigkeit zu reimen, in den Mittelpunkt (Shustermann 1994, S. 159).

Die Bilder unterstreichen immer wieder die lokale Orientierung des HipHop, die „local identities" (Rose 1994, S. 78), die sich in Kleidung, Sprache, Straßennamen und ihren „posses" und „crews" (Cliquen) ausformen. Handlungsort der Clips ist der urbane Raum der Metropolen: sowohl die heruntergekommenen, verfallenen Straßen in der New Yorker Bronx und in Brooklyn oder in Detroit, in denen die Videos der East Coast Gangsta-Rapper spielen, als auch die auf den ersten Blick sehr adretten sonnigen Hoods mit den Einfamilienhäusern in Stadtteilen wie Compton in Los Angeles, die aber nicht minder gefährlich sind, als typische Bilder von der West Coast. Der Ort, an dem sich dieses alltägliche Leben gerade abspielt, soll präzise festgehalten werden, deshalb kommen oft Straßenschilder ins Bild.

Deutsche Rapper sind Mitte der Nullerjahre immer noch keine schwarzen Ghetto Kids geworden, selbst wenn die Versuche von Sido seine Ghettoherkunft visuell rüberzubringen oder Kool Savas' Pimplyrics das suggerieren. Ihnen fehlt dabei die humorvolle Lockerheit, die „Ghetto Fabulousness", der US Vorbilder. Aber sie besetzen eine neue lokale Nische, denn sie visualisieren die Existenz einer deutschen „Unterschicht", mittlerweile sind viele von ihnen Teil der bürgerlichen Mitte geworden. Der deutsche HipHop präsentiert sich durch die symbolische Besetzung des Ghettoraums hart und brutal. Es ist nach Loh (2005) der einzig authentische Raum, vom dem aus der deutsche HipHop sprechen kann. Dieser Ort zeigt sich in verschiedenen Ausprägungen: Bei Sido wird das Märkische Viertel in Berlin als bedrohlich, lebensfeindlich und gleichzeitig als Ort der ungezügelten sexuellen Orgien und Drogenexzesse gezeigt. Alles spielt sich in einer geschlossenen Gesellschaft ab, zu der nicht jeder Zutritt hat. Das Video von „Mein Block" changiert zwischen All- und Ohnmacht. Loh verweist auf die unterschiedlichen Ghettokonstruktionen des deutschen HipHop, der Frankfurter Azad zeigt die Stadt und seinen Block, die Nordweststadt in apokalyptischen Untergangsfarben, in der nur noch ein reiner Männer-Kriegerbund zu sehen ist (Loh 2005). Bei Bushidos „Electronic Ghetto" wird das Viertel zur unbewohnbaren, zerbombten Hochhauslandschaft, in der er als Einzelkämpfer alle vernichtet. Seine negative, asoziale Utopie abstrahiert vom realen Ort. In diesen Räumen, in denen Frauen nicht mehr vorkommen, werden die Männerkörper und ihre Kraft überstilisiert und damit auch erotisiert. Neben der unbeabsichtigten (Rapper präsentieren sich meist homophob) homoerotischen Konnotation liegt auch textlich untermauert die Drohung in der Luft, sich feindlich gesinnte Männerkörper durch sexuelle Demütigung zu unterwerfen.

Im Clip wird männliche Macht über Straßen- und medialen Raum auf verschiedenen Ebenen demonstriert: Zum einen über die „Selbstkommodizifizierung", Rapper machen sich selbst zum Produkt, die Männer gliedern sich in den Markenraum ein. Zum anderen sind die (bild)-raumgreifenden Schritte, die XXL Mode und die Dekoration des männlichen Körpers mit Frauenkörpern weitere Merkmale. HipHop ist auch eindeutig eine archaisch stereotypisierte Männlichkeit.

In Bezug auf die räumliche Aufteilung und die so genannte Figur-Grund-Relation herrscht im HipHop durch die bildfüllende Horde und den XXL-Körper oft ein Figur-Figur-Verhältnis vor. Es ist wenig vom Grund zu sehen, es zeigen sich oft nur männliche Figuren, die Frauenfiguren werden zu einem Teil des Grundes in der visuellen Inszenierung gemacht. In den folgenden Beispielen zum Black Metal fehlen Frauenfiguren völlig, sie sind nicht einmal mehr umgebender Grund.

Das Bildprogramm des Winters: Zarte und böse grimmige Eiswelten

„Der Mensch der prähistorischen und historischen Zeiten konnte seine
Dramen vor dem Hintergrund einer Natur aufführen, von der man dachte,
sie werde nie reagieren. Jetzt müssen wir uns mit einer bedrohlich erinne-
rungsfähigen, scheinbar immer rachelüsterneren Natur zusammenraufen."
(Sloterdijk 2009)

Black Metal führt dieses Drama nach wie vor noch auf: Die Natur reagiert hier
nicht auf die Charaktere, sondern bietet dem männlichen Krieger einen Raum,
um sich aktiv zu bewähren. Die männlich dominierte Subkultur des Black Metal
mit ihren schwarz-weißen Kriegern im Schnee beruht zwingend auf der Ästhetik
eines winterlichen Bildraums. Das Motiv des Winters in endloser Landschaft wird
zugleich existentialistisch, nihilistisch und romantisch verwendet. Hier findet eine
weitere Form der archaischen Männlichkeit und ihr visuelles Programm Platz, um
eine direkt-oppositionelle Haltung zur Gesellschaft zu visualisieren, Subversive
Potentiale und Abweichungsstrategien von der Moderne und Postmoderne zu
artikulieren.

Doch zunächst ein Exkurs zum Motiv der winterlichen Natur in der Popkul-
tur: Auch die modernisierten bzw. moderne Männlichkeiten bedienen sich des
Wintermotivs und der Naturlandschaft in ihrem Bildprogramm. Populäre Kultur
und nordische Einsamkeit passen gut zusammen, so wie in unterschiedlichen
Variationen bei Polarkreis 18 „Allein Allein"-Video oder in „Beautyful Lie" von
30 Seconds To Mars zu sehen ist. Die Dresdener Band Polarkreis 18 zeigt auf
dem Cover ihrer ersten CD die Motive von Eis, Schnee und arktischem Winter als
Hintergrund einer Expeditionsgruppe, die als Bewährungsprobe und Mannwerdung
eine Reise in eine wilde und unwirtliche Natur unternommen hat. Sie verkörpern
die Spitze des Wettbewerbsdenkens, weil sie sich als die Ersten und Einzigen am
Nordpol visualisieren. Dieses stellt auch ein häufiges Motiv im Film dar, wie
z.B. in „Batman Begins": Männlichkeit und ihre Bewährungsproben finden oft
in eisiger einsamer Landschaft statt, weit weg von Zivilisation, um ein Agieren
ohne moralische Einschränkungen zu legitimieren.

Das Cover der zweiten CD von Polarkreis 18 zeigt den Sänger nackt, eingefro-
ren in einem Eisblock liegend. Seine jugendliche Frische ist kryonisch konserviert.
Ein nackter männlicher Körper liegt nun im transparenten Schneewittchen-Sarg
und verheißt sowohl ewige Jugend und Schönheit als auch Unschuld. In dieser ase-
xuell inszenierten Nacktheit zeigt sich die Reinheit männlicher Jugend. Polarkreis
18 repräsentieren hier das hybride modernisierte Männlichkeitsbild des Emo- oder
Indieboy, das auch durch die Überschneidung und Gleichzeitigkeit von hetero- und
homosexuellen Männerbildern zugleich ein homophobes Feindbild abgibt. Hater

lehnen die Modernität dieses zart-delikaten, zeitgenössischen Männertypus ab (vgl. flickr, vgl. Richard/ Grünwald/ Ruhl), da er zu viele als weiblich stereotypisierte Elemente enthält. Die umgebende romantisch ins Bild gesetzte Landschaft mit winterlichen Akzenten dient als Bühne für die Performanz männlicher Einsamkeit. „To celebrate our loneliness" heißt es im Text, diese verursacht kein Leid, sondern wird leidenschaftlich genossen. Der populäre Mainstream zeigt eine sublime, erhabene Natur und eine romantisierende menschliche Einsamkeit. Die Spuren des Winters sind nicht gewalttätig und bedrohlich, sondern stehen für eine saubere frische Luft, die Reinheit des Gletschers. Die der Romantik als Motiv entlehnte erhabene Landschaft präsentiert sich mit dem Unterschied, dass die Individuen nicht darunter leiden, im Gegenteil, Die Männer genießen die Einsamkeit. Sie sind allerdings ähnlich wie bei Caspar David Friedrich ins Bild gesetzt, proportional nur Punkte in der Landschaft, sie bewegen sich auf dem Berg mit labilem Stand und ruhelos. Sie sind nicht urwüchsiger Teil derselben.

Ganz anders zeigt sich diese Motivik im Bildprogramm des Black Metal. Insbesondere bei der norwegischen Band Immortal, deren zwei Online-Videos „Blashyrkh" und „Grim and Frostbidden" als exemplarisch zu sehen sind. Im ersten Video „Blashyrkh" stehen die Mitglieder der Band, wie aus Stein gemeißelte Statuen, auf den Kämmen der Berge als Herrscher über die Natur. Die Band Immortal nimmt eine erhöhte Perspektive ein, die einen Feldherrenblick vom Berg repräsentiert. Die winterliche Natur der teilweise schneebedeckten Kuppen ist gleichzeitig Feind und Freund. Die Band ist massiv und sehr geerdet und überblickt auf dem Bergrücken die Landschaft mit raubvogelartiger Mimik, spähergleich.

Trotzdem sind die Erwartungen an ein zeitgenössisches Bild von Männlichkeit gebrochen: sie tragen lange Haare (das Heiligtum aller Metalheads) als Referenz an die wilden Krieger der Wikinger und enganliegende strumpfhosenartige „Leggings". Hier zeigt sich ein diffuser Bezug zu historischen Kriegerfiguren, für die es allerdings kein direktes präzises Vorbild gibt. Hier kommt das Prinzip der Bricolage zur Anwendung. Immortal haben einen sublimen Körper (Zizek 1991), sie zeigen im kalten Winter nackte Haut, z.B. mit offenen, ärmellosen Lederwesten und strotzen so visuell abgehärtet der Natur. Dadurch wird die Künstlichkeit ihrer Figuren betont. Die subkulturelle Bekleidung mit den schwarzen Ledersachen wirkt unpassend für die winterliche Landschaft. Die Erhabenheit und Macht der Natur überträgt sich auf den Mann. Er erlangt zudem Unsterblichkeit durch die Natur, wird unvergänglich, wie der bei Polarkreis 18. Im Gegensatz zum Körper im Eisblock ist der archaische Krieger aber Wiedergänger und damit verflucht. Die romantische Natur ist erhaben, das menschliche Maß gering dargestellt, diese sublime Natur ist wild und tödlich. In „Grim and Frostbidden" ist die Band komplett in Eis eingeschlossen und singt der eingefrorenen Kamera entgegen.

Dies sieht ganz anders aus als bei Polarkreis 18, hier sind eher gefährliche Lebewesen eingeschlossen, die nicht nach langem Schlaf auf reine Erlösung warten. Sie waren im Winterschlaf wie der Rest der Natur und streben jetzt nach Freiheit. Sie erscheinen nicht als fremde Eindringlinge in dieser Eiswüste, sondern als Teil dieser spezifischen Natur. Immortal präsentieren zudem die bildliche Heraufbeschwörung eines apokalyptischen Moments von Eiszeit und den barocken Genuss desselben. Wut und Einsamkeit wird zelebriert. Sie sind gezeichnet vom Tod durch den corpse paint, der die Alterungsprozesse und Spuren des Kampfes im Gesicht sichtbar macht. Eine jugendliche Reinheit wird hier nicht angestrebt, sondern ein weises Alter bis hin zur hexenartigen Altersbosheit visualisiert. Die Band Immortal präsentiert in der inszenierten Ernsthaftigkeit und Dramatik einen authentischen Lebensentwurf: die Bilder sind ernst gemeint, im Sinne des Metal also True, trotz Makeup und Grimasse. Obwohl diese dramatische Form von Außenstehenden nur bedingt ernst genommen wird, gibt es eine grundsätzliche Akzeptanz der hier dargestellten Männlichkeit. Sie ist Maskerade und visueller Ernst, keine Kostümierung, kein Spaß, nicht karnevalesk, obwohl sie so erscheint. Eine Umdrehung der Machtverhältnisse, wie im Ursprungsgedanken des Karnevals wird nicht unmittelbar angestrebt, weil Maskerade und die Produktion von archaischer Männlichkeit hier in menschenleerer Winternatur stattfinden, einem der letzten Rückzugsorte. Ihr Überleben verweist auf Kraft und Stärke. In diesem Naturraum werden als Reaktionen auf soziale Kälte Außenseitertum und das Böse in antwortloser Natur zelebriert.

Der wilde Naturraum, ohne Zeichen von Zivilisation, repräsentiert eine Nische für die archaische vormoderne Männlichkeit, der die Naturgewalten ihre Macht verleihen. Die von CD Friedrich oft bemühte Gestalt des Eremiten oder des Mönchs findet sich auch in älteren Präsentationen der Band Gorgoroth. Der „grosse Gaahl", ihr früherer Sänger, zeigt sich auf Fotografien von Peter Beste schon mit der Vorläuferband Trelldom im Schnee vor einer einsamen Hütte; er erscheint wie Knut der Eisbär auf der Scholle der letzten zu rettenden Männlichkeiten. Die Darstellung des Winters im eisigen Naturraum ist also die Bedingung für zwei Männertypen im Online-Video, einmal die visuell nicht dominante, zarte männliche Repräsentation, die die Natur als schützende Hülle begreift und als Signifikant für Feiern von Isolation und Einsamkeit mit Hingabe. Dagegen füllt Black Metal die selbst gewählte Einsamkeit in der eiskalten Natur als eigenen Raum aus. Die wilden „männlichen" Jäger und Krieger agieren als Teil der wilden Natur, der corpse paint kann u.a. als Versuch in Natur aufzugehen angesehen werden.

Hybride Männlichkeitsbilder im Black Metal und ihre Verankerung im medialen Raum des Web 2.0

Unter Oberbegriff der archaischen Männlichkeiten (Grünwald 2008) zeigt sich bei flickr im Black Metal ein vom HipHop inspiriertes urbanisiertes Körperbild. Der Sänger der Black Metal Band Kampfar adaptiert das „Waschbretttatoo" aus dem HipHop mit der niedrig sitzenden engen Röhrenhose, die zwar dem Stil des Metal zuzurechnen ist, aber gleichzeitig auch auf die Kleidung des Emo verweist. Es bleibt trotzdem Metal und erweitert die sonstige Feier des bierseligen „Waschbärbauches". Ein zweites hybrides Männlichkeitsbild findet sich bei der Band Alcest, es addiert nun das Androgyne zur Poesie und bezieht eine unaufgeregte Zartheit der Männlichkeitsbilder mit ein; in der Musik wird die ernsthafte Drohung teilweise aufrecht erhalten. Das Böse und die Wucht der Natur müssen in der Visualisierung nicht mehr immer betont werden, hier sind Naturraum und Jugendstilornamentik zu sehen und im Bandauftritt zeigt sich eher der modernisierte Männertypus:

> "ALCEST kann nach wie vor unter Metal einsortiert werden und Metal braucht männliche Klischees. Also gut, ehrlich jetzt: Wie sehr macht es dem Macho in dir etwas aus zuzugeben, dass du dich verirrt hast und nach dem Weg zu fragen? Ich glaube ich bin hier seit 25 Jahren verirrt und frage die ganze Zeit nach meinem Weg. Guck mich an, glaubst du dass ich die Art von Mann bin, die sich für Machokram interessiert?"
> (Interview mit dem Sänger Neige in:
> http://www.metalnews.de/?metalid=04&action=show&intid=838)

Es können also unterschiedliche Männlichkeitsmodelle im Raum einer einzigen Subkultur wie Black Metal verortet werden. Wesentlich ist die Suche nach den Nischen von Männlichkeit und nach nicht-besetzten Räumen. Damit wird gleichzeitig eine Archäologie von verschiedenen klassisch-historischen Männlichkeiten geleistet. Archaische Männlichkeiten festigen die Dichotomisierung der Geschlechter, sie stereotypisieren Männlichkeit als überlegen durch Strategien der Übertreibung und durch das Erschaffen einer fiktiven Hypermaskulinität und lassen Weiblichkeit als unbeschriebene Leerstelle im Raum für die kein Platz ist. Diese Übertreibungsstrategien machen gleichzeitig unbewußt die Konstruktion von Geschlecht sichtbar und zeigen Männlichkeit als ideologisches System. Hinzu treten die modernen Männlichkeiten bzw. modernisierten Männlichkeitsbilder und die sogenannten teiltradionellen Männlichkeiten, wozu Polarkreis 18 zu rechnen sind. Ihnen geht es um die Erweiterung des visuellen Spektrums, auch Black Metal kann diese Formen integrieren, indem der Bereich von trueness ausgedehnt wird. So kann auch plötzlich in einer relativ homophoben Subkultur ein bekennend schwuler Gaahl seinen Platz finden.

Das räumliche Bildprogramm des Black Metal

Entscheidender Faktor für die Beurteilung der Einbindung der Männlichkeiten in den Raum der Natur ist die Gestaltung des Figur-Grund-Verhältnisses (bzw. der Trennung, der Begriff entstammt der Gestaltungpsychologie von Max Wertheimer als eines der Gestaltgesetze) und damit die verschiedene Formen der Integration in den Bildraum. Hierbei zeigen sich nach Analyse der erwähnten Online-Videos und Fotos die häufigsten Strategien im Black Metal besonders eindrücklich:

1. Im Black Metal kann eine Auflösung der Figur bzw. ihr Verbergen im Bildraum stattfinden, wie auf den CD-Covern von Wolves in the Throneroom oder bei Cover und Typo von Darkthrones „A Blaze In The Northern Sky". Die Figur zerläuft wie die Schrift in ein wurzelartiges Gespinst oder wird zur aus dem Gehölz lugenden bedrohlichen Gespenst, das gleich wieder verschwindet und von einer anderen Stelle im Raum lauert. Die Figur ist nicht greifbar und damit extrem unheimlich und bedrohlich.

2. Figur und Grund werden durch verschiedene sehr schwammige Graustufen verschmolzen, die wie unfertig fixierte analoge Fotografie wirken. Es gibt kein Weiss mehr (sehr beliebt im Metalmagazin Legacy oder auch Cover der Band Agalloch). Eine Egalität von Figur und Natur im Raum wird hergestellt. Zudem erzeugen die Graustufen eine düstere Stimmung, da alles Positive, mit Helligkeit und Licht konnotierte ausgelöscht ist.

3. Der schwarz-weiß Kontrast ohne Graustufen dient der Tarnung und gleichzeitig auch der Blendung in der winterlichen Natur. Durch den corpse paint ist das Verschwinden im Bild und wieder Hervortreten zur Abschreckung möglich, wie bei einem Kippbild in der Gestaltpsychologie.

Diese hier entwickelte Typologie des Raumes soll nun mit den Raumtypen des HipHop verbunden werden. Folgende, zwar anders gestaltete Räume mit anderen Motiven, von der Struktur her doch gleiche Strategien, lassen sich feststellen:

1. Der deviante Raum des HipHop ist im Black Metal ebenfalls vorhanden. Er enthält die Motive der Ausnahmesituation Krieg (Endstille) und die Androhung von Gewalt durch mittelalterliche Waffen, wie Streitäxte und Morgensterne. Die Ernsthaftigkeit von Mord- und Brandschatzungsdrohungen wird durchgespielt. Es ist ein Schlachten- und Kriegsraum für die Horde, die nicht mehr auftaucht und sich in der winterlichen Natur verborgen hat oder auf den herannahenden Feind wartet. Das eisige Exil kündet von Verbannung aus der gegenwärtigen Gesellschaft.

2. Markenräume sind im Black Metal analog zum HipHop nicht zu finden, die Ausstattung mit Objekten ist antiquiert und zeigt ein bestimmtes vorzivilisatorisches Inventar, das marken- und luxusfrei ist.

3. Der Gedenkraum findet sich selten in offiziellen Videos, eher in denen der Fans,
   die an die Ermordete aus der Szene, wie Euronymos u.a. erinnern. Offiziell
   darf es einen 4. Parodieraum im ernsthaften Black Metal natürlich nicht geben.
   Im Video Wintermoon von Immortal sehen Fans sehr wohl die unfreiwillige
   Komik und nehmen diese in ihren Re-enactments auf. Anstatt der 4. fernen
   Galaxien des HipHop als Zukunftsort wählen sie die unwirtliche, eisige Natur.

Eine widerständige Inszenierung ist also nur in solchen Räumen möglich, die der
Vergangenheit oder der Zukunft (vgl. Richard/ Krüger 2010) angehören, Black Metal besetzt den prähistorisch-eiszeitlich-mittelalterlichen bis romantischen Raum,
während sich Hip Hop im urbanen postapokalytischen und Markenraum einrichtet.

"Die keine Zeit versehrt und nie der Winter raubt.
Im nie erhellten Grund von unterirdschen Grüften
Wölbt sich der feuchte Ton mit funkelndem Kristall,
Der schimmernde Kristall sproßt aus der Felsen Klüften,
Blitzt durch die düstre Luft und strahlet überall."
(Von Haller: Die Alpen 18. Jh.)

Literatur

Bordo, Susan (1999): The Male Body. New York.
Burke, Edmund (1989): Vom Erhabenen und Schönen. Hamburg.
Calmbach, Marc (2007): More Than Music. Bielefeld.
Cole, Shaun (2000): "Macho Man": Clones and the Development of a Masculine Stereotype. In: Fashion
    Theory: The Journal of Dress, Body & Culture, Volume 4, Number 2, May 2000 , pp. 125-140(16).
Eshun, Kodwo (1998): More Brilliant than the Sun: Adventures in Sonic Fiction. London.
Grünwald, Jan (2008): Apokalyptische Jungs – Die Repräsentation von Männlichkeit auf MySpace. In: Ri-
    chard, Birgit/ Ruhl, Alexander: Konsumguerilla. Widerstand gegen Massenkultur? Frankfurt am Main.
von Haller, Albrecht (1729): Die Alpen. In: http://projekt.gutenberg.de/?id=5&xid=1049&kapitel=1#gb_
    found
hooks, bell (1992): Black looks. Race and representation. Boston.
Löw, Martina (2001): Raumsoziologie. Frankfurt am Main.
McLaren, P. (1995): Gangsta Pedagogy and Ghettocentricity: The HipHop Nation as Counterpublic
    Sphere. Manuskript Los Angeles
Richard, Birgit (Hrsg.): Die Hüllen des Selbst. Mode als ästhetisch- medialer Komplex, Kunstforum
    International, Band 141 Juli- September 1998.
Richard, Birgit (2006): Ghetto fabulous, B-Girlin´ und Electronic Ghetto. Urbane Konstruktionen im
    HipHop. In Faßler, Manfred (Hrsg.): Urban Fictions.
Richard, Birgit/ Krueger, Heinz-Hermann (2010): Intercool. Paderborn.
Richard, Birgit/ Grünwald, Jan/ Recht, Marcus (2010): Schwarze Stile. In: Richard, Birgit/ Krueger,
    Heinz-Hermann: Intercool. Paderborn.
Richard, Birgit/ Grünwald, Jan (2006): Horde und Kriegsrevue im Musikvideo?
Formationen von Männlichkeit und Verortung im Gruppenspektakel. In: Jäger, Andrea/ Antos, Gerd/ Mal-
    colm H. Dunn (Hrsg.): Masse Mensch. Das „Wir" sprachlich behauptet, ästhetisch inszeniert. Halle.

Richard, Birgit/ Grünwald, Jan/ Ruhl, Alex (2008): Me, Myself, I: Schönheit der Gewöhnlichen. Eine Studie zu den fluiden ikonischen Kommunikationswelten bei flickr.com. In: Kaspar Maase (Hrsg.): Die Schönheiten des Populären. Zur Ästhetik der Massenkünste. Frankfurt am Main.

Rose, T. (1994): A style nobody can deal with. In: Rose,T./ Ross, A.: Microphone fiends. New York/ London.

Shusterman, R. (1994): Kunst Leben. Die Ästhetik des Pragmatismus. Frankfurt am Main.

Sloterdijk, Peter (2009): Peter Sloterdijk über Zukunft: Revolution des Geistes! In: http://www.sueddeutsche.de/kultur/peter-sloterdijk-ueber-zukunft-revolution-des-geistes-1.371816-3; 3. Januar 2009.

Wallace, M. (1993): Black Macho. In: Diedrichsen: Yo! hermeneutics! Berlin.

Žižek, Slavoj (1991): Liebe dein Symptom wie dich selbst. Berlin.

Verlan, Sascha/ Loh (2005): 25 Jahre Hip Hop in Deutschland 1980-2005. Innsbruck.

Link: www.birgitrichard.de

Jutta Zaremba
LARP-SPACES
Zur Aktivierung von romantischen bis apokalyptischen Erfahrungsräumen beim Liverollenspiel

„Die Räume der Repräsentation (oder Vorstellungsräume), das heißt der Raum, wie er durch die begleitenden Bilder und Symbole hindurch erlebt wird, der Raum der `Bewohner´, der `Benutzer´ (...). Er ist der beherrschte, also erfahrene, erlittene Raum, den die Einbildungskraft abzuwandeln und sich selbst anzuverwandeln sucht. Er überlagert den gesamten physikalischen Raum, indem er dessen Gegenstände symbolisch verwendet."
Henri Lefêbvre

Es ist nicht allein das Mittelalter-Setting samt Burgen, Märkten und Ständen, durch das Live Action Role Player bzw. Liverollenspieler mittlerweile Bekanntheit erlangt haben. Analog zu den unterschiedlichen Genres von beispielsweise *Fantasy*, *Western*, *Steampunk* oder *Endzeit*, bevölkern LARPs mit ihren Aktionen diverse Orte wie Wälder, Ruinen, Tavernen, Bunker oder Industrieanlagen (Blecha 2010). Angesiedelt sind LARPs zwischen Improvisationstheater mit seinen nicht-einstudierten Szenen und Pen&Paper-Rollenspielen (Deterding 2007), bei dem Akteure in fiktive Rollen schlüpfen, um gemeinsam Spielverläufe erzählerisch auszuagieren. Beim Liverollenspiel überlagern sich Realumgebungen mit Spielinszenierungen, die sich zu sakralen Mischräumen aus Imagination und Körpererfahrung verdichten.

Living History: Selbstgeschaffene Interaktions- und Eventräume

Neben zahllosen lokalen LARP-Treffen existieren Groß-Conventions wie das jährliche *Drachenfest* (seit 2000), auf dem sich Tausende von internationalen Liverollenspielern treffen. So gibt es die Wikinger-Formation *Das Große Heer*, bei dem sich Spieler als Gemeinschaft von nordischen Seefahrern, Kriegern und Händlern in Dutzenden verschiedener Gruppen zusammen tun. Als eine Variante des *Fantasy*-LARP, tritt diese Wikingervereinigung jährlich als festes Heerbündnis auf der Großveranstaltung auf und zielt durch möglichst authentisch wirkende Ausstattung und glaubwürdiges Rollenspiel auf ein hohes „Ambiente-Niveau" (besonderes Augenmerk auf Umgebung und Erscheinungsbild der Teilnehmer).
    Auf vorab ausgewählten, tourismusfernen Plätzen produzieren die Spieler selbst ihre Sozial- und Aktionsräume. Dabei ist das räumliche Erscheinungsbild streng geregelt: Orte des Kennenlernens, Feierns und der Waffenübungen (Abb. 1) und

Abb. 1 *Wikinger-LARP: Das Große Heer*, Duell

Abb. 2 Wikinger-LARP: Das Große Heer, Thingzelt

Abb. 3 Fantasy-LARP: Die große Schlacht in Bicolline

insbesondere das Thingzelt (Abb. 2) sollten unbedingt aus Naturmaterialien wie Leinen oder Baumwolle bestehen und weder zeitfremde Chemiefasern noch wikingerunübliche Architekturen aufweisen.

Derartige Wikinger-LARPs sind in Teilen geprägt durch einen *living-history*-Ansatz, bei dem Simulationen historischen Leben geschichtstreu inszeniert werden (vgl. Typologien historischen Spiels: Walz 2008, S. 24). Die dabei erschaffenen, wirkungsmächtigen Räume funktionieren im Sinne des Eindrucks von „felt-truth" (Anderson 1984, S. 191), indem lebenszeitliche Phasen durch eine gleichwertige Balance von Einfühlung und Verstehen nachempfunden werden sollen. Die simultane Verwendung von Fantasy-Elementen und historischem Nachstellen bzw. *Reenactment* hat zum spezifischen Begriff des *Reenlarpment* geführt (Walz 2008, S. 16). Durch die Re-Dynamisierung von recht unspektakulären Höfen, Hütten oder Feldern überlagern sich vertraute Orte mit ungewohnten Raumnutzungen, die Vergangenheit durch aktuelle, körpergreifende Interaktionen zu reanimieren versuchen. Derartige temporäre Verdichtungen sollen durch räumliche „Echtheit" und gemeinschaftliche Eventerlebnisse spontane Identifikation mit dem Erlebten auslösen und vor allem das Gefühl des zeitweiligen Eintauchens in „Realräume" bewirken.

Als besonders geeignetes Terrain für Events mit riesigen Ausmaßen

Gerade werden Wälder und Täler genutzt. Wie hier auf Abb. 3 beim *Fantasy*-LARP *Bicolline La Grande Bataille* (*Die große Schlacht in Bicolline*) 2005 in Quebec, bei der zweitausend Akteure im (schaumstoff)bewaffneten Kampf gegeneinander antraten, zeigen sich sowohl die enormen räumlichen Expansionen als auch die selbstorganisierten logistischen Dimensionen. Dieses *living history*-Ereignis greift Feld und Wald für seine am Naturalismus orientierten Inszenierungen auf und verdichtet fiktive LARP-Plots zum kollektiven Gesamtraum mit parallel ablaufenden Ereignisspuren. Auffällig ist hier zudem, dass sich die Opulenz von filmischen Schlachtszenen ausmachen lässt. Die Masseninszenierung samt Kampfnebel und Feldherrenperspektive schafft einen epischen Raum, der alte Mythen als bilderreiche Geschehnisse transportiert.

Telling Nature: Naturszenarien als mythische Ereignisräume

Der Natur wieder überlassene Stätten, unberührte Landschaften und verwunschene Waldstücke erfreuen sich großer Beliebtheit als wichtiger Bestandteil von Liverollenspielen. Dabei werden auch Einflüsse sichtbar, die sich mitunter an künstlerischer Motivik orientieren.

Dezidiertes Posieren vor einer Landschaftskulisse kulminiert in sehnsuchtsvollen Blickszenarien auf Naturräume im Stil von Caspar David Friedrich (Abb. 4). Wie die junge Frau im LARP-*Ranger-Set*, die sich in mittelalterlicher Waldhüter-Gewandung präsentiert, soll die innere Verbundenheit mit dem Landschaftsraum als Romantik- Mythos beseelter Natur, ländlicher Idylle und freiem natürlichen Leben symbolisiert werden. Mitunter greifen die LARP-Inszenierungen auch den Wildwuchs und die Verwunschenheit vorhandener Naturräume auf, um die Phantastik des Ortes zu unterstreichen.

Abb. 4 *Mittelalter-LARP: Ranger-Set*   Abb. 5 *Furry-LARP: Gypsy Racoon*

So dienen opulente Blumen und Verstecke bietende Sträucher im *Furry*-Genre, bei dem sich LARP-Akteure in anthropomorpher (Fell)Tiergestalt präsentieren, als evolutionäre Orte der Einbildungskraft (Abb. 5). Wie bei der FanArtistin *Lost Capella*, die sich als „gypsy raccoon" („Zigeuner-Waschbär") in selbstkreierter Aufmachung inmitten hochgewachsener Flora inszeniert, realisiert sich ein Fantasy-Amalgam aus Mensch, Tier und Pflanzenreich. Es bildet sich eine magisch belebte Topografie, in der animistische LARP-Naturlandschaften existieren. Hier scheinen sich bereits vielgestaltige, an Fabeln erinnernde Transformationen realisiert zu haben.

Insbesondere die Ernsthaftigkeit und das Abgründige etlicher LARP-Events können aufgrund der inszenierten „Ewigkeit" und „Mutationskraft" der gewählten Naturräume zur Geltung kommen: So greifen LARP-Horden der *Orks* – „Bösewichte" aus Tolkiens Fantasywelt Mittelerde – die Schlammmaterialien und Tarnfarben von Naturräumen auf und hinterlassen ein unbehagliches Gefühl von animalisch beherrschten Szenarios (Abb. 6). Unzivilisierte Erscheinungsformen korrespondieren mit karger, roher Natur, die den „Kräften des Bösen" Raum zu geben scheint.

Eine Steigerung erfährt dies durch die LARP-Community der matriarchalen *Drows*, den schwarzhäutigen Dunkelelfen und Elben aus dem Fantasy-Rollenspiel *Dungeons and Dragons*. Wie auf Abb. 7 deutlich sichtbar, stellen *Drows* finstere Naturgeister dar, die mit ihrem schwarzgewandeten, schwarzhäutigen und weißhaarigen Aussehen eine radikale Umkehrung von gängigen Schönheitsnormen verkörpern. Dabei achten sie sehr auf ihr Äußeres und sind „dunkle" und intelligente Charaktere, die bei Nacht schlechter erkannt werden wollen. Aufgrund ihrer destruktiven, heimtückischen Gesinnung werden sie auf einigen LARP-Zusammenkünften mitunter abgelehnt. Ihr subtiler Kult des Bösen, Mächtigen und Unkommunikativen korrespondiert mit einem unwirtlichen Natursetting, das ihren schwarzmagischen Kreaturen Raum und Verstecke bietet. Das Foto stammt vom schwedischen *Drow*-Akteur *Sharpener*, und so verwundert es nicht, dass – ähnlich

Abb. 6 *Fantasy-LARP: Orks*

Abb. 7 *Fantasy-LARP: Drows*

zu Band-Inszenierungen beim Norwegian Black Metal – die karge Naturlandschaft als eingeweihter Verbündeter erscheint. Natur gleicht einem Entfaltungsraum und gleichzeitig einem Terrain der Verhüllung für ein verschwörungsvolles Schattenreich.

Dying Architecture: Urbane Architekturen als Endzeiträume

Längst spielen nicht nur Naturkulissen eine Rolle bei *LARP*-Inszenierungen, ebenso zentral sind städtische Räumlichkeiten, die genug Platz und Ausstrahlungskraft für die Umsetzung von fiktiven Handlungen und Rollen liefern. Insbesondere das Science-Fiction Genre des *Endzeit-LARP*, das in einer post-apokalyptischen Welt spielt, bevorzugt verlassene urbane Relikte.

Den Hintergrund für Abb. 8 bildet das Liverollenspiel *Fraktal*, welches das gedruckte Rollenspiel *Degenesis* (SighPress Verlag) zur Vorlage hat: Demnach schlagen sich die Menschen nach einer kosmischen Katastrophe (u.a. riesige Meteoriteneinschläge und Genmutationen) anstatt in Nationen in neun extremen Kulten durch ihr (Über)Leben. Der Kult der *Schrotter* setzt „auf Schatzsuche im Gestern", d.h., sie suchen in den Trümmern der Endzeit nach brauchbaren Rohstoffen, mit Hilfe derer sie wichtige Reparaturen vollbringen können. Diese endzeitlichen – männlichen wie weiblichen – Mechaniker und Bastler suchen nach gloriosen Artefakten der Vergangenheit. Daher halten sie sich mit Vorliebe an Orten ehemaliger industrieller Blütezeiten wie Bahnanlagen, Brücken, Hochspannungsmasten etc. auf. Ihre Ehrfurcht vor gelungenen Bauwerken samt deren Konstruktion und Materialbeschaffenheit, macht *Schrotter* zu endzeitlichen Archäologen untergegangener Industrieanlagen. Ihre fiktive Gewandung aus zusammengesuchter Kleidung und groben, umfunktionierten Werkzeugen lädt die Industrieräume mit gänzlich anderer Bedeutung auf: Es sind nun nicht mehr museale Stätten, die in

Abb. 8 *Endzeit-LARP: Fraktal, Schrotterin*

ihrer ehemaligen Pracht reinszeniert werden sollen oder marginale Stadträume. Vielmehr sind sie zur geschätzten Ressource einer dystopischen Welt geworden, deren Verwertungslogik eher auf (respektvolle) Demontage ausgerichtet ist.

Ebenso auf ein düsteres urbanes Szenario ist der Liverollenspiel-Verein *Lost Ideas e.V.* ausgerichtet, der die Genres *Zombie-*, *Piraten-*, *Science Fiction-* und *Endzeit-*LARP unter einem Dach vereint. Seine eigenständige Endzeit-Version *F.A.T.E. – The Postapocalyptic LARP* orientiert sich an pessimistischen Action-/SF-Filmen wie *Mad Max* oder *Waterworld* sowie an Dark-Future Games wie *The Fall - Last Days of Gaia.*. Bereits auf der *F.A.T.E* Homepage (Abb. 9) zeigt sich ein menschenleeres, teilweise in Trümmern liegendes Industriegelände, das in düsterbrauner Farbstimmung gehalten ist und wie ein Ort auswegloser Verlassenheit anmutet.

Zur Umsetzung eines ihrer mehrtägigen *F.A.T.E.*-Liverollenspieltreffen hat *Lost Ideas e.V.* Militärruinen in Mahlwinkel/Sachsen-Anhalt gewählt (Abb. 10). Wie für eine zukünftige Wohnsiedlung, wird für die Plattenbau-Stadtruinen wegen ihrer architektonischen Vorzüge für das spielerische Endzeitsetting geworben: „Eine Location mit mehr als 30 Gebäuden auf ca. 240.000 Quadratmetern. Eine gesamte Innenstadt im endzeitlichen Plattenbaustil, Unterbringung in den Hausruinen, durchgehend bespielte Endzeit-Stadtbereiche Stadtspiel mit IT Geschäften, Kiosk, Endzeit-Bar (...) uvm. Jede Menge Spannung, Action, Spass und schwarzer Humor." (http://www.lost-ideas.com/fate-cons/fate-iv-qlive-and-let-dieq)

Dementsprechend kann auch das endzeitliche Plot des Rollenspiels von u.a. Tagedieben, Söldnern und Schmugglern samt ihrer materiellen Mängel und martialischen Überlebenskämpfe an diesen Schauplätzen umgesetzt werden. *F.A.T.E.* ist zudem ein sehr offen gestaltetes *LARP*, das freies Darstellungsspiel mit rahmengebenden Reglements anbietet und situationsbedingte Spielrealitäten miteinschließt.

Wie in Abb. 11 und 12 ersichtlich, bevorzugen die Akteure ein anarchisches Setting: Geschichtete und zerschlissene Kleidungselemente erinnern an Straßenpunk, Schutzwälle von Altreifen lassen an Bilder von politischen Häuserbesetzungen denken, und kaputte Fahrzeuge, die verrostet und zerbeult teilweise auf dem Dach liegen, ähneln militantem Straßenkampf und Stadtguerilla. Hier haben sich Laboratorien für urbane Experimente gebildet, die Möglichkeiten zu spielerischen, aggressiven Raumaneignungen und -verteidigungen geben. Auf ehemals tatsächlich militärischen Terrain entstehen subversive, teilweise ebenfalls aggressive Territorien, die aus spontanen spannungsreichen Interaktionen resultieren.

Eine auf Liverollenspieler ebenfalls große Anziehung ausübende Stadtarchitektur stellt der Bunker dar. Vom Outdoor-Setting findet hier ein Switch in klaustrophobische Indoor-Räumlichkeiten statt: So ereignet sich das actionreiche *Endzeit-*Liverollenspiel *Fallout 3*, das 2009 von ca. 300 Akteuren dargestellt wurde, u.a.in einem Bunker nahe St. Petersburg (Abb. 13). *Fallout* ist ursprünglich ein sarkastisches

Abb. 9 *Endzeit-LARP: F.A.T.E.*, Homepage

Abb. 10 Militärstadtruinen Mahlwinkel

Abb. 11 *Endzeit-LARP: F.A.T.E.3*, Mahlwinkel

Abb. 12 *Endzeit-LARP: F.A.T.E.3*, Mahlwinkel

Abb. 13 *Endzeit-LARP: Fallout*, St. Petersburg

Taktik-Rollenspiel und spielt in einer post-apokalyptischen Welt im Jahr 2277 nach einem Nuklearkrieg. Neben zahlreichen mutierten Kreaturen gibt es Überlebende lediglich unter denjenigen Menschen, die in gigantischen Atombunkern, sogenannten Vaults, Zuflucht gefunden haben. So wie Spieler im Game *Fallout 3* die Wahl zwischen drei Rekruten der Stählernen Bruderschaft haben, die sich auf die Suche nach einigen vermissten Ordensbrüdern machen, so stellt auch der Liverollenspiel-Akteur in Abb. 13 einen Stählernen Bruderschaftler dar, der im Bunker Vorkriegsdokumente entdeckt und sie zur späteren wissenschaftlichen Auswertung an sich nimmt. Dieses Bunker-Setting wirkt auch deswegen so erstaunlich, weil ein in seiner Funktion ungenutzter, nuklearer Schutzraum der späten 50er Jahre nun im fiktiven Szenario als post-nuklearer Überlebensraum seiner archetektonischen Bestimmung gemäß genutzt und belebt wird. Dabei bildet sich ein fiktiver Realraum, der auratisch und verstörend zugleich erscheint. Assoziationen von Verstrahlung, Unwirtlichkeit und Untergang überlagern sich mit der Einzigartigkeit von Bunkerarchitekturen sowie vom Science-Fiction-Akteur. Gleichzeitig wirkt die erzielte filmische Dichte wie ein ästhetisch eingefrorenes Ereignis, das zuvor ungesehene Verbindungen von Räumen und menschlichen Aktionen zeigt.

Mental Spaces: LARP-Vorstellungsräume

Der Ausschnitt der oben dargestellten, internationalen *LARP*-Spaces verweist auf genuine Rauminszenierungen: Historische Begebenheiten sind bei aller Spielfreude auf Wirklichkeitstreue und „authentische" *Reenlarpment*-Räume angelegt, die nach Rollenspieler-Ethik selbst kreiert sein müssen. Natursettings umspannen wildromantische Seelenräume und Orte der Phantastik ebenso wie Affekträume des Bösen. Brachliegende urbane Relikte werden wiederbelebt zu dynamischen Endzeit-Räumen. Immer löst sich die aristotelische Einheit von Ort, Zeit und Raum zugunsten eines losen räumlichen Gefüges aus Wahrnehmungen, Körpererfahrungen und visuellen Inszenierungen auf. Ereignisse, Aktionen und Spielsequenzen sollen als verdichtete Raumzeitphasen zum architektonischen Erlebnis werden. Die „Überlistung" konventioneller Raumwahrnehmungen führt zu einer spezifischen Art von Realismus, bei dem gegenwärtige und vergangene Ereignisse als gleichwertig gelten. Es zählt nicht die akkurate Übertragung in eine reale Außenwelt, vielmehr ist die interne Logik zwischen fiktiven Sequenzen und aktueller Live-Umsetzung entscheidend für diese Form der Realismus-Generierung. Als eine Sektion von FanArt (s. Zaremba 2010a, b und c), ist Rollenspiel durch die hohe Empathie und Kreativität seiner Akteure im besonderen Maße in der Lage, mentale und emotionale Vorstellungsräume zu erschaffen, die für einen begrenzten Zeitraum kollektiv erfahren, abgewandelt und symbolisch aufgeladen werden.

Die von Lefêbvre genannten „Räume der Repräsentation oder Vorstellungs-
räume" speisen sich beim *LARP*-Phänomen aus der Produktivität uneingelöster
Bilder: Hierbei erlauben sich die Akteure eine relativ freischwebende, utopische
Existenz gegenüber realen Topografien. Dieser produktive „Überschuß" führt zu
längst imaginierten, nun endlich – zumindest temporär – erfahrbaren, symbolischen
Kommunikationsräumen. Die jederzeit mitschwingenden, räumlich-ästhetischen
Potenziale lassen gerade durch die Kraft der nunmehr eingelösten Bilder zuvor
ungelebte Interaktionsformen zu. Bei aller grundsätzlichen Wiederholbarkeit dieser
Raum-Bild-Ereignisse, liegen jeder *LARP*-Realisation variable Vorstellungsräume zu
Grunde. Der darin angelegte Grundcharakter einer topologischen Erforschung erlaubt
bis zu einem gewissen Grad situative Handlungs- und Kommunikationsexperimente.
Der physikalische Raum wird überlagert von Artikulationsräumen, die körperliche
und mentale „Versuchsanordnungen" offerieren. Dies läuft sowohl kontrolliert als
auch unkontrolliert ab und ist rückverfolgbar und unbelastet zugleich. Hierbei kommt
der spezifische Innovationsgehalt von *LARP*-Inszenierungen zum Tragen: Raum wird
nicht allein „beherrscht, erfahren oder erlitten", sondern zudem noch symbolisch
anverwandelt und ästhetisch radikalisiert. Räume werden hier beseelt und animiert,
indem sie an poetischen, suggestiven oder sarkastischen Szenarios mitwirken. Es
kommt zu mythischen, vormodernen oder postapokalyptischen Raumvisionen.

Die resultierenden *LARP*-Spaces sind daher ein prozessuales Phänomen, das
Raum nicht auf einen starren, rein physikalischen Hintergrund reduziert. Vielmehr
entsteht er hier deutlich aus einer dynamischen Wechselwirkung zwischen Akteuren, Gegenständen und Orten. Diese relationale Raumkonstituierung entspricht
dem Raumhandeln des „Spacing" (Löw 2001), bei dem Räume durch situatives
Errichten, Bauen oder Positionieren immer wieder neu geschaffen werden und sich
konventionelle Nutzungen mit experimentellen Erfahrungen überlagern. Demnach
bedarf die Schaffung von Raum einer Syntheseleistung, indem über Wahrneh-
mungs-, Vorstellungs- oder Erinnerungsprozesse Menschen und Materie verknüpft
werden. *LARP*-Spaces sind hier modellhaft, weil sich durch die actionreiche Verknüpfung von Orten mit Spielenden, Ausstattungen, Regelvorgaben und medialen
Vorlagen multiple Konstellationen für affektiv besetzte Räume schaffen. Somit
wird das *Live Action Role Play* unweigerlich auch zum *Live Action Room Play*…

Literatur

Anderson, Jay (1984): Time machines. The world of living history, Nashville.
Blecha, Bettina (2010): Liverollenspiel – Raum für ästhetisches Verhalten im Übergang zum Erwachse-
    nenalter, in: Kirchner, Constanze/ Kirschenmann, Johannes/ Miller, Monika (Hg): Kinderzeichnung
    und jugendkultureller Ausdruck, München S. 225-232.
Carstensen, Jan et al (2008): Living History im Museum, Münster.
Deterding, Sebastian (2007): Rollenspieler, in: Jugendszenen.com (Hg): Online Publikation, http://
    www.jugendszenen.com/media/docman/Rollenspieler.pdf

Lefèbvre, Henri (1974): La production de l'espace. Paris, dt. zit. n. Prigge, Walter (1991): „Die Revolution der Städte lesen. Raum und Repräsentation", in: Wentz, Martin (Hrsg.): Stadträume. Die Zukunft des Städtischen, Frankfurt, S. 104.

Löw, Martina (2001): Raumsoziologie, Frankfurt a. M.

Walz, Markus (2008): Sehen, Verstehen. Historisches Spiel im Museum – zwischen Didaktik und Marketing, in: Carstensen, Jan: Living History im Museum, Münster, S. 15-43.

Zaremba, Jutta (2010a): „FanArt: Zu Praktiken und Ausdrucksformen aktueller JugendKunstOnline", in: Kirchner, Constanze/ Kirschenmann, Johannes/ Miller, Monika (Hg): Kinderzeichnung und jugendkultureller Ausdruck, München S. 175-188.

Zaremba, Jutta (2010b): „Jugendästhetiken im Web 2.0: YouTube-Typologien und FanArt" in: Bering, Kunibert/ Niehoff, Rolf (Hrsg.): Orientierung Kunstpädagogik. Bundeskongress der Kunstpädagogik 22.-25.Oktober 2009, S. 385-396.

Zaremba, Jutta (2010c): „FanArt - kreative Bastionen jugendlichen Fantums im Internet", in: Richard, Birgit/ Krüger, Heinz-Hermann (Hg): Intercool 3.0. Ein Kompendium zur aktuellen Jugendkulturforschung, München S. 347-357.

Albers, Timm, Dr.: Juniorprofessor im Bereich „Frühkindliche Bildung" an der Pädagogischen Hochschule Karlsruhe, Institut für Bildungswissenschaft; Arbeitsschwerpunkte: Frühkindliche Bildung, Spracherwerb und Mehrsprachigkeit, Inklusion.

Asmussen, Kerstin: Promotionsstudentin und Absolventin im Studiengang Master of Education für das Lehramt an Realschulen (Kunst und Geschichte), Universität Flensburg. Medienpraktische Lehrveranstaltungen für Studierende der Kunst und Bildungswissenschaften. Journalistische Beiträge für die Kindernachrichten-Redaktion des Schleswig-Holsteinischen Zeitungsverlags.

Brenne, Andreas, Prof. Dr.: Kunstpädagoge und Künstler; Professor für Ästhetische Bildung und Bewegungserziehung an der Universität Kassel; Arbeitsschwerpunkte: Kunstpädagogik, künstlerisch-ästhetische Forschung, Grundschulpädagogik, qualitativ-empirische Unterrichtsforschung, kulturelle Bildung in der Ganztagsschule.

Dlugosch, Andrea, Dr.: Wissenschaftliche Assistentin an der Leibniz Universität Hannover, 2009/2010 Vertretungsprofessur an der Johann Wolfgang Goethe-Universität Frankfurt am Main, Arbeitsschwerpunkte: Pädagogische Professionalität unter sonderpädagogischer Perspektive, Biografie als Leitkategorie für Bildungsprozesse, Themenzentrierte Interaktion (TZI), Beratung und Kooperation in sonderpädagogischen Handlungsfeldern, Kollegiale Beratung, (Re-)Konstruktionen sonderpädagogischer Förderung in der schulischen Erziehungshilfe.

Gaedtke-Eckardt, Dagmar-Beatrice, PD Dr.: Verwaltung der Professur Sachunterricht an der Leibniz Universität Hannover, Institut für Sonderpädagogik; Arbeitsschwerpunkte: Bildung im Museum, Hochschuldidaktik, Didaktik des Sachunterrichts, außerschulische Lernorte, Kreativität, Schulbücher.

Grünwald, Jan: Wissenschaftlicher Mitarbeiter im Bereich Neue Medien am Institut für Kunstpädagogik der Johann Wolfgang Goethe-Universität Frankfurt; Medienkünstler und Musiker; Forschungsschwerpunkte: Bild- und Medienkulturen, Männlichkeitsbilder und Räume. Aktuell arbeitet er an einer Dissertation zum Thema: „Male Spaces – Ernsthafte Bildinszenierungen archaischer Männlichkeit".

Hoffarth, Britta, Dr.: Lehre und Forschung an der Fakultät für Erziehungswissenschaft der Universität Bielefeld zu den Themen Kultur, Differenz, Sprache. Ihr Interesse gilt Alltagspraxen um Körper und Raum, Bildungsprozessen unter Bedingungen sozialer Ungleichheit sowie methodologischen Fragen interpretativer Sozialforschung. Sie arbeitet mit so genannten poststrukturalistischen Ansätzen sowie Ansätzen der Gender und Cultural Studies.

Karlavaris–Bremer, Ute, Dr.: Philosophische und Rechtswissenschaftliche Fakultät der Universität Rijeka (Kroatien), Arbeitsschwerpunkte: Deutsche Literatur und Sprache, Bildende Kunst.

Kohlhoff-Kahl, Iris, Prof. Dr.: Professorin für Textilgestaltung und ihre Didaktik sowie Kunstpädagogik an der Universität Paderborn; seit 2009 Vorsitzende des Arbeitskreises Textilunterricht. Von 2001-2005 Herausgeberin der Zeitschrift „Textil und Unterricht".

Kohn, Friederike: Diplom-Kulturwissenschaftlerin, Projektreferentin der Stiftung Kulturregion Hannover, Mitarbeiterin im Literatur Labor Wolfenbüttel, Autorin.

Krautz, Jochen, Prof. Dr.: Professor für Kunstpädagogik und Kunstdidaktik an der Alanus Hochschule für Kunst und Gesellschaft, Alfter/Bonn; Arbeitsschwerpunkte: Grundlagen personaler Kunstpädagogik; Hermeneutik kunstpädagogischer Prozesse; Didaktik der Fotografie und digitaler Bilder; Methodik der Kunstrezeption; Rhetorik medialer Gewaltdarstellungen; Friedenserziehung in der Kunstpädagogik; Mitherausgeber der Fachzeitschrift „Kunst + Unterricht".

Krinninger, Dominik, Dr.: Wissenschaftlicher Mitarbeiter am Institut für Erziehungswissenschaft der Universität Osnabrück, Fachgebiet Allgemeine Erziehungswissenschaft; Arbeitsschwerpunkte: Bildungstheorie, Ästhetische Bildung, Pädagogik und Pragmatismus.

Meyer, Christiane, Prof. Dr.: Professur im Fachgebiet „Didaktik der Geographie" (Institut für Didaktik der Naturwissenschaften) an der Leibniz Universität Hannover; Vorstandsmitglied des Hochschulverbands Geographie und ihre Didaktik (HGD); Autorin von Schulbüchern; Moderatorin von Heften der Zeitschrift „Praxis Geographie"; Arbeitsschwerpunkte: Ethische Urteilskompetenz, Lehr-Lernmedien, bilingualer Geographieunterricht.

Mohr, Anja, Dr.: Kunstpädagogin und Künstlerin; 2008/09 Vertretung der Professur „Kunst-Vermittlung-Bildung" an der Universität Oldenburg; seit WS 10/11 Vertretung der Professur „Kunstpädagogik/Kunstdidaktik" an der Universität Duisburg-Essen; Leitung des DFG-Projektes „Kunstpädagogik und Computervisualistik im Forschungsverbund"; Arbeitsschwerpunkte: Digitale Kinderzeichnung, außerschulische Projektarbeit, experimentelle/digitale fotografische Verfahren.

Richard, Birgit, Prof. Dr.: Professorin für Neue Medien an der Johann Wolfgang Goethe-Universität Frankfurt am Main, Institut für Kunstpädagogik; Forschungsschwerpunkte: Aktuelle Jugendkulturen, Alltagskultur (z.B. Games und Clips), Medienkunst.

Schnurr, Ansgar, Dr.: Künstler und Kunstpädagoge, Akademischer Rat a.Z. am Institut für Kunst und Materielle Kultur, Technische Universität Dortmund; Promotion „Über das Werk von Timm Ulrichs und den künstlerischen Witz als Erkenntnisform"; seit 1999 Autographische Kunstprojekte, Einzel- und Gruppenausstellungen.

Schwarz, Johanna: Künstlerin und Mitarbeiterin in der künstlerischen Praxis am Institut für Kunst- und Kunstwissenschaft der Universität Duisburg Essen. Dozentin an der Hochschule der Künste Bern im Bereich Körper/Raum/Vermittlung. Künstlerische Praxis: Konzeptueller, projektbezogener Ansatz mit Schwerpunkten auf Installation, Malerei/Grafik und Künstlerbuch; Kunstvermittlung: Künstlerische Strategien und partizipative Ansätze in der Kunst als Ausgangspunkt für Kunstvermittlung.

Siebner, Blanka Sophie: Arbeit in mehreren Bereichen von Kunst, Kunstwissenschaft, Kunstpädagogik – Lehrauftrag an der Universität Hildesheim, Institut für Bildende Kunst und Kunstwissenschaft. Herausgeberin verschiedener Aufsatzsammlungen – Bereich Kulturwissenschaften.

Ströter-Bender, Jutta, Prof. Dr.: Professorin für „Kunst und ihre Didaktik" (Malerei) am Institut Kunst, Musik und Textil, Universität Paderborn; Forschungsschwerpunkte: Kunstpädagogik, Kulturelle Bildung und UNESCO-Welterbe, Kunstpädagogik und Interkulturalität, Philosophie und Konzepte der Malerei.

Westphal, Kristin, Prof. Dr.: Professorin für Grundschulpädagogik an der Universität Koblenz-Landau; Forschungsschwerpunkte: Raumtheorien, Bildungs- und Lerntheorien aus der Perspektive der historischen Anthropologie und Phänomenologie, Theorie der medialen Erfahrung, ästhetische Bildung, Studien zur Wahrnehmung und Aufmerksamkeit von Tanz und Theater.

Zaremba, Jutta, Dr.: Kunstpädagogin und Medienwissenschaftlerin; seit 1998 wissenschaftliche Mitarbeiterin und Lehrkraft für besondere Aufgaben am Goethe-Institut Frankfurt am Main, Institut für Kunstpädagogik, Bereich Neue Medien; Dissertation zu New York und Tokyo in der Medienkunst; im Sommersemester 2010 Vertretungsprofessur „Kunstdidaktik" an der Justus-Liebig Universität Gießen, Arbeitsschwerpunkte: FanArt, Games & Gender, Mobile Media.

Abbildungsverzeichnis

Christiane Meyer:
Raumskizze zu Raumperspektiven im Geographieunterricht –
Brücke zum kompetenzorientierten Geographieunterricht?

Abb. 1: Einordnung der Raumperspektiven der Geographie (Entwurf: C. Meyer)

Abb. 2: Deutung von Poppers Drei-Welten-Lehre im Hinblick auf die Raumperspektiven (Entwurf: C. Meyer)

Abb. 3: Das „Schulhaus" der geographischen Bildung (Entwurf: C. Meyer)

Friederike Kohn: Bühnen(t)räume

Abb. 1: Animationsbühne, Mirower See. Foto: Friederike Kohn, 2011

Abb. 2: Aufführung des Musicals „Joseph" von A. Lloyd-Webber in Elbe. Foto: Jürgen Grote, 2011

Abb. 3: Felsenbühne Rathen bei Dresden. Foto: Friederike Kohn, 2010

Abb. 4: Felsentheater Sanspareil (Oberfranken). Foto: Friederike Kohn, 2010

Abb. 5: Gartenanlage „Im Park" in Elbe. Foto: Friederike Kohn, 2010

Blanka Sophie Siebner: Raumskizzen – eine Bildreihe;
Raum - Skizzen in kindlichem Abbilden, in Phantasie und Betrachtung

01 – Skizze Filzstift, Junge 4 J.-2009

02 – Skizze Bleistift, Junge 7 J. - 2010

03 – Skizze Bleistift, Junge 8 J. -2010

04 – Skizze Bunt-Bleistift, Junge 8J. - 2010

05 – Zeichnung Blei-/Buntstiftzeichnung, Mädchen 8,6 J. - Bootssteg Steinhude 2007

06 – Skizze Bunt-Bleistift, Junge 6 J. –   „Mein Kinderzimmer"2010

07 – Zeichnung Bleistift, Mädchen 9 J. Schulbühne 2007

08 – Zeichnung Bleistift Mädchen 9 J. Schulbühne 2007

09 – Zeichnung Bleistift, Mädchen 9 J. Schulbühne 2007

10 – Foto, Junge 9 J. „Da oben", 2010

11 – Skizze Bunt-Bleistift, Mädchen 6 J. -2010

12 – Zeichnung Buntstift, Mädchen 10 J. „Die Bühne" 2010

13 – Fotografie Innenraum Wallfahrtskirche Gössweinstein (Balthasar Neumann (1687-1753 /Bau 1730-1739) Friederike Kohn 2010

14 – Fotografie Innenraum Wallfahrtskirche Gössweinstein (Balthasar Neumann (1687-1753 /Bau 1730-1739) Friederike Kohn 2010

15 – Fotografie Innenraum Wallfahrtskirche Gössweinstein (Balthasar Neumann (1687-1753 /Bau 1730-1739) Friederike Kohn 2010

16 – Mausoleum Stadthagen, Auferstehungsmonument von Adriaen de Vries für Fürst Ernst III. von Holstein-Schaumburg , 1618-1620 Gestaltung Bronzegruppe Grabwächter, Foto Siebner 2011

17 – Mausoleum Stadthagen, Auferstehungsmonument von Adriaen de Vries für Fürst Ernst III. von Holstein-Schaumburg , 1618-1620. Vorderansicht des auferstandenen Christus, Foto Siebner 2011

18 – Skizze Bleistift, Junge 9 J. , Mausoleum Stadthagen Adriaen de Vries Auferstehungsmonument, Ausschnitt Engelorchester in der Kuppel, 2009

19 – Mausoleum Stadthagen, Auferstehungsmonument von Adriaen de Vries für Fürst Ernst III. von Holstein-Schaumburg , 1618-1620. Kuppel, Foto Junge 9J. - wie Abb. 18

Iris Kolhoff-Kahl: My home is my castle.
Wie wir wohnen und wie wir wohnen könnten
Fotos: Iris Kolhoff-Kahl, Werbeagentur Jung von Matt
Abb. 1: Jung von Matt: Deutsches Wohnzimmer 2007
Abb. 2: Zimmer ohne Ikea Möbel
Abb. 3: Zimmer mit Ikea Möbel
Abb. 4: Arbeit einer Studierenden
Abb. 5: Abgesetzt 1
Abb. 6: Abgesetzt
Abb. 7: Arbeit einer Studierenden
Abb. 8: Arbeit einer Studierenden
Abb. 9: Arbeit einer Studierenden

Ute Karlavaris-Bremer: Der Malraum. Eine literarische Skizze
Bogomil Karlavaris: Atelier. Aquarell

Anja Mohr: Außergewöhnliche Räume bedürfen
außergewöhnlicher Maßnahmen
Fotos: Anja Mohr
Abb.1: Fernmeldebunker außen: Ehemaliger Fernmeldebunker und heutiger Sitz des Musik- und Kunstvereins in Gießen.
Abb. 2: Fernmeldebunker Keller: Innenansicht (erstes Kellergeschoss)
Abb. 3: Performance: Mit performativen Bewegungen versuchen Schülerinnen die Enge und Tiefe der Kellertreppe erfahrbar zu machen.
Abb. 4: Malerei: In der Gruppe „Expressive Malerei" ging es um darum, die Atmosphäre des Bunkers mit spontanen malerischen Aktionen auszudrücken.
Abb. 5: Fotografie: Überall im Bunker trifft man noch auf Spuren der Vergangenheit. Foto Anja Mohr
Abb.6: Collage: Schülerinnen und Schüler stellen kopierte und eingescannte Bilder und Texte zu einer Collage zusammen und ergänzen sie mit handschriftlichen Anmerkungen.
Abb. 7: Improvisationstheater: Beim Ansatz „Improvisationstheater" ging es darum, den eigenen Körper in Bezug zur Gruppe und zum umgebenden Raum zu setzen.
Abb. 8: Lichtinstallation: Durch perspektivische Verkürzungen simulieren auf die Wand geklebte Bänder bei Schwarzlicht einen imaginären Durchgang.
Abb. 9: Kameraaufnahmen-Arbeitsprozess: Schüler beim Fotografieren im ersten Kellergeschoss.
Abb. 10: Tableau-Historische Nutzung: Ein am Computer zusammengestelltes Tableau mit Fotografien zum Thema „historische Nutzung des Bunkers".

Jutta Ströter-Bender: Verdun.
Das Beinhaus von Douaumont (Ossuaire de Douaumont)
Fotos: Jutta Ströter-Bender
Abb. 1: Areal der Schlachtfelder von Verdun
Abb. 2: Museumsvitrine im Turmaufgang
Abb. 3: Ausflugsziel für Familien
Abb. 4: Ossuaire de Douaumont
Abb. 5: Portal der Kapelle
Abb. 6: Eva Weinert – Gebeine. Filzstift. DIN A4 2010
Abb. 7: Kriegergedächtnisdenkmal-Etain

Timm Albers: Die Bewegungsbaustelle – Spielraum für Bildungsprozesse
Abb. 1: Die Bewegungsbaustelle

Jochen Krautz: Übergangsräume.
Zu einer Propädeutik der Wahrnehmung zwischen Kunst und Pädagogik
Fotos: Till Müller, Wolfgang Wild, Sally Weyland
Abb. 1: Till Müller: Dom
Abb. 2: Wolfgang Wild: Straßenkreuzung
Abb. 3: Sally Weyland: T_Raum

Johanna Schwarz: Wenn es (k)ein Paradies gibt.
Vom Baumhaus bis zum Raumlabor
Abb. erste Seite: Container C3, Campus Universität Duisburg Essen. Foto: Johanna Schwarz
Abb. 1: Raum im Raum. Foto: Nele K. Jung, Mario Beckmann
Abb. 2: Wenn es ein Paradies gibt. Foto: Mario Beckmann
Abb. 3: LEER.STAND. Foto: Julia Schörken
Abb. 4: Grössenwahn versinkt. Foto: Christoph Kummerow, Martin Domagala
Abb. 5: Lukas Syntopia. Foto: Katharina Krahn
Abb. 6: Ohne Titel. Fotos: Leonora Thiele, Lena Angenendt

Andreas Brenne: „Making worlds" – zur produktiven Befremdung
des Vertrauten im Kontext kunstpädagogischer Prozesse
Fotos: Andreas Brenne
Abb. 1: „Künstler-Welten"
Abb. 2: Andreas Brenne: Natalie Djurberg. Tuschzeichnung auf Papier.
Abb. 3: Andreas Brenne: „Where the wild things are". Tuschzeichnung auf Papier.
Abb. 4: Raumordnung
Abb. 5: Monster
Abb. 6: Tanz
Abb. 7: Installation

Kristin Westphal: Orte in Unterbrechung. Theater und Schule.
Drei Unterbrechungen
Abb. 1: Situation aus dem „Campballett" Universität Koblenz-Landau, Campus Koblenz, SS 2010.
    Foto: Holger Kempf

Jutta Zaremba: LARP-SPACES: Zur Aktivierung von romantischen
bis apokalyptischen Erfahrungsräumen beim Liverollenspiel
Fotos: Jutta Zaremba:
Abb. 1: Wikinger-LARP: Das Große Heer, Duell
Abb. 2: Wikinger-LARP: Das Große Heer Thingzelt
Abb. 3: Fantasy-LARP: Die große Schlacht in Bicolline
Abb. 4: Mittelalter-LARP: Ranger-Set
Abb. 5: Furry-LARP: Gypsy Racoon
Abb. 6: Fantasy-LARP: Orks
Abb. 7: Fantasy-LARP: Drows
Abb. 8: Endzeit-LARP: Fraktal, Schrotterin
Abb. 9: Endzeit-LARP: F.A.T.E., Homepage

Dagmar-Beatrice Gaedtke-Eckardt / Friederike Kohn /
Dominik Krinninger / Volker Schubert / Blanka Sophie Siebner (Hrsg.)

Raum-Bildung:Perspektiven

Beiträge zur sozialen, ästhetischen und praktischen Aneignung von Räumen

München 2009, 295 Seiten ISBN 978-3-86736-074-6 18,80 €

Raum ist mit unserer Anwesenheit immer schon da. Konturen und Bedeutung gewinnt Raum aber erst, indem wir ihn uns aneignen und durch die Art und Weise, wie wir ihn uns aneignen. Unser Erleben von Raum ist immer schon Raum-Bildung: Wir bilden Räume, und die Räume bilden uns. Der Band „Raum-Bildung: Perspektiven" fragt nicht nach Bestimmungen des Raumes, sondern nach Praktiken und Bedingungen seiner Hervorbringung in Bildungsprozessen. Der aktive Prozess der Raum-Bildung wird aus unterschiedlichen Perspektiven und zu verschiedenen Themenfeldern betrachtet. Aus dem Nebeneinander wird ein Füreinander, denn es zeichnen sich nicht nur neue Handlungsfelder, sondern auch erstaunliche Übereinstimmungen zwischen den Disziplinen ab.

www.kopaed.de